기억의 전쟁

일러두기

* 외래어 표기는 국립국어원 한국어 어문 규범을 따랐으나 국내에 이미 굳어진 채 통용되는 인명이나 지명은 독자의 혼란을 막기 위해 그대로 사용했다.

기억의 전쟁

기억이 되지 못한 그날의 이야기

이길보라 · 곽소진 · 서새롬 · 조소나 지음

북하우스

들어가며

2020년 2월, 영화 〈기억의 전쟁〉을 극장에서 개봉한 후 깨달았다. 아직 많은 이야기가 남았다는 걸. 참전군인 출신이자 고엽제 후유증으로 돌아가신 할아버지와 전쟁에 대해서는 아는 게 없으니 남자들에게나 물어보라던 할머니의 이야기에서부터 출발한 이 영화는 처음 영화를 만들기로 마음을 먹었을 때보다 만들고 나서 더 많은, 해소되지 않은 질문을 남겼다. 그건 제작진이 제작 현장에서 품었을 질문에 스스로 답할 여유가 없었기 때문이기도 하지만 베트남전쟁 당시 한국군에 의한 민간인 학살이라는 문제가 여전히 베트남 정부와 한국 정부의 무관심 속에 방치되고 있기 때문이기도 하다. 무엇보다 영화 제작이 끝난 뒤에도 계속 이어지는 영화 속 주인공의 삶이 질문을 계속하게 만든다. 그 질문을 그러모아 베트남전쟁과 민간인 학살, 나로 이어지는 이야기를 언젠가 꼭 글로 써보겠다 생각했지만 이런 질문이 계속 맴돌았다. "감히, 내가 전쟁에 대해 뭘 안다고?" 처음 베트남전쟁에 대한 영화를 만들겠다고 마음먹었을 때 사람들에게 수없이 들었던 말이다.

그러던 중 한 편집자가 영화를 책으로 만들자고 제안했다. 고심했다. 전쟁에 대해 내가 뭘 쓸 수 있을까. 적어도 '베트남전쟁'의 시대를 경험했거나 사회학, 역사학, 정치학을 전공한 전문가여야 하지 않을까. 그렇다고 '이런 영화를 만들면서 우리 이만큼 고민했어요'류의 성장담을 쓰고 싶지는 않았다. 이 책의 저자 중 한 명인 곽소진 촬영 감독은 아직 어떠한 진상조사도 이루어지지 않은, 현재 진행형인 민간인 학살을 다루고 있기에 더 신중하게 접근해야 한다며 우리의 이야기로 당사자의 이야기를 덮어버리지 않을 윤리적 자세를 강조했다. '감히'라는 단어가 다시 머릿속에 떠올랐다. 편집자는 영화를 만들며 제작진이 마주한 그날의 기억을 담는 것이 동시대 사람들에게 전쟁과 학살을 어떻게 기억해야 하는지 실마리를 던지는 작업이 될 것이라고 힘주어 말했다. 그때까지는 몰랐다. 우리가 장편 영화 제작을 정리하고 새 프로젝트에 돌입했다는 것을.

감독, 두 명의 프로듀서, 촬영 감독, 네 명의 저자가 뭐가 될진 모르지만 써보기로 했다. 영화를 만들기로 한 뒤, 공부하고, 회의하고, 새벽같이 카메라를 들고 나가 촬영하고, 촬영본을 돌려보며 거친 리뷰를 하던 그때처럼, 무언가를 믿고 걸어갔다. 현장에서 카메라를 드는 것이 발견하고 수집하는 일이었다면, 책을 쓰는 것은 재발견의 일이었다. 기쁘고 벅찼지만 동시에 무력감과 죄책감에도 시달렸던 그때 그 감정을 마주하며 생각과 마음을 정리해나갔다. 제작 당시 제대로 풀지 못했던 문제를 끄집어내어 되돌아보는 시간도 가졌다. 어렵고 힘들었지만 꼭 필요한 과정이었다.

베트남전쟁의 역사와 맥락을 따라가면서 우리는 끊임없이 일어나는 전쟁과 학살, 국가 폭력의 문제를 마주쳤다. 이런 일이 왜 계속해서 일어나는지, 그 과정에서 피해는 왜 회복되는 것이 아니라 누적되는지, 과거의 사건을 어떻게 기억해야 하는지에 대해 고민할 때마다 떠오른 것은 '얼굴'과 '밥상'이었다. 한국군의 총질에 가족을 잃은 이들이 그날을 잊지 않으려는 마음으로 정성스레 차려낸 제사상의 밥과 술. 우리는 그 앞에서 어찌할 바를 몰라 향을 피우고 절을 했다. 제삿밥을 먹고 가라는 말에 열심히 받아먹었다. 우리가 할 수 있는 건 먹는 것밖에 없다며 자조했는데 어쩌면 여기까지 온 것은 그 제삿밥 덕분이었을지도 모른다. 촬영 내내 베트남의 이름 없는 존재에게 정성스레 기도한 서새롬 프로듀서는 영화 〈기억의 전쟁〉 엔딩크레딧 중 감사를 전하고 싶은 이들의 목록에 ‘베트남의 나무와 풀과 영혼들’을 더했다.

책을 마무리하던 중 한국전력공사가 베트남에서 ‘붕앙2 석탄화력발전소’ 사업을 추진하고 있다는 소식을 들었다. 베트남의 지역 주민과 활동가들, 한국의 환경운동가들이 자국에서는 석탄화력발전 비중을 축소하면서 해외로 오염원이 될 에너지 사업을 수출하는 것은 새로운 방식의 착취이자 생태학살이라며 연대를 요청했다. 문득 1960년대 후반에 일어난 그날의 일을 2021년인 지금 말하는 것이 아주 먼 이야기도, 뜬금없는 일도 아니라는 생각이 들었다. 최근에 알게 된 사실인데, ‘생태학살’이라는 말이 처음 등장하게 된 것도 베트남전쟁 당시 미군이 전장에 무차별 살포한 고엽제 피해 때문이었다. 착취는 얼굴과 형태를 바꿔 새롭게 등장한다.

책을 쓰며 네 명의 저자는 이처럼 영화 안팎의 기억을 들추고 불러내어 ‘기억이 되지 못한 그날의 이야기’에 다시 다가갔다. 그러면서 어떤 것이 기억이 되고 어떤 것이 사라지는지, 그 안에는 어떤 힘의 논리가 작용하고 있는지 추적하는 일이, 우리의 일이 되어야 한다고 생각했다. 공동 작업을 다시 한번 하겠다고 마음과 시간을 낸 동료에게, 자리를 만들고 속도를 맞춰준 신원제 편집자에게 감사의 말을 전한다.

영화는 스스로의 길을 가고 있다. 어떻게든 영화를 통해 이 문제를 알리고자 하는 조소나 프로듀서의 열정 덕에 올해 일본에서 극장 개봉을 앞두고 있다. 제2차 세계대전에서 패전한 후 6·25전쟁과 베트남전쟁으로 급속한 경제성장을 이루어 국가 재건을 했던 일본에서 이 영화가 어떤 이야기를 만들어낼지 궁금하다. 부디 누가 맞고 누가 틀렸냐를 두고 논쟁하는 빌미가 되기보다 어떻게 기억할 것인지에 대한 질문을 던지는 도구가 되기를 바란다.

1968년에 일어났던 학살을 어떻게 기억하고 기록할 것인지 궁리했던 과정은 이십 대에서 삼십 대로 건너오며 부딪쳤던 부조리와 불합리를 이해하려는 시도이기도 했다. 그 답을 찾는 과정을 영화에 담았고, 미처 영화에 담지 못했던 어떤 마주침을 책으로 엮었다. 무엇보다 원하는 건 지금까지도 1968년 그날의 일이 '과거'가 되지 못하고 '현재'로 남아 있는, 그래서 그 기억을 여전히 살아내고 있는 생존자의 삶에 변화를 만드는 일이다. '전쟁의 기억'이 '기억의 전쟁'이 된 지금, 기억이 되지 못한 그날의 이야기를 시작한다.

2021년 1월, 제작진을 대신해 이길보라 씀

차례

3부 포스트 프로덕션

4부 개봉

프롤로그: 기억의 조각들

이길보라

자료 조사를 하면 할수록 할아버지의 모습과 역사 속 한국군의 모습이 겹쳐 보인다. 어쩌면 나는 할아버지라는 사람을 너무 쉽게 판단했는지도 모른다. 전쟁의 기억과 경험을 그렇게 가벼이 여길 수는 없는데 말이다. 아마도 절대로 완성되지 않을 그림을 그려보려고 하는지도 모르겠다. 할아버지 세대의 이야기를 이해하는 일, 더 일찍 관심을 가지고 물어봤더라면 나았을까.

—〈기억의 전쟁〉 제작 노트(2015년 1월) 가운데

기억 하나

중학교 국사 시간이었다. 먼 옛날 석기시대를 지나 청동기, 철기 시대를 넘어 고구려부터 시작해 여러 나라들이 한반도에 세워지고 무너졌다. 이후 익숙한 이름들이 등장했다. 근현대사 파트였다. 다른 부분과 비교할 때 근현대사는 유독 짧고 간결했다. 각 대통령이 어떻게 자리에 올랐고 어떤 일들을 했는지 열거되었다. 그중 베트남전쟁은 이렇게 기술하고 있었다. 6·25전쟁 이후 한국은 베트남에 군사를 파병하여 경제적 이익을 취했고 이후 경부고속도로를 건설해 경제발전을 이룬다.

시작과 끝은 '경제적 이익', 돈이었다. 거기에는 6·25전쟁 이후 최빈국 중 하나였던 한국이 어떻게 베트남에 군대를 파병했는지, 어떤 방법으로 베트남전쟁에서 큰돈을 벌었는지에 대한 설명은 없었다. 어째서 전쟁 이후에 얻는 것이 '돈'인지에 대한 윤리적 질문 또한 없었다. 어떤 이는 우리가 베트남에서 승리했다고 했다.

인민을 해방시켰다고도 했다. 베트남에 파병된 군인들은 독일로 파견된 광부와 간호사, 사우디아라비아로 떠난 사람들과 나란히 서 있었다. 박정희 신화와 경제개발 몇 개년, 한강의 기적 같은 개발 중심적이고 추상적인 단어들 속에 베트남이 있었다.

기억 둘

2007년, 열여덟 살에 고등학교를 그만두고 길 위에서 스스로 공부하겠다며 배낭을 메고 동남아시아로 향했다. 베트남은 그 여정 중 하나였다. 길쭉하게 늘어선 모양의 베트남을 여행하는 법은 크게 두 가지였다. 북쪽에 위치한 하노이에서 남쪽에 있는 호찌민까지 쭉 내려오거나 반대로 쭉 올라가는 것. 캄보디아를 거쳐 육로로 여행하고 있던 나는 호찌민에서 버스를 타고 북쪽으로 향하는 길을 택했다.

베트남은 재미없는 나라였다. 공산주의 국가라 그런지 다른 나라에 비해 사람들이 친절하지도 않았고 어딜 가나 눈에 띄는 빨간 깃발이 마음을 불편하게 했다. 베트남에 대해 아는 것이 없어 할 수 있는 것이라곤 노점에 앉아 쌀국수를 먹는 것뿐이었는데, 그때마다 사람들은 어디서 왔냐며 말을 걸었다. 동남아시아를 몇 달간 홀로 여행하다 보면 '한국'이라는 단어가 이곳에서 어떤 무게를 지니는지 알게 된다. 코리아, 한국이라고 대답하면 사람들은 엄지를 펴고 "얘 한국에서 왔대" 하고 수군댔다. 그중 누군가 말했다.

"좋겠다, 너는 돈 많은 한국에서 태어나 이렇게 어린 나이에 여행도 다니고."

기억 셋

할아버지는 '호랑이 할아버지'로 불렸다. 할아버지 집에 있는 호랑이 그림이 이유였지만 성품 때문이기도 했다. 친한 친구도, 정도 없는 사람이었다. 종종 우리들을 공원에 데려가 네잎클로버를 찾으라며 풀어놓았고 찾은 수대로 아이스크림을 사주겠다고 했다. 성미 급한 나는 아이스크림을 먹고 싶어 세잎클로버에 잎 하나를 억지로 붙여 할아버지에게 내밀곤 했는데 할아버지는 그러거나 말거나 늘 사람 수대로 아이스크림을 사주었다.

할아버지 집에는 호랑이 그림 말고도 대통령에게 받은 표창장이 벽에 걸려 있었다. 베트남전쟁 참전의 대가였다. 2008년, 할아버지 몸에서 종양이 발견되었다. 각종 서류를 준비하고 보훈청에 제출하는 지난한 과정을 거쳐 베트남전쟁 당시 전장에서 쓰였던 고엽제로 인한 후유증이라는 인과관계를 증명했다. 전상군경 3급. 수술 한 번이면 사라질 거라 생각했던 종양은 구강에서 폐로 전이되어 암이 되었다. 할아버지는 2008년부터 2013년까지 일곱 차례의 수술과 일곱 차례의 항암치료를 했다.

고엽제 후유증은 할아버지에게 암과 함께 상패도 남겼다. 할아버지는 후유증을 인정받아 받은 상패를 대통령 표창장과 나란히 집 한가운데에 진열했다. 먼지가 앉을 새라 수건으로 정성껏 닦곤 했는데 정말이지 이해할 수 없었다. 몸이 아픈데, 그래서 죽을지도 모르는데 뭐가 그렇게 자랑스럽지? 할머니는 그래도 나라에서 상이군인으로 인정해주어 수당도 나오고 보훈병원에 다닐 수 있는 거라며, 그게 '혜택'이라며 병원에 갈 짐을 쌌다. 평생 할아버지에게 사랑이라고는 한 번도 받아본 적 없다고 말하던 할머니가 그래도 당신이 병수발을 해야 하지 않겠냐면서 서울로, 대전으로 할아버지를 쫓아다녔다. 살아보겠다고 하는 게 가엾다고 말하며 할머니는 병실의 딱딱한 보호자 침대에서 잠을 청했다. 그 모든 순간에, 할아버지 댁에는 국가로부터 받은 표창장과 상패가 걸려 있었다.

기억 넷

대학에 갓 입학했을 때였다. 성인이 되었으니 경제적 독립을 하고 싶었다. 다행히 국립대라 등록금이 타 대학에 비해 저렴했다. 장학금 기회도 많았다. 학점순으로 주어지는 성적 장학금 외에 신청할 수 있는 장학금이 있는지 살펴보았다. 그중 독립유공자, 국가유공자 자녀에게 주어지는 장학금이 눈에 들어왔다. 국가유공자? 언뜻 할아버지가 고엽제 후유증으로 상이군인으로 인정받아 국가유공자가 되었다고 자랑스러워하던 것이 떠올랐다. 당장 학비를 덜 낼 생각을 하니 신나고 감사했다. 이것이 할머니가 말했던 그 혜택일지도. 할머니에게 전화를 걸었다.

"그려? 그런데 보통 그런 혜택은 자식들한테까지만 가던데. 잘 살펴봐."

공고를 다시 확인했다. 자녀까지만 받을 수 있다고 되어 있었다. 뭐야, 좋다 말았네. 창을 닫았다.

기억 다섯

대학을 졸업할 때 즈음이었나. 책을 읽다 베트남전 당시 한국군에 의한 민간인 학살 문제를 마주했다. 열여덟 살에 매일같이 노점에서 쌀국수를 먹었던 곳, 교과서에서 한국의 급속한 경제발전을 논할 때마다 빠지지 않고 등장하던 곳, 할아버지가 살아생전 자랑스럽게 여기던 훈장과 상패를 받아온 곳, 그곳에서 일어난 일이었다. 장학금 혜택을 받겠다고 잠시 설렜던 몇 년 전의 일이 떠올랐다. 베트남을 가로지르는 기억들이 하나의 사실에 이르렀다. 그곳에서 전쟁이 일어났고 학살이 벌어졌다. 누군가는 방아쇠를 당겼고, 누군가는 총탄을 맞았다. 누군가는 살아남았지만 누군가는 죽었고, 사랑하는 사람을 잃었다. 한쪽은 전쟁에서 승리했고 다른 한쪽은 패배했다. 경제개발 신화에 가려져 주목받지 못했지만 베트남전쟁은 한국 입장에서 철저히 패배한 전쟁이었다. 미국이 졌고 미국이

고용한 한국 역시 진 전쟁이었다. 할아버지는 스스로를 월남참전용사라고 부르며 자랑스러워했지만, 그는 패배하고 돌아온 전사였다. 할아버지는 전쟁터에서 비처럼 쏟아지던 고엽제를 샤워하듯 온몸에 발랐다. 그렇게 하면 벌레가 꼬이지 않는다 했다. 그러다 폐와 구강에 종양이 생겼다. 한국군은 1964년 9월부터 1973년까지 베트남에 주둔했고, 32만 5천여 명이 할아버지와 같은 군복을 입고 파병되었다. 그 군복을 입은 이들로 인해 80여 건의 민간인 학살이 있었고 9천여 명이 죽었다.

기억 여섯

베트남에 왜 갔는지, 가서 뭘 했는지 묻고 싶었다. 민간인 학살을 본 적이 있는지, 혹시 할아버지가 그때 그 마을에 있었던 건 아닌지. 그러나 여러 차례의 수술과 치료 끝에 할아버지는 돌아가신 후였고, 물을 사람은 할머니뿐이었다.

“할머니, 할아버지가 월남에 갔잖아. 그 전쟁에 대해서 알아?”

“전쟁? 그런 거 난 잘 몰라. 전쟁이라면 돌아가신 네 할아버지나 남자들이 더 잘 알지. 그런 거 나한테 물어보지 마. 그런데 보라야. 네 할아버진 나랑 이혼하려고 월남에 갔어. 장애아랑 딸만 낳은 나랑 이혼하려고. 이혼비 벌러.”

몸이 충격으로 흔들렸다. 할아버지가 이혼을 하려고 했다고? 그래서 참전을 한 거라고? 그건 그렇고, 할머니가 전쟁에 대해 할 말이 없다는 게 말이 돼?

할머니는 참전하지 않았다. 그러나 당시 할아버지가 한국으로 보내는 돈은 모두 할머니가 관리했다. 할머니는 그 돈을 모아 땅을 사고 집을 지었다. 말 그대로 돈을 굴려 불렸다. 전쟁터로 떠난 할아버지를 대신해 집안의 모든 대소사를 책임지고 딸, 아들을 키워냈다. 베트남전쟁에 장교로 파병되어 다녀온 할아버지가 군대 안에서 더 이상 진급하지 못할 때 교련 교사로 일할 수 있게 물밑작업을 했던 것 역시 할머니였다. 함께 살면서 베트남이 어떤 곳이었는지, 베트남전쟁이 어떤 전쟁이었는지 수도 없이 들었을 것이다. 그런데 왜 할머니는 베트남에 대해, 베트남전쟁에 대해, 아니, 전쟁에 대해 한마디도 할 수 없다고 하는 걸까. 당신의 몸으로 한국전쟁을 횡단했으면서, 남하하다 낙동강이 핏빛으로 물드는 것을 보았다고도 했으면서, 왜 당신은 전쟁에 대해 모른다고, 전쟁을 이야기하는 건 남자들의 몫이라고 말하는 걸까.

그건 내가 들은 말과도 비슷했다. 베트남전쟁 당시 벌어진 민간인 학살에 대한 영화를 만든다고 하자 사람들은 말했다.

"네가 전쟁에 대해 뭘 알아?"

"어리고 군대도 안 가는 네가?"

"머리에 피도 안 마른 게."

그런 말을 들을 때마다 의기소침해졌다. 나이 어린 여성이면 전쟁에 대해 말도 꺼낼 수 없는 걸까. 그럼 나는 평생 전쟁에 대해 한마디도 할 수 없는 건가. 어째서?

더 잊을 수 없는 대목은 "이혼하려고 월남에 갔어. 장애아랑 딸만 낳은 나랑 이혼하려고"라는 말이었다. 그 장애아는 우리 아빠였다. 장남으로 태어났지만 듣지 못한다는 이유로 '정상적인 남성'의 범주에 들지 못한 당신, 나의 아버지.

1960년대 후반, 강원도에서 장교 생활을 할 때 할아버지는 딴살림을 차렸다. 당시 할머니는 옥천에서 시부모를 모시고 아이들을 키우며 할아버지와 따로 살았다. 할아버지는 중매로 만나 결혼한 할머니를 못생기고 촌사람이라며 싫어했다. 게다가 할머니가 낳은 첫째는 딸이었고 둘째는 아들이었지만 낳은 지 얼마 되지 않아 청력을 잃었다. 한국 사회에서 장애인은 '남성'이 아니었으므로 아빠는 제대로 대를 이을 수 없는 존재였다. 할머니가 또 딸을 낳자 할아버지는 이혼해야겠다고 생각하고 새 살림을 차렸는데 할머니는 버려지지 않으려고 아이들의 손을 붙잡고 대전에서 강원도까지 기차와 버스를 여러 번 갈아타며 할아버지를 만나러 갔다. 그럴 때마다 그는 돌아가라며 매몰차게 문전박대했다.

"그래도 나는 박정희 대통령에게 감사해. 그때 나라에서 공무원이랑 군인들 청렴해야 한다고 딴살림 차리고 이런 거 다 단속했었어. 그런 거 하면 바로 잘리고 그래서 네 할아버지가 그 여자 내보내고 동생, 그러니까 너한테는 고모할머니지. 고모할머니랑 살게 된 겨."

그 후 할아버지는 베트남으로 향했다. 못생기고 능력도 없는, 하나라고 있는 아들은 장애아에 딸 둘을 낳은 박복한 할머니와 그만 살기 위해. 베트남전쟁 막바지에 파병 신청을 했던 것이다.

기억 일곱

할아버지의 둘째 딸, 작은 고모가 해준 이야기다.

"어렸을 적 아버지 방에 들어간 적이 있는데 황급하게 뭔가를 숨기더라고. 그런데 사실 그거 봤어. 베트남 여자 사진이었어. 아버지가 그걸 들여다보고 있더라고. 보라야, 나는 베트남에 내 형제가 있을지도 모른다는 생각을 종종 해."

베트남전쟁 당시 한국군이 저지른 민간인 학살에 대한 여러 자료를 읽었다. 한국군의 사진이 나올 때면 할아버지의 얼굴을 대입해보았다. 복잡했다. 베트남에 관한 기억들이 하나로 꿰어지지 않았다. 크고 작은 기억들이 베트남과 베트남전쟁을 가로질렀고, 어떤 기억은 뜨겁고, 어떤 기억은 차가웠다. 글과 영상 자료만으로는 생각과 감정을 정리하기 어려웠다. 그곳에 가야만 이 다른 온도 차를 맞춰볼 수 있을 것 같았다.

할아버지가 참전했던 베트남전쟁에 대해 알기 위해서는 베트남 중부로 가야 했다. 사회주의 국가라 마을에 들어가려면 공식적인 허가를 받아야 했고 베트남어를 못하니 통역사가 필요했는데 베트남 중부는 사투리가 심해 중부 출신 통역사를 구해야 한다는 이야기를 들었다. 고민하다 구수정 선생님에게 무턱대고 메일을 보냈다. 베트남전쟁 당시 한국군에 의한 민간인 학살 문제를 처음 제기하고 연구하며, 지금까지 운동으로 이어온 분이었다. 1999년부터 전쟁 피해자들과 베트남 작가들을 만나는 베트남 평화기행을 해오고 있었다.

안녕하세요. 글 쓰고 영화 만드는 이길보라입니다.

얼마 전, 제 할머니와 할아버지 이야기를 해야겠다는 생각이 들었어요. 할머니는 일제강점기와 6·25전쟁을 온몸으로 겪고, 남편을 베트남전쟁으로 보냈지만 늘 전쟁에 대해서는 아무것도 모른다고 말씀하세요. 할머니의 기억은 베트남 생존자들의 기억처럼 공적 기억이 되지 못한 채 남아 있습니다. 그래서 그곳에 가봐야겠다, 고엽제로 폐암을 앓다 돌아가신 할아버지의 기억을, 할머니의 기억을 찾아 떠나야겠다는 생각이 들었어요. 이 여정을 영화로 만들어보고 싶다는 마음으로 베트남 평화기행을 신청했습니다.

2월 말에 따이한(Đại Hàn, 大韓) 제사가 열린다는 소식을 들었어요. 가능하다면 평화기행 이후 현지에서 머물다 그 제사에 합류하고 싶습니다. 베트남 설 기간이라 선생님께 미리 말씀드려야 한다고 하여 이렇게 메일 드립니다.

베트남 내에서의 촬영은 한국과 달리 굉장히 민감한 사안이라고 들었습니다. 섣불리 카메라를 들이대지 않고 현장에 계신 분들이 불편하지 않도록 신중히 행동하려 합니다. 아직 어떤 작업이 될지 모르겠지만 이 영화를 통해 가려져 있던 여성들의 이야기를 해보고 싶습니다.

그렇게 2015년 1월 말의 베트남 평화기행과 2월의 빈딘성 고자이 마을 따이한 제사에 참가하게 되었다.

1955년, 베트남

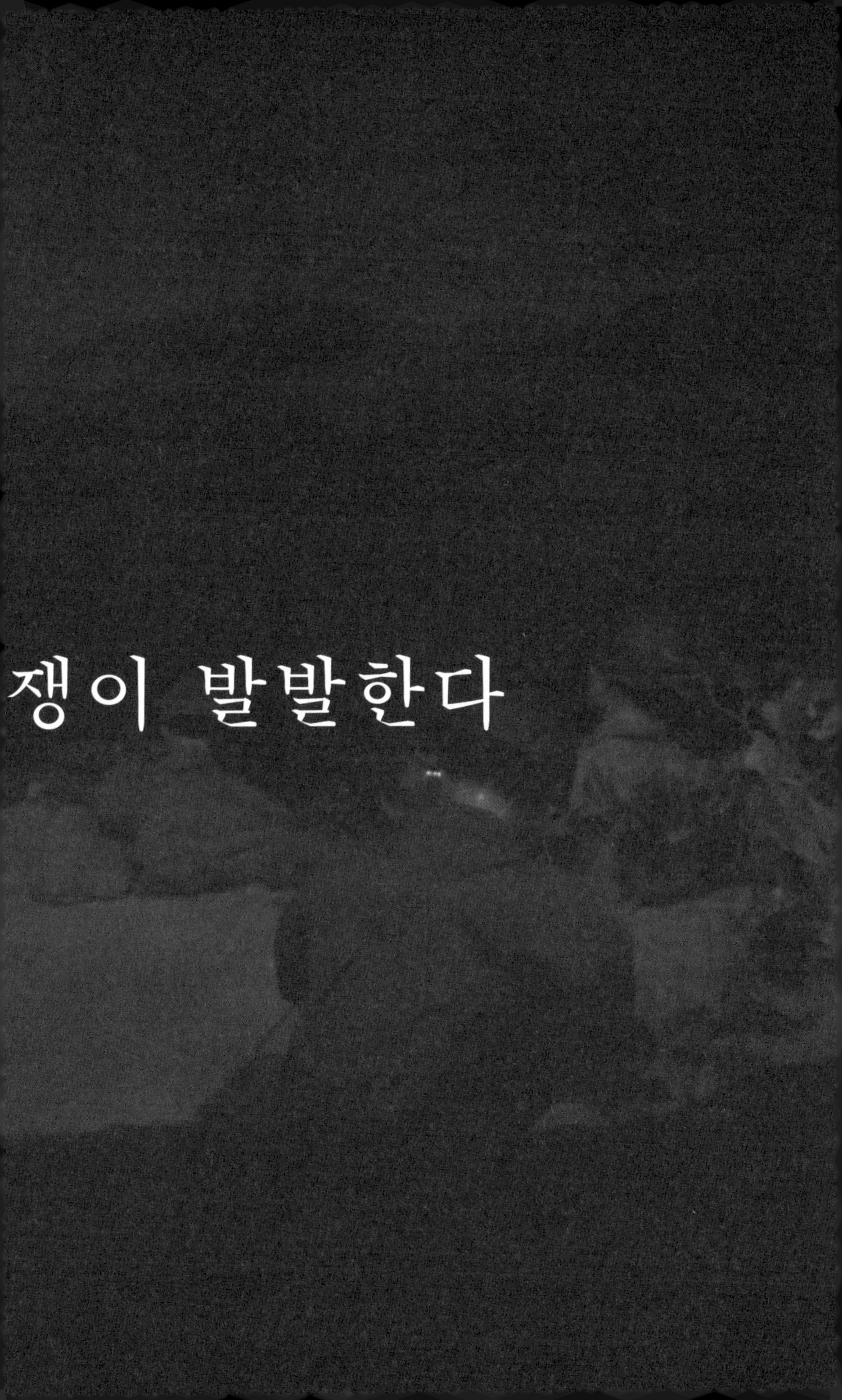

쟁이 발발한다

1964년, 미국의

국제전으

한국은 동맹

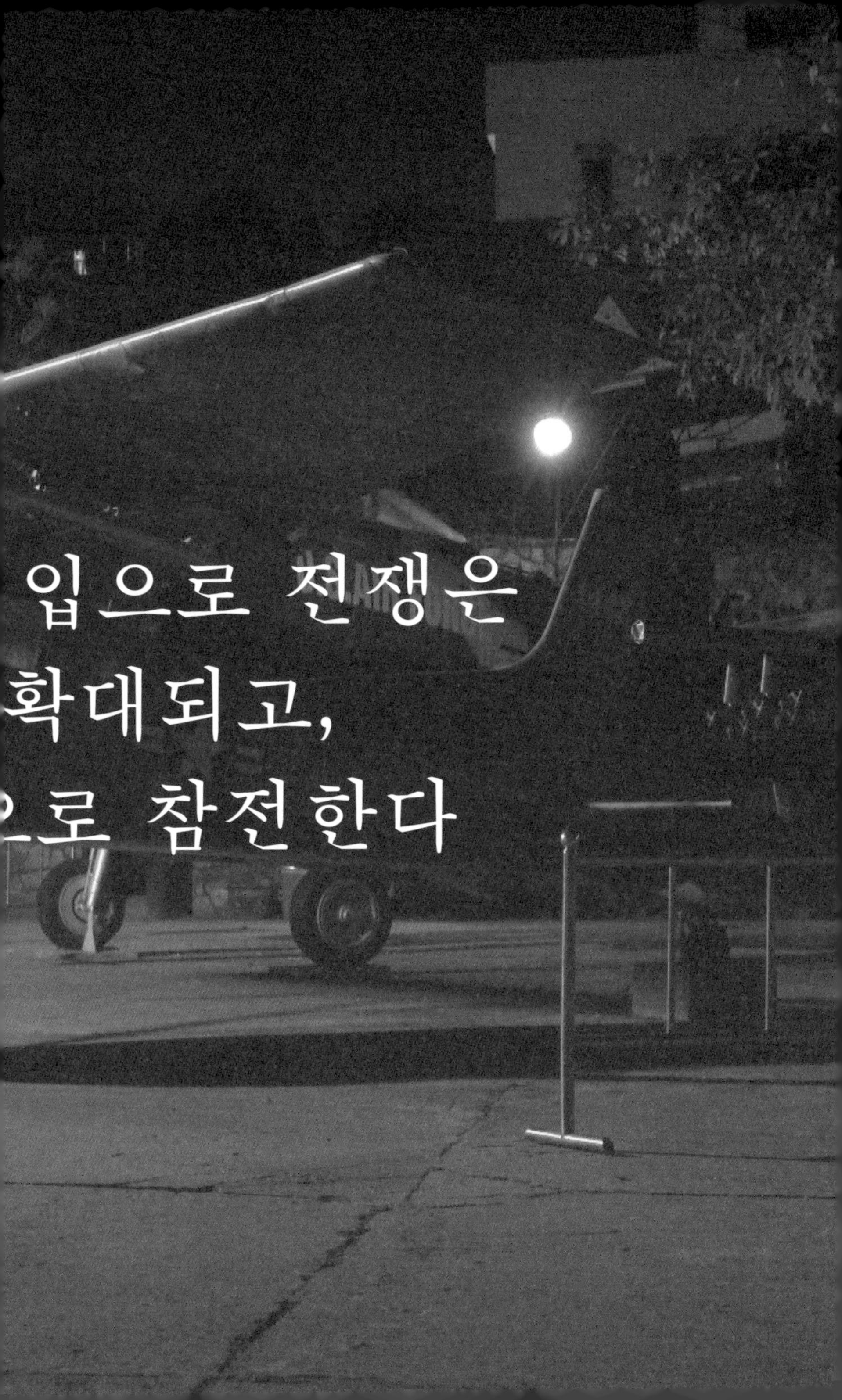

입으로 전쟁은
확대되고,
으로 참전한다

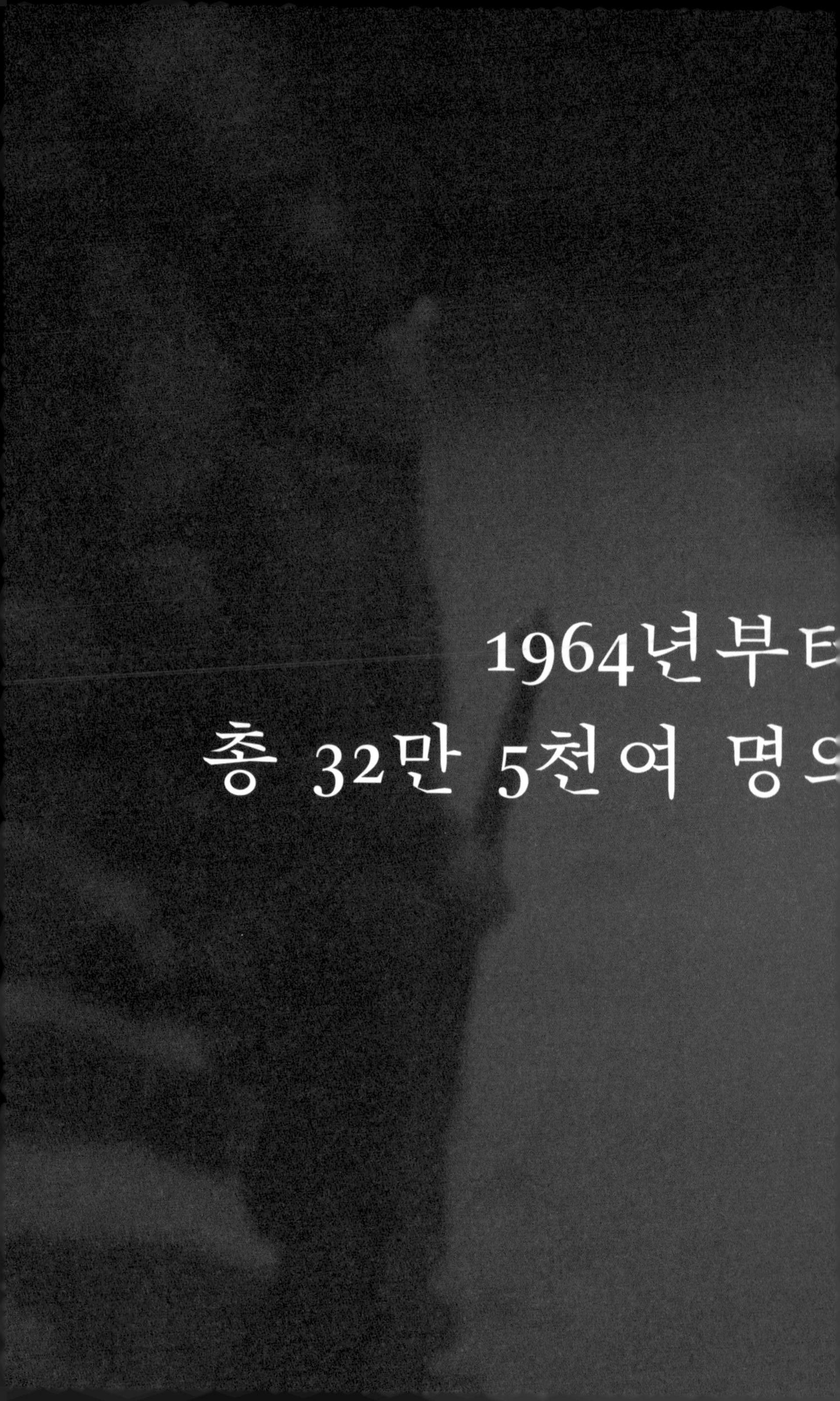

1964년부터

총 32만 5천여 명의

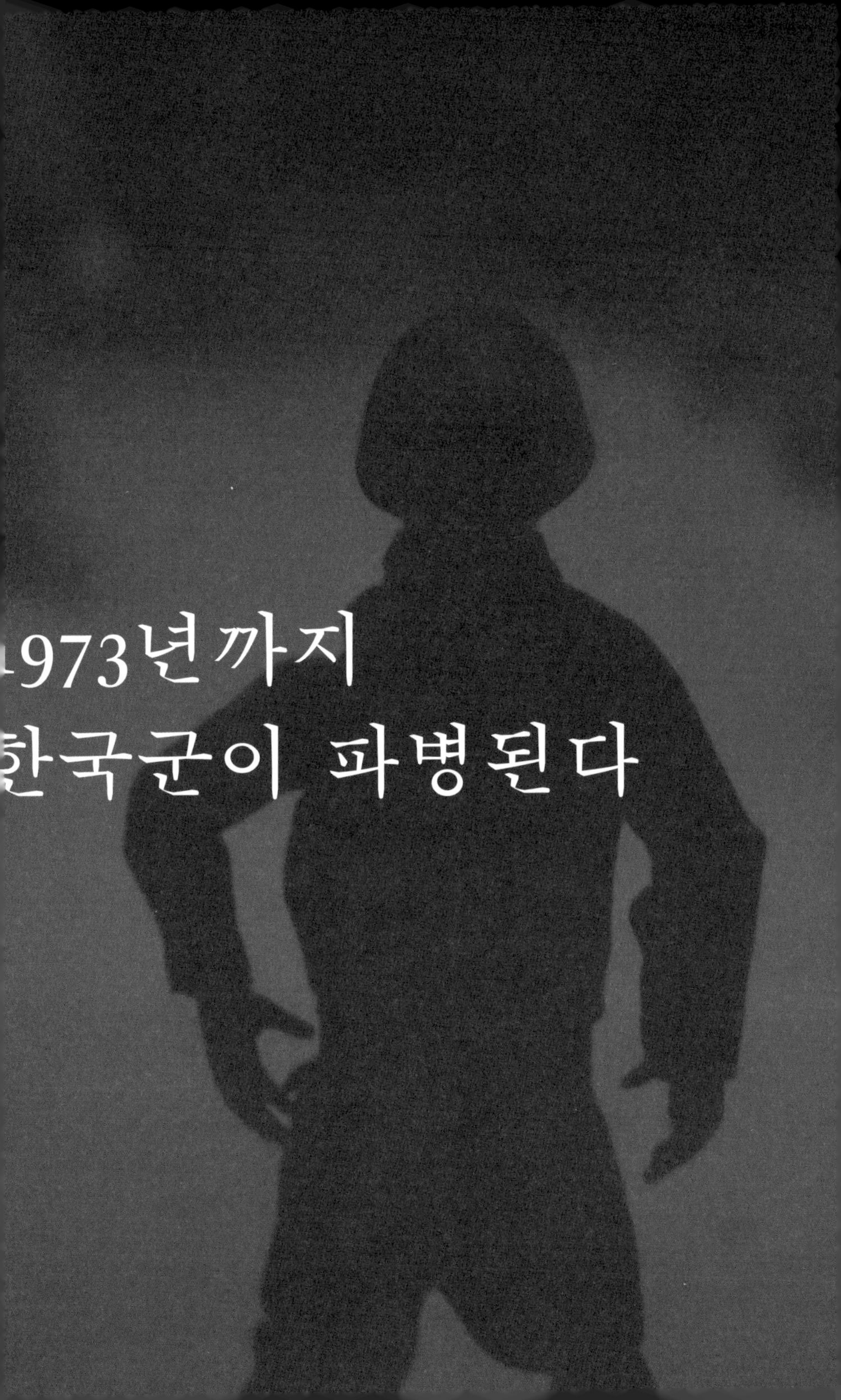
1973년까지
한국군이 파병된다

한국은 베트
6·25 전
급속한 경제

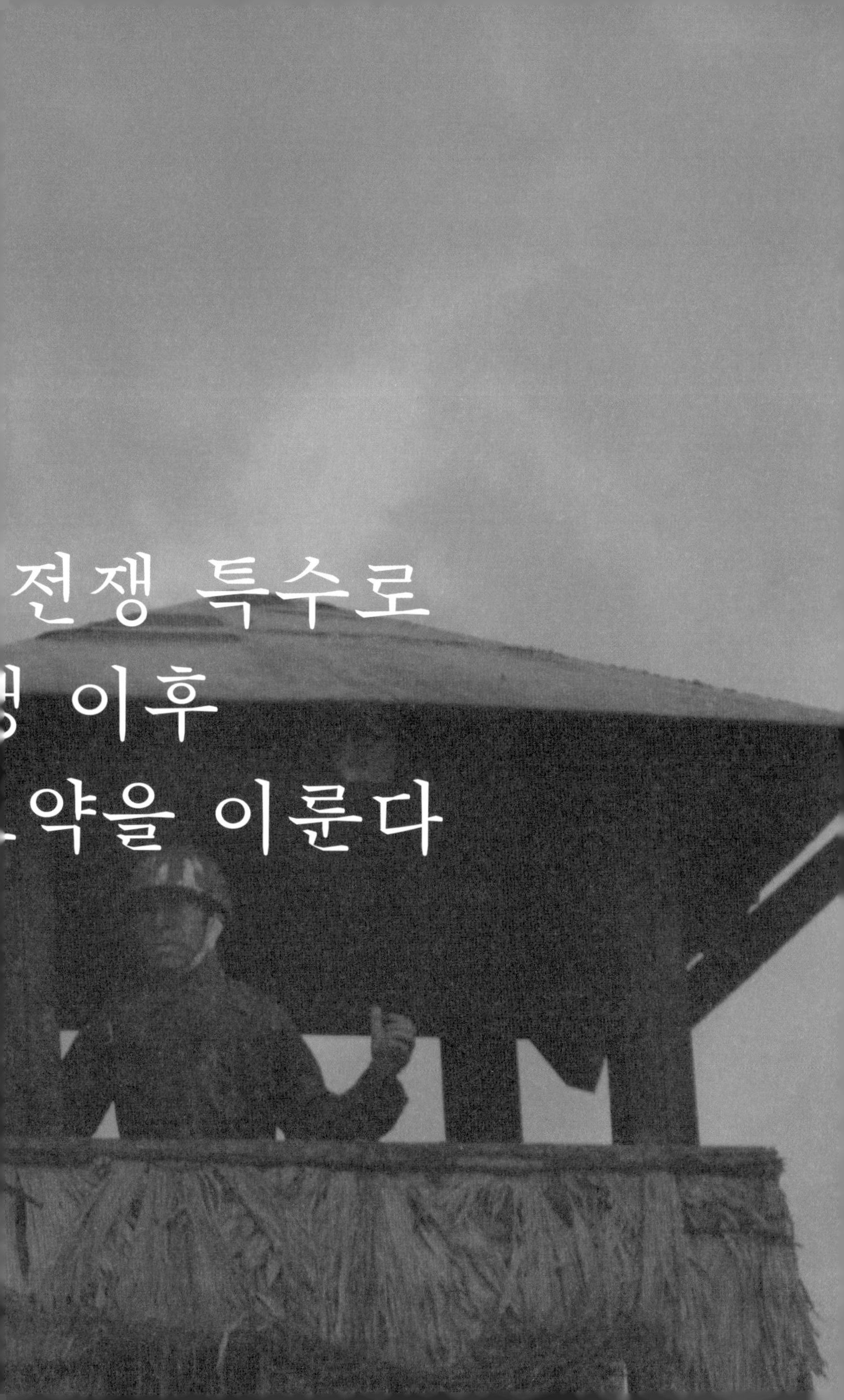

전쟁 특수로
이후
약을 이룬다

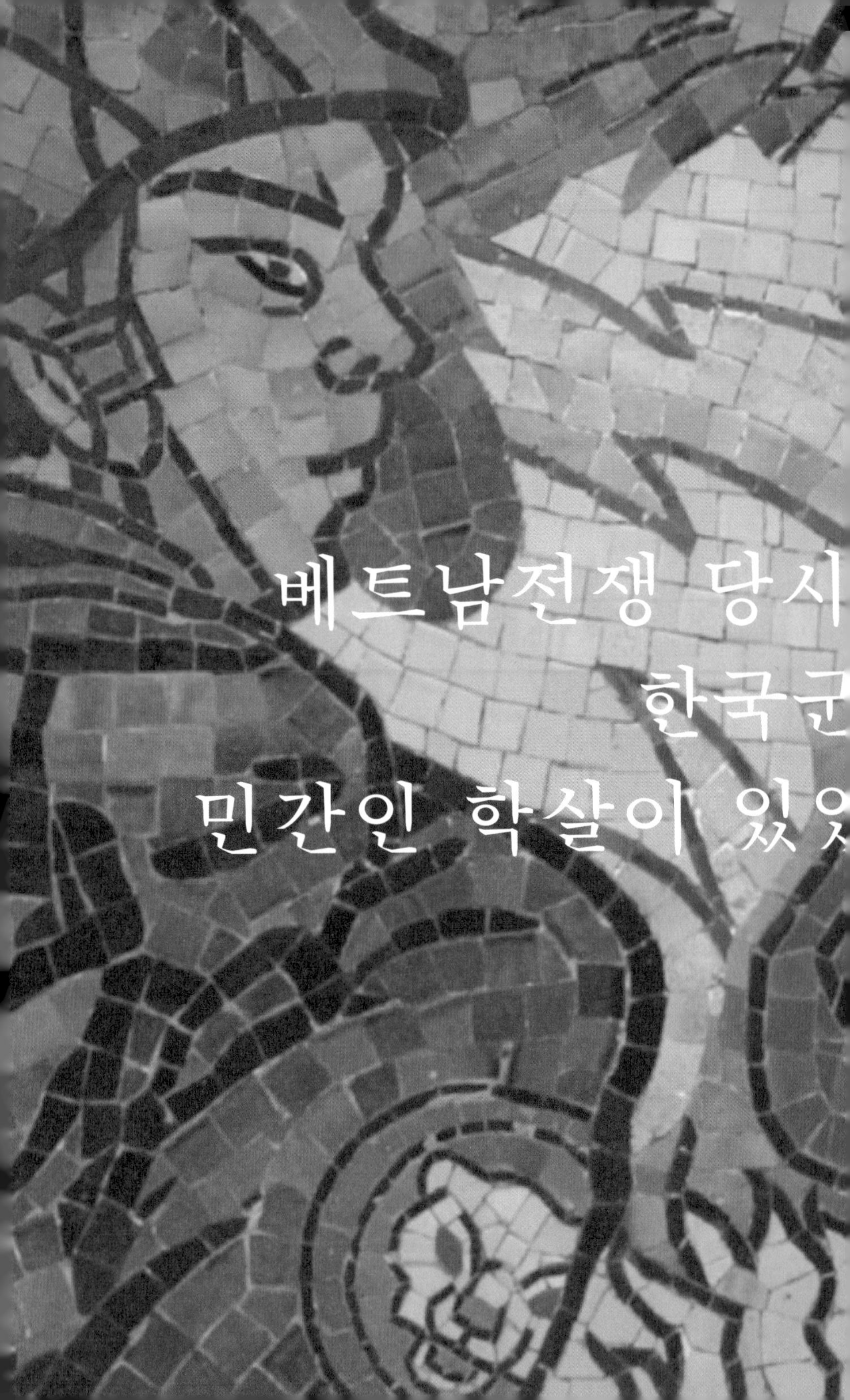
베트남전쟁 당시
한국군
민간인 학살이 있

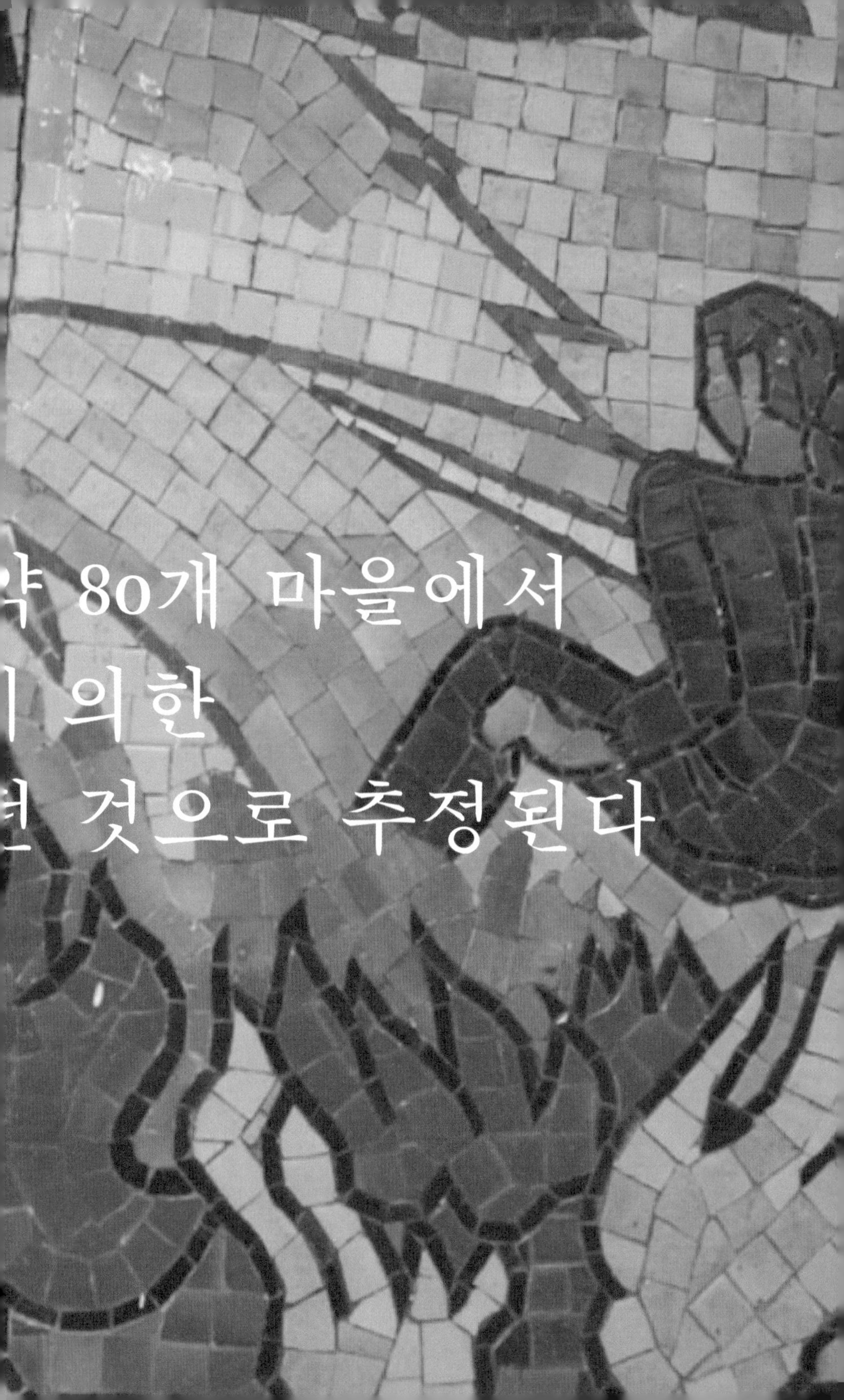

약 80개 마을에서
의한
것으로 추정된다

그러나 구체적
밝혀지

숫자와 규모는
않았다

한국 정부는 이에

내지 않을 것

해 공식적인 입장을
라고 밝혔다

1부

프리 프로덕션

2015년 1월 31일 제작 노트

이길보라

7박 8일간의 베트남 평화기행 첫 일정은 쌀국수집이었는데 엄청나게 맛있었다. 노점에서 먹는 쌀국수와는 차원이 달랐다. 나중에 제작진과 함께 오려고 주소를 적어뒀다. 쌀국수 집 2층은 베트남전쟁 당시 베트콩들의 아지트였다는데 이렇게 일상적인 곳이 전쟁 한가운데 있었다는 게 믿기지 않았다.

베트남은 길고 긴 세월동안 외세에 맞서 싸웠다. 1843년 베트남의 응우옌 왕조가 로마 가톨릭의 선교를 금지하고 프랑스 선교사를 처형하자, 이를 빌미로 프랑스가 인도차이나 반도를 식민지화했다. 그때부터 제2차 세계대전이 발발하는 1939년까지 베트남은 거의 한 세기 내내 프랑스의 지배하에 있었다. 프랑스는 제2차 세계대전이 일어나자 자국의 방어를 위해 프랑스령 인도차이나에 있던 군대를 송환했고, 이틈을 타 일본군이 베트남을 점령했다. 1945년 전쟁이 끝날 때까지 베트남은 일본 제국 점령군과 싸운다.

1945년, 호찌민은 베트남 민주공화국을 세우고 독립을 선언하지만 프랑스는 이를 인정하지 않고 베트남국을 세운다. 이것이 제1차 인도차이나 전쟁의 시발점이다. 1954년 5월 7일, 디엔 비엔 푸 전투에서 프랑스가 패배하고 8년간 지속되었던 전쟁은 끝이 난다. 미국은 한 나라의 정치체제가 붕괴하면 그 파급 효과가 이웃나라에도 미친다는 도미노 이론을 들며 남베트남에 경제 원조를 하기 시작했다. 남베트남이 무너져 공산화가 되면 다른 동남아시아 국가들도 공산화가 될 것이라는 위기의식 때문이었다.

호찌민이 이끌던 북베트남과 미국이 원조하던 남베트남, 양국은 분단되어 대립하다 남베트남 스스로 국가를 유지할 수 없을 것이라 판단한 미국의 개입으로 베트남전쟁, 베트남의 시각으로는 미국 전쟁(American War)이 시작된다. 한국에서는 '월남전'이라 불렀던 이 전쟁은 1955년 11월 1일부터 1975년 4월 30일까지 지속된 남북 베트남 사이의 내전임과 동시에 냉전시대에 자본주의 진영과 공산주의 진영이 베트남에서 일으킨 대리 전쟁이었다. 동시에 외국 군대가 개입하여 캄보디아, 라오스로까지 전선이 확대된 국제전이기도 했다.

이 전쟁에 한국은 미국의 동맹군으로 참전했다. 1964년 9월에 1차 파병을 시작으로 1973년까지 네 차례에 걸쳐 박정희 정권 아래 약 32만 명의 한국군을 파병한다. 미국을 비롯한 전 세계에서 이 전쟁을 명목 없고 의미 없는 전쟁, '더러운 전쟁(Dirty War)'이라 불렀다. 세계 곳곳에서 벌어진 68혁명의 대표적 구호 중 하나가 'No Vietnam War'였다.

그런 역사적 맥락 안에 이 쌀국수집이 있다. 아무런 정보 없이 베트남을 남에서 북으로 여행하던 때와 평화기행을 통해 베트남의 구석구석을 둘러보는 것은 굉장히 다른 경험이었다. 평범해 보이는 쌀국수집 안에서도 식민지와 전쟁의 기억, 역사를 읽을 수 있었다. 베트남이 달리 보이기 시작했다. 카메라를 들었다.

#1 기억의 시작

갈고도 다른 시선의 만남

이길보라

농인 부모의 세상을 딸이자 감독의 시선으로 담은 다큐멘터리 영화 〈반짝이는 박수 소리〉(2014)는 학부 졸업 작품이자 처음 해본 장편 작업이었다. 2년이라는 제작 기간 동안 여러 시행착오를 거쳤다. 영화를 함께 만들 사람을 찾고, 어떤 영화가 될 것인지 설명하고, 제작에 필요한 비용을 모으고, 이야기를 구성하고, 모두가 함께 볼 수 있는 작품으로 만들어나가는 과정은 꽤나 어려웠다. 당연한 말이지만 관객으로서 영화를 감상하는 것과 감독으로서 영화를 만드는 일은 매우 달랐다. 그러나 영화를 만들면서 어렸을 때부터 보아왔던, 입술 대신 손으로 말하고 사랑하고 슬퍼하는 이들의 이야기를 발견했고, 그 아래서 자란 나와 동생, 코다(Children of Deaf Adults, 농인 부모에게서 태어난 자녀를 일컫는 말)의 경험을 풀어내는 과정이 흥미로웠다. 한국에서는 생소한 단어인 '코다'가 무엇인지, 코다는 어떤 경험을 하며 자라는지 등 코다 정체성을 영화 제작을 통해 알아가고 확립할 수 있었다. 관객들이 농인의 세상을 불쌍하고 가여운 시선으로 보지 않고 평범하고 때로 반짝이는 것으로 볼 수 있게 한 것도 영화가 거둔 성취 중 하나였다.

하지만 영화를 만들고 배급하는 일은 힘에 부쳤다. 장편 영화 제작도, 극장 개봉도 처음이라 모든 과정을 온몸으로 부딪치며 배웠다. 이렇게 주먹구구식으로 계속해서 할 수 있을지 의문이었다. 지속 가능한 예술에 대한 고민이었다. 영화 기획부터 배급까지 과정을 잘 디자인하고 설계해야 할 필요성을 느꼈다. 팀이 필요했다. 전작을 통해 전체 제작 과정을 이해하고 각 분야별 스태프와 어떻게 함께 일할 수 있는지 경험했으니, 이번엔 그 경험을 잘 활용하고 싶었다.

영화 〈기억의 전쟁〉이 여성, 비남성의 시선으로 바라보는 전쟁과 학살에 관한 영화라면 제작진 역시 그래야 했다. 함께 글을 쓰던 소진과 새롬이 떠올랐다. 사진을 찍는 소진은 대안학교를 졸업하고 영화 전공의 학부 과정에 막 입학한 차였고, 새롬은 다큐멘터리 영화를 하고 싶어 했다. 어떤 영화가 될지 모르겠지만 나의 할머니와 할아버지의 기억으로부터 시작하는 영화를 만들어보지 않겠냐고 제안했다.

영화 기획안과 구성안을 작성해 둘을 만났다. 그때부터 우리는 일주일에 한 번씩 만나 회의를 했다. 함께 밥을 먹고, 구성안에 대한 각자의 생각을 공유했다. 소진은 촬영 감독으로서 우리의 의도를 영상에 어떻게 담을지 제안했고, 프로듀서이자 조연출인 새롬은 촬영이 가능한 환경을 만들었다. 셋이서 함께 영화를 만들자고 의기투합한 후 논의를 거쳐 촬영 감독과 프로듀서 겸 조연출, 감독의 역할을 나누었다.

이미지를 중심에 두고 사고하며 실험적이고 도전적인 의견을 내지만 결코 윤리적인 자세를 놓치지 않는 소진, 최대한 많은 자료들을 수집하고 아카이빙하며, 관련 인물과 소통하고 제작진 내·외부의 균형을 맞추어내는 새롬, 이미지보다는 내러티브를 우선에 두는 나. 이렇게 세 명이 각자의 스타일을 가지고 긴장의 끈을 때로는 팽팽하게, 때로는 느슨하게 조절하며 촬영을 준비했다.

베트남전쟁과 프로듀서의 일

서새롬

개봉 후 프로듀서로서 작업 과정을 이야기할 기회가 생길 때마다 "저는 다른 현장 경험이 많지 않아요. 이게 저의 첫 장편 영화이자 마지막 장편 영화이기 때문에……"라고 웃음 섞어 대답하곤 했다. 사실이 그렇기 때문이다.

처음부터 프로듀서로서 〈기억의 전쟁〉에 합류한 것은 아니었다. 소진의 경우 명확하게 촬영 감독이라는 역할이 있었지만 처음 내게 주어진 역할은 조연출과 사운드를 책임지는 것이었다. 보라 감독은 우리 셋 중에 유일하게 장편 영화를 제작한 경험이 있었기 때문에 작업의 큰 그림을 그리는 역할을 맡았다. 무엇이든 일단은 열어두고 일을 시작해보자는 마음이었다. 그렇게 3년 동안 작업에 몰입하면서, 나의 역할은 점점 더 확대되거나 일부 축소되었다.

돌이켜보면 내가 맡은 일은 제작에 필요한 행정을 책임지는 일이었고, 좋은 작업이 될 수 있도록 감독들을 격려하고 살피는 일이었다. 또 자연스럽게 해왔던 일은 영화의 주인공들과 편안하게 관계를 맺을 수 있도록, 때로는 눈빛과 말과 행동으로 다 보여줄 수 없는 마음을 쓰는 일이었다. 촬영지로 향하는 길에 제단에 올릴 꽃을 사고 과일과 과자를 챙기고 집안사람들을 살피는 일, 그리고 〈기억의 전쟁〉 팀원들이 현장에서 당황하지 않고 슬픔을 마주할 수 있게, 그에 따른 예를 갖출 수 있게 돕는 일이었다. 어느 순간부터 우리 셋은 그 역할에 편히 프로듀서라는 이름을 붙였다.

일반적으로 알려진 프로듀서의 역할을 보면, 내가 그 역할을 수행해온 것은 맞다. 또 다른 한편으로 그 역할로 설명할 수 없는 일들을 팀 안에서 해내야 했던 것도 맞다. 그것이 내가 프로덕션

과정까지 함께하고, 이후에 이길보라 감독과 조소나 프로듀서에게 바통을 넘겨준 이유다.

영화 〈기억의 전쟁〉에 합류하게 된 계기는 비교적 또렷하게 기억한다. 2014년 11월 말, 다큐멘터리 영화를 공부하려는 마음을 먹고 대학교 입시를 준비하고 있던 시기에 이길보라 감독에게서 이메일을 한 통 받았다. 같이 다큐멘터리 영화를 만들어보지 않겠냐는 제안이었다. 메일에는 "무덤 속의 말—제작 기획서"라는 이름의 파일이 첨부되어 있었다. 당시 보라 감독은 〈반짝이는 박수 소리〉의 개봉을 준비하고 있었고, 그러는 동시에 다음 작업을 계획하고 있었다. 기획서 안에는 베트남전쟁에 참전했고 얼마 전 돌아가신 할아버지, 그 곁에서 전쟁은 모른다고 하시지만 전쟁과 전혀 무관하지 않은 삶을 살아온 할머니의 이야기가 다소 건조하게 서술되어 있었다. 그리고 이 모든 이야기의 배경이 되는 베트남전쟁에 대해 조사한 자료들과 몇 가지 참고 문헌에서 발췌한 문장들을 덧붙여놓았다. 그중 아래의 문장이 나로 하여금 이 작업을 시작하게 만들었다.

> 전쟁을 말하고 기억하고 기록하는 일은 늘 남성들의 몫이었다. 그러나 전장의 뒤편에서 여성들은 생산 활동을 책임지며 공장에서 일하고 밭을 일구며 아이들을 길러냈다. 베트남의 그들 역시 다르지 않다. 베트남의 여성들은 전투와 생산과 간호, 노동 등의 모든 분야에서 전쟁에 참여했다. 분명 전쟁의 기억은 여성의 온몸에 각인되어 있다.
> — 이길보라, 〈기억의 전쟁〉 초기 기획의 글 가운데

2015년을 한 달 정도 남겨둔 상황이었다. 당시 우리 셋에게는 저마다 정도는 다를지라도 '베트남', '전쟁', '학살'이라는 주제

자체가 어색하고 거리가 있었기 때문에 이 거대 담론을 스스로 해석하고 공부하는 시간이 절대적으로 필요했다.

공식적으로 기록된 한국 근현대사 안에서 베트남전쟁은 많은 부분 설명되지 않은 채 남아 있다. 전쟁이 있었다. 누구는 참전했고, 그리고 돌아왔다. 공부를 하면 할수록 '공식적인 역사'는 실제 벌어진 일의 극히 일부분이라는 사실에 직면했다. 우리의 역사는 베트남에서 무슨 일이 일어났는지 제대로 기록하고 있지 않았다.

막막했지만 명확한 참고 문헌은 있었다. 우리보다 앞서서 베트남전쟁이 어떤 전쟁이었는지, 그곳에서 무슨 일이 벌어졌는지 한국 사회에 알리고자 했던 이들이 있었다. 초기에는 그들의 발자취를 따라 공부를 하며, 지금 할 수 있는 이야기가 무엇일지 고민했다. 이제 와 생각해보면 당시의 우리는 기록된 역사 바깥에서 누군가의 기억에 닿길 바라고 있었던 것 같다. 그때 주요한 참고문헌 중 하나였던 『전쟁의 기억, 기억의 전쟁』과 『전쟁과 여성』을 쓴 저자이자 우리 모두의 글쓰기 선생님이기도 한 어딘(김현아)이 이런 조언을 해주었다.

"너희 그 작업할 거면, 곧 돌아오는 따이한 제사에 가라."

1968년 '구정 대공세'라고 불린 대규모 군사 작전이 있었고, 당시 청룡부대가 막 주둔을 시작한 꽝남성에서는 민간인 학살이 많이 벌어졌다. 다낭과 호이안이 위치한 베트남 중부 꽝남성의 한국군 피해 마을에서는, 그래서 설 연휴를 전후로 마을 단위의 위령제와 한국군에 의해 학살당한 사람들을 기리는 제사라는 뜻의 '따이한 제사'가 연이어 열린다. 설 연휴가 코앞이었다. 따이한 제사에 참여한다는 것이 어떤 의미일지 고민하고 생각할 틈도 없이 바로 결정해야 했다. 작업을 본격적으로 진행하기 전이라, 준비된 예산도 마땅치 않았고 설 연휴를 앞두고 비행기 일정과 다른 개인적인 일정을 조정하기도 쉽지 않았다. 결국 1월 베트남 평화기행에 참가하기 위해 보라 감독이 먼저 베트남으로 떠나고, 2월에 있을 베트남 중부 빈딘성 고자이 마을에서 열리는 빈안 학살 49주기 위령제에 태국을 경유하는 일정으로 소진 감독과 내가 합류하기로 했다.

20세기의 벽 너머로

곽소진

촬영 감독으로 영화 〈기억의 전쟁〉에 합류하고, 프로덕션이 끝난 지 3년이 지났다. 고백하자면 많은 순간들이 기억 너머로 지워졌다. 어쩌면 다큐멘터리 영화에서 촬영자의 일이란 이미지를 촬영하는 순간에 치열하게 고민하고, 그 후에는 촬영한 이미지를 열심히 잊어버리는 것이라는 생각이 든다. 그렇게 하는 편이 영화가 완성되는 데에 조금 더 유리하기 때문이다.

편집된 것처럼 끊기고 분절된 기억을 다시 연결하기 위해 처음 〈기억의 전쟁〉 프로덕션에 합류하며 만들었던 스크랩북을 펼쳐본다. 보라 감독이 처음 나에게 제안했을 때, 스물세 살의 나는 촬영 감독이 어떤 일을 하는지 모르고 있었고, 관련하여 누군가에게 배운 적도 없었다. 그럼에도 보라 감독은 나에게 베트남 민간인 학살에 대한 장편 영화의 촬영 감독을 맡아달라고 했다. 당시 나에겐 '베트남 민간인 학살'이라는 단어만큼 '다큐멘터리 영화 촬영 감독'이라는 단어가 생소했다. 양쪽 모두 거의 처음 듣는 말이었기 때문에 어느 쪽부터 시작해야 할지 난감한 수준이었다. 일단 도움이 될 만한 것이 있다면 무엇이든지 적거나 수집하기 시작했다. 이러한 과정에서 만들어진 것이 〈기억의 전쟁〉을 위한 스크랩북인데, 당시 만든 이 파일에는 텍스트와 이미지, 스케치들이 엉켜 붙어 있다.

그중 휘갈긴 필체로 옮겨 적은 다음 글이 눈에 들어온다. '선택'이라는 단어에 여러 번 회오리가 쳐져 있는 것을 지금 보니 애잔하다. 좀처럼 이해가 되지 않아 빙글빙글 그 언저리를 활보하다 생겨난 표식이라는 게 확실하기 때문이다.

이 책에서 명시적이든 암시적이든 저자가 수미일관하게 드러내고 또 강조하고자 한 것은 전쟁과 평화의 문제는 운명적인 것이라기보다는 인간 사회의 사회 및 정치적 제도, 그리고 인간과 집단의 일련의 선택들의 역사적 결과라는 관점이었다.
— 이삼성, 『20세기의 문명과 야만』, 한길사, 1998, p. 119.

이 문장은 영화를 준비하며 제작진과 함께 『20세기의 문명과 야만』의 서문을 읽다가 적어 놓은 것이다. 1998년 쓰인 이 책의 서문은 "한 세기의 폐허 앞에 선 자기 성찰"이라는 제목을 가지고 있다. 베트남 민간인 학살에 대한 영화를 만들자는 감독의 제안에 일단 닥치는 대로 책을 읽기 시작했으나 막상 전쟁사와 세계사 공부를 할수록 가슴이 뜨거워지기보다는 점점 식어가기만 했다.

20세기의 폐허 앞에서 왜 내가 자기 성찰을 하고 있나 싶기도 하고, 이를 우리 세대가 해결해야만 하는 숙원 사업처럼 짊어지는 것도 어색한 기분이었다. 이런 내 마음이 미묘하게 달아오르기 시작한 것은 영화를 준비하며 세 개의 다른 장면을 다시금 배열하게 된 이후이다.

장면 1. 벽지 위의 실선

2014년 겨울, 나는 네덜란드 흐로닝언에 있는 작은 공립 도서관에서 20세기 전쟁사 자료들을 읽고 있었다. 도서관의 소파에 몸을 파묻고 『20세기의 문명과 야만』을 읽다가 몽롱해져 책을 덮었다. 대신 노트북을 켜고 암스테르담행 기차표를 끊었다. 안네 프랑크 하우스에 가기 위해서였다. 20세기 제노사이드의 홍수 속에서 안네 프랑크라는 이름 하나만이 당시의 무지한 나에게 온기를 가지고 있었던 것이다. 기차역에서 내려 지도를 보고 걸어가는데 건물 앞에 길게 늘어선 줄이 보였다. 안네 프랑크 하우스에 들어가기 위해 관광객들이 만든 줄이었다. 이렇게 많은 사람들이 방문하는 곳인 줄 몰랐기 때문에 조금 놀랐다.

차례를 기다려 입장한 안네 프랑크 하우스의 모든 창은 두꺼운 커튼과 판자로 가려져 있었다. 프랑크 가족을 포함한 여덟 명의 사람들이 이 집에서 그렇게 살았기 때문이다. 관광객들은 아주 희미한 빛에 의지한 채 비좁은 집을 조심스럽게 걸어 다니고 있었다. 나 역시 느리게 움직이는 사람들과 함께 좁은 복도를 통과하여 안네와 그 가족의 얼굴을 비추었던 화장실 거울에 내 얼굴을 비추어보고, 작은 응접실에 들어가 보았으며, 개수구와 세면대를 거쳐 안네와 마고트의 방에 들어갔다. 방 안에 전시된 물건들을 보는 내내 묘한 죄책감이 들었다. 사적인 유품을 감상하는 활동이 고약한 일이 되는 것을 막는 매너 같은 것이 따로 있다면 돈을 내서라도 배우고 싶었다.

안네와 마고트의 방을 빠져나가려던 중, 이끼색으로 바래져가고 있는 벽지 위에 얇은 연필 자국들을 발견했다. 가로로 그은 선들이 불규칙하게 층층이 쌓여 있었다. 그것은 안네 프랑크와 그의 언니 마고트의 키를 몇 달 간격으로 벽에 표시한 자국이었다. 그 앞에서 1942년의 안네와 마고트를 마주하게 된다면 그들이 얼마큼의 눈높이에서 내 얼굴을 응시할지 가늠했다. 갑자기 집안의 모든 흔적들이 소리를 가지고 내게로 쏟아져 들어오는 것 같았다. 소리를 죽이고 걷는 발소리, 물을 마시거나 음식을 씹는 소리, 속삭이듯 말하는 작은 음성들이 그곳에 있었다.

벽에 그어진 가느다란 선들이 일순간 나에게 홀로코스트라는 단어의 '사실'과 접촉하도록 했다. 안네와 마고트는 어둠에 싸인 이 집 안에서, 오로지 이 집 안에서 계속해서 자랐던 것이다. 지금껏 무수한 인용문과 함께 안네의 얼굴을 보았지만, 나는 학살의 시기에 그의 키가 자라고 있었을 것이라는 생각은 해보지 못했다. 이것은 진짜로 일어났던 일이고, 한 세대의 시간이 그 속에 있었다. 아이들의 키가 훌쩍 자랄 만큼의 시간 동안 유대인을 숨긴 이 집의 창은 한 번도 활짝 열린 적이 없었다. 나는 잠시 집 안 곳곳을 울리는 관광객들의 발걸음 소리를 들으며 서 있었다.

안네 프랑크 하우스의 위층에는 하늘을 향해 뚫린 창이 있는 다락방이 있다. 다른 창보다 발각될 위험이 적어 때때로 안네가 바깥 풍경을 볼 수 있던 공간이다. 오래된 집을 보존하기 위해 관광객들이 직접 올라가는 것은 금지되어 있으나, 안네 프랑크 하우스는 작은 거울을 아래에 두어 안네가 보았던 하늘을 사람들이 들여다볼 수 있도록 해두었다. 거울이 비추는 창을 통해 나뭇가지가 부딪치고 바람에 따라 구름이 흘러가는 장면을 보았다. 한 세기 전과 다름없을 손바닥만 한 하늘과 구름이 거기에 있었다. 안네 프랑크 하우스를 빠져나와 홀로코스트 박물관으로 들어가는 내내 나는 이곳에 거울을 놓을 생각을 처음 한 이가 어떤 사람이었을지 궁금했다.

장면 2. 키르쿡역

이라크의 바그다드에서 2번 국도를 타고 북쪽으로 265킬로미터를 올라가면 기차역이 있다. 키르쿡(kirkuk)역이다. 구글 맵에서 위성 사진을 조금 더 확대해보면 거대한 건물 하나와 몇 개의 작은 건물들이 반듯하게 지어져 있다. 스트리트 뷰를 지원하지 않는 지역이기 때문에 확인할 수 있는 것은 건물의 윗면뿐이다. 대칭으로 배열된 직사각형들을 마우스로 굴리고 있다 보면 아버지가 이런 식으로 기차역을 본 적이 있었을지 궁금해진다. 공사 전개도를 보는 것 말고는 하늘에서 완성된 기차역을 볼 수는 없었을 것이다. 아버지는 땅에서 일했으니 말이다.

1980년 전라남도 광주의 조선대학교에서 5·18 민주화 항쟁을 겪고 가까스로 학교를 졸업하여 정우개발에 입사한 스물아홉 살의 아버지는 1987년 당시 받고 있던 월급의 2.5배를 준다는 말에 곧장

중동으로 향했다. 이라크와 이란이 8년간 지속된 분쟁을 끝내고 휴전 협정에 들어갈 무렵이었다. 이라크 석유산업의 중심 도시인 키르쿡에는 '키르쿡-베이지-하디다'를 관통하는 250킬로미터 남짓의 석유 운송용 철로가 있었는데, 이 철로를 보수 공사한 뒤 일반 승객을 실어 나르려는 계획이 세워졌다. 아버지는 키르쿡 기차역을 보수하는 인력들을 수용할 거주 시설 공사 현장에 관리 감독자로 투입될 예정이었다.

중동 파견 근로자들은 1960년의 파독 간호사와 광부, 1970년의 베트남 파병 이후 주요한 외화 수입원이 되어 그 수가 10만 명에 육박했다. 1980년대의 한국 건설 노동자들은 높은 성취욕으로 완공 일정을 정확히 맞추는 것으로 유명했다.

아버지의 젊은 몸이 위성 사진이 보여주는 바로 저곳에 있었다. 뜨거운 모래바람이 부는 이국에서 그의 하루는 군대식으로 통제되었다. 다양한 국가에서 온 건설 노동자들이 구령에 맞춰 시작하는 기상 점호는 밤사이 인력에 공백이 생겼는지 유무를 빠르게 확인하고 조치를 취하기 위한 것으로, 노동자들의 생사 확인을 위한 가장 효율적인 방식이었다. 기상 점호 후에는 간단한 체조를 하고 아침을 먹으러 식당에 간다. 아침을 먹은 후에는 기능공들에게 지난 밤 전달된 작업을 하달한다. 오전 작업을 끝낸 후에는 점심을 먹고, 점심 후 다시 점호, 오후 작업 후 저녁, 저녁 후 다음 날의 업무 지시 하달, 취침 전 다시 점호.

반복되는 업무 속에서 그가 가장 중요하게 챙겨야 할 것은 공사의 진행 상황을 수기로 작성한 차트였다. 현장 관리 감독인 그는 이 자료를 책임지기 위해 이라크에 왔다. 그는 노란 빛깔의 대리석으로 만든 비싸고 아름다운, 번들거리는 바닥재와 '오일 머니'의 위용이 느껴지는 무겁고 거대한 기둥들을 둘러본다. 금이 간 부분은 없는지, 미처 발견하지 못한 하자는 없는지, 오랜 시간을 버틸 수 있을 만큼 결합이 충분히 잘 되어 있는지를 확인한다.

대리석으로 지은 튼튼한 건물은 보수만 잘하면 백 년은 갈 수 있을 것이다. 그의 손에 들린 이 자료들은 완공 후 오랜 시간이 흘러 새로운 보수 공사가 필요할 때에 그의 자리를 대신할 현장 감독에 의해 열람될 것이었다.

그러나 아버지의 자료는 예상했던 것만큼의 효용성을 갖지 못하게 되었다. 기차역과 역무원들의 집이 완공된 후 15년도 채 지나지 않은 2003년에 키르쿡역은 폐쇄되었기 때문이다. 2001년 미국이 테러와의 전쟁을 선포한 후 키르쿡역의 운행이 중지되기까지는 3년이 걸렸다.

2003년 참여정부는 3백 명의 서희부대와 제마부대에 이어 3천 명의 자이툰부대를 이라크 북부 지역에 파병하기로 결정한다. 파병 규모로는 미국과 영국에 이어 세 번째였다. 파병에 반대하는 시민단체와의 격렬한 충돌이 예상되자 정부는 출병식과 환송식을 비공개로 진행한 뒤, 성남시에 있는 서울 공항을 통해 비밀리에 출국시켰다.

자이툰부대의 배치 지역이 이라크 북부의 키르쿡 지역으로 결정되었다는 뉴스가 보도된 날,* 나는 아버지에게 처음으로 이라크에서의 생활에 대해 듣게 되었다. 공사를 쉬는 날이면 차를 타고 도시 밖으로 나가 사원 구경을 하고, 때때로 거리에서 마주치는 죽음에 두려움을 느꼈던, 이십 대 청년은 결혼 자금을 벌기 위해 중동에 갔다.

이동하는 자본과 정치 권력은 한국 청년들의 몸을 꾸준히 국경 너머로 거래해왔다. 이 강력한 힘은 청년들을 부지런히 실어 나르며 지구 반 바퀴 정도는 아무렇지 않게 이동하게 했다. 한국의 이십 대 청년들의 몸이 20년의 시차를 두고 이라크 북부에서 교차한다.

* 이후 한국 정부는 유전 지역인 키르쿡이 위험하다는 판단하에 키르쿡에서 북쪽으로 100킬로미터 위에 있는 아르빌(Arbil) 지역으로 자이툰부대를 최종 배치한다.

한강의 기적을 위해, 그리고 9·11 이후 전 세계적인 '테러와의 전쟁'을 위해.

장면 3. 연꽃 너머의 시선

2003년 한국군 이라크 파병을 기점으로 '역사적 과오'가 반복되는 것에 문제의식을 가지고 제작된 이마리오 감독의 다큐멘터리 영화 〈미친 시간〉(2003)은 베트남 파병 참전군인들의 인터뷰를 비중 있게 다룬다. 일면 베트남 중부의 학살지와 양측의 증언을 성실히 기록하는 것에 집중하고 있는 듯 보이는 이 영화에는 독특하다고 볼 수 있는 카메라 쇼트 구성이 두 차례 등장한다. 하나는 참전군인의 인터뷰 중 등장하는 익스트림 클로즈업이고, 다른 하나는 민간인 학살 장면을 묘사한 빈딘성 낌따이 마을 증오비*의 부조를 촬영한 이미지 쇼트에 부조의 다른 부분을 촬영한 이미지를 중첩시키는 디졸브 효과를 통해 이미지의 잔상을 남기는 장면이다.

영화의 인터뷰에서 베트남 참전군인이었던 정무식(영화 촬영 당시 51세)은 처음 베트남 다낭에 도착했을 때 마을의 평화로운 풍경을 보며 '전쟁터에 온 기분이 나지 않았다'고 증언한다. 그는 신병이었던 시절 선배들과 함께 땅굴에서 베트남인을 생포했던 순간을 묘사한다.

* 1966년 1월 9일 빈딘성 안년현 년퐁사 낌따이촌에서 일어난 한국군 민간인 학살로 37명의 주민이 희생되었다. 마을을 수색한 한국군은 주민 43명을 포박하여 팜딘쩌우(Phạm Đình Châu) 할아버지의 집에 가둔 후 수류탄을 던지고 집을 불태웠다. 희생자 대부분이 노인, 여성, 아이였으며 6명이 구사일생으로 목숨을 구했다. 1985년에 팜딘쩌우 할아버지의 집이 있던 곳이자 희생자들의 집단 묘지가 있던 자리에 증오비가 건립되었으며 증오비의 양옆에는 학살 장면이 묘사된 부조 작품이 설치되었다. 마을 입구에는 학살 관련 증오탑이 건립되어 있다. 학살 50주기를 맞이하여 낌따이 학살 위령관을 건립하는 과정에서 증오비를 철거하고 기존의 집단 묘지를 되살렸으며 희생자를 추모하는 사당을 세웠다. (출처: 한베평화재단)

고참들은 담대함을 키워준다는 이유로 그에게 생포된 이들을 '해코지'하라고 지시하는데 그는 그들의 눈을 '감기거나' '가렸다면' 가능했을지 모르나 생포된 이들이 눈을 '말똥말똥하게 뜨고' 있어 도저히 할 수 없었다고 말한다. 더 이상 그 상황을 지연시키지 못하고 고참들의 명령을 따라야 했을 때, 그는 결국 '자신의 눈을 감는 것'을 선택한다. 그가 눈을 감고 찌른 칼은 엇나가 생포된 베트남인의 허벅지를 찌른다.

카메라 쇼트 사이즈의 변화는 바로 이어지는 증언에서 그가 마음을 잃는 과정을 묘사할 때에 시작된다. 함께 침상에서 잠을 자던 동료가 부비트랩을 밟아 산산조각이 났고, 그의 조각난 신체를 손으로 그러모아 판초에 담아 매듭을 지었던 순간을 계기로 눈에 보이는 것을 모두 총으로 쏘는 광분의 순간까지 다다랐음을 이야기할 때 카메라는 그의 눈을 향한 과격하고 놀라운 익스트림 클로즈업을 시작하며 그의 몸을 세밀하게 따라간다. 화면에 그의 눈동자와 시선의 초점이 완연하게 잡힌다. 그는 카메라를 바라보고 있지 않고, 그렇다고 인터뷰를 진행하는 감독을 보고 있지도 않기 때문에 그가 무엇을 보고 있는지 관객은 알 수 없다. 단지 캠코더의 줌인으로 인해 열화된 영상으로 그 시선의 끝을 짐작해볼 뿐이다.

연이어 이어지는 참전군인이자, 열린사회희망연대 대표인 김영만(영화 제작 당시 58세)의 인터뷰 장면은 이미 클로즈업에 다다른 쇼트로 시작한다. 그는 전쟁터에서 물리적으로 멀어지던 순간에 대한 이야기를 이어나간다.

> "전쟁터에서 멀어지는 순간에, 다시 돌아가지 못하고 멀어지는 그 순간에, 도대체 내가 무슨 짓을 했던가, 내가 베트남에서 한 모든 일들이 악몽을 꾼 것처럼 생각이 됩니다. 내가 도대체 왜, 무슨 짓을 했지? 내가 나 자신을 믿을 수 없고…… 나 자신을

이해하기 위해서 많은 생각을 할 수밖에 없어요. 내가 그랬다는 것에 대해서 스스로를 변명할 수밖에 없으니까……"

영화 속에 등장하는 인물들은 공통적으로 전쟁터 한복판에 있었을 때의 상황과 광경을 묘사할 때에 당시의 상황을 명확히 인지하는 것이 불가능했다는 것을 드러낸다. 영화뿐 아니라 당시 베트남전 참전군인들의 증언에 자주 등장하는 "일순간 눈앞이 흐려졌다" "눈이 돌아갔다" "옆에 있던 동료의 눈이 해까닥 뒤집혔다" "그 순간 꿈을 꾸는 것 같았다"는 표현들은 공포와 광기, 두려움이 팽배한 전장에서 초점을 맞추기에는 '너무 가까운' 장면들을 또렷하게 바라보는 것이 불가능했음을 드러내고 있다.

전쟁의 참상을 묘사한 증오비에 새겨진 부조를 일종의 이미지적인 증언이라고 본다면 영화 〈미친 시간〉은 증오비의 부조를 촬영한 영상을 중첩시켜 흐리게 함으로써 딜레이 효과를 만들어낸다. 카메라와 부조의 거리는 너무 가깝고, 전체 그림을 보여주지 않기 때문에 당시 전장에 있었던 참전군인들의 증언과 오버랩되며 혼란을 가중시킨다.

트라우마의 본질적인 문제는 그것을 명확하게 볼 수 없다는 것에 있다. 눈꺼풀 안을 끈질기게 계속 따라다니는 흐릿한 이미지*는 무엇보다 거리의 문제와 맞닿아 있는 듯하다.

아우슈비츠 비르케나우 수용소 존더코만도의 이야기를 담은 라즐로 네메스(Laszlo Nemes)의 영화 〈사울의 아들〉(2015)에 대해 쓴 헌정서에서 조르주 디디 위베르만(Georges Didi-Huberman)은

* 파병 이후 외상 후 스트레스 장애(PTSD)로 계속해서 반복되는 환각과 고통스러운 이미지에 시달리는 군인들에게 눈동자를 힘껏 굴리는 치료법이 효과가 있다는 연구 결과가 발표된 적 있다. EMDR(Eye-Movement-Desensitization-Reprocessing)이라고 불리는 이 수평적 눈 운동은 안구의 근육을 이완하는 동시에 감정적 트라우마를 배출시키고, 현재와 융합되고 뒤섞여 불명확해진 과거의 이미지를 재처리함으로서 과거의 이미지에서 '벗어나는 것'을 돕는다.

카메라의 초점 거리에 대해 묘사하며 시선의 거리와 더불어 속도의 문제를 우리에게 상기시킨다.

> 당신은 공포가 전적으로 포위한 공간에서 유일하게 가능한 시선은 단거리의, 짧게 지속되는 시선이라는 명백함에서 시작합니다. 죽음을 [그저] 지나치며 가로지르도록 강요받는 시선, 그리고 재빠르게 땅으로 눈을 내리깔도록 강요받는 시선이 여기 있습니다.
>
> — 조르주 디디 위베르만, 『어둠에서 벗어나기』, 이나라 옮김, 만일, 2016, pp. 47~49.

이 문장은 나에게 '응시하는 것'이 내포하는 위치적인 특권을 상기시켜주었다. 보기 위해서는 볼 수 있어야 한다. 이러한 조건은 동물적이고, 신체적인 동시에 정신적이며, 정치적인 상황 속에서 만들어진다. 디디 위베르만의 글은 우리가 진실이라 부르는 것에 기대하는 명확성 이전에, '시선'과 '시야'에 대한 고려가 선행되어야 한다는 사실을 인식하게 한다. 이러한 지각의 과정 속에서 진실된 것이라 불리는 것들이 역전된다. 피와 살과 뼛조각과 폭발하는 부비트랩의 흙먼지가 뒤섞인 시간을 증언하는 이들의 언어 속에서 과연 무엇이 선명하냐고 묻는다면, 정확하지 않은 것, 분별되지 않는 것, 희뿌연 것이 무엇보다 선명한 것이다. 이 흐릿한 이미지들이야말로 그들이 처했던 상황과 조건을 여실히 드러내는 살을 베이게 할 만큼 날선 이미지이며, 진실된 이미지들이다.

내가 베트남전에 대한 다큐멘터리 영화 제작에 합류하게 된 결정적인 계기는 하미 학살 위령비에 얽힌 이야기 때문이었다. 학살로 희생된 마을 주민 135명의 넋을 기리는 위령비 건립 과정을 듣고 나는 무언가 '참을 수 없는' 기분을 느꼈다.

2000년 12월, 월남참전전우복지회의 지원으로 하미 마을에 위령비가 착공되었다. 마을 사람들은 위령비에 새겨질 비문을 적었다. 학살의 과정을 묘사한 비문이었다. 그러나 완공을 앞둔 2001년 복지회는 마을 사람들이 적은 비문을 지울 것을 요구했다. 하미 마을 사람들은 마을에서 벌어진 일을 자신들의 언어로 서술한 비문을 지우라는 요구를 받아들일 수 없었으나, 복지회는 비문을 지우지 않는다면 위령비 건립을 취소할 것이라는 입장을 전했다. 결국 이 문제는 한국 정부와 베트남 정부가 개입하는 외교 문제로 비화되었고 마을 주민들이 외부의 압력에 저항한 끝에 결국 비문은 수정되지 않았으나, 비문 위에 연꽃 문양이 그려진 대리석을 덧씌운 상태로 제작되었다.

하미 학살 위령비 건립에 얽힌 이야기는 베트남 민간인 학살에 대한 한국의 '협상적' 태도를 상당히 노골적으로 드러내 보인다. 그러나 그러한 평가 이전에 내가 울컥했던 이유는 베트남 민간인 학살을 둘러싼 복잡한 맥락을 넘어, 이 대리석 벽이 내 안의 무언가를 건드렸기 때문이었다. 연꽃 그림을 보게 된 후로 나는 어떤 마음에 대해 생각하기 시작했다. 보고 싶지 않은, 그래서 보이지 않도록 가려두는 마음에 대해서. 그 마음은 현재의 내가 20세기와 완전히 선을 그을 수 없게 만드는 마음이었다.

2014년 겨울, 하미 마을에서 그 대리석을 직접 마주했다. 연꽃 문양이 새겨진 단단한 대리석 벽을 보고 있을 때에, 그림 너머를 응시하는 눈들이 있었다. 연꽃 밑에 가려진 글자를 볼 수 있는, 아니 기록 이전의 사실을 보았던 눈들이었다. 벽 너머의 세계를 보기 위해서 우리는 어떻게 해야 하는 것일까? 그리고 그 벽이 너무 단단하고, 오래된 것이라면? 그러기 위해선 먼저 벽 뒤로 돌아가는 방법을 배워야 했다. 보기 위해서는 볼 수 있어야 하니까. 볼 수 있기 위해서는 우리를 볼 수 없게 하는 것들에 대해 알아야 하니까.

베트남 꽝남성 하미 학살 위령비

역사책은 기록하기를,

예로부터 디엔즈엉은 강과 바다가 만나는 곳으로 신성한 기운을 머금은 락롱꿘과 어우꺼의 자손들이 호안선 산맥을 넘어 남쪽으로 땅을 넓혀 500년 전 이곳에 나라를 세웠다.

백성들은 하미, 하꽝, 하방, 하록, 지아록 등에 마을을 세웠으며 본디 어질고 선한 그들은 평화롭게 아이를 낳아 키우며 쟁기질과 괭이질로 땅을 일구고 채소를 가꾸고 물고기를 잡으며 살아갔다. 하늘이 고요하고 바다가 잔잔하며 땅이 평온할 때까지는.

(그런데) 누가 알았으랴.

검은 구름이 몰려오고 천둥 번개가 치더니 적들이 사납게 들이닥쳐 땅에 풍파를 일으켰다. 주민들을 한곳에 모아 전략촌을 세우고 강제로 마을과 고향을 버리게 하였으니 칼로 자르듯 창자가 끊어지는 아픔에 주민들은 땅을 잃고 강을 잃고 바다를 잃었으며, 농사를 짓고 강과 바다에서 고기를 잡는 삶을 잃었다.

잔악함이여, 고통으로 가득 찬 세상이여. 머리가 땅에 떨어져 구르고 피가 흘러넘치고 끔찍한 전쟁으로 물야자나무 숲은 마른 머리카락이 빠지듯 산산이 흩어지고 강도 고통으로 몸부림치며 몸을 구부리고 밤새 흘린 눈물이 고여 못을 이루었다.

단두대에 잘린 머리가 굴러다니는 광경이 다시 펼쳐지고 사원은 순식간에 잿더미가 되었으며 하지아(HA GIA) 숲은 마른 뼈만 하얗게 남았고 캐롱(KHE LONG) 선착장에는 주검이 더미를 이루었다.

1968년 이른 봄, 정월 24일에 청룡부대 병사들이 미친 듯이 몰려와 선량한 주민들을 모아놓고 잔인하게 학살을 저질렀다. 하미 마을 30가구, 135명의 시체가 산산조각이 나 흩어지고 마을은 붉은 피로 물들었다. 모래와 뼈가 뒤섞이고 불타는 집 기둥에 시신이 엉겨 붙고 개미들이 불에 탄 살점에 몰려들고 피비린내가 진동하니 불태풍이 휘몰아친 것보다도 더 참혹했다.

참으로 가슴 아프게도 집 문턱에는 늙은 어머니와 병든 아버지들이 떼로 쓰러져 있었다. 전쟁을 피할 수 없었던 어린아이들이 끙끙대며 신음하니 또 얼마나 공포스럽던가. 허둥지둥 시체를 쌓아올리는데 악의 탄환이 관통하지 않은 시신이 없었다. 시체에는 여전히 마른 피가 고여 있고 아기들은 어머니의 배에 기어올라 차갑게 시든 젖을 찾았다. 입과 턱이 날아간 아이는 목이 타는 듯 말라도 물을 마실 수가 없었다.

이 일이 있은 후에 또 하나의 참극이 더해졌으니 탱크의 강철바퀴가 무덤들을 짓뭉갠 것이다. 황혼이 서린 땅에는 풀이 시들고 뼈들은 말라가고 원혼이라도 나타난 듯 구름은 푸른 하늘에 울부짖었다.

이제 와 생각하니 하늘은 어두울 때도 있으나 밝을 때도 있어 25년간 평화를 일구어 고향에 평온이 찾아왔다. 디엔즈엉 땅에도 단 감자와 푸른 벼가 돌아와 풍년을 이루고 강과 바다에는 물고기와 새우가 넘치며 당의 지도 아래 주민들은 황량한 벌판을 개척했다. 그 옛날의 전장은 이제 고통이 수그러들고 과거 우리에게 원한을 불러일으키고 슬픔을 안긴 한국 사람들이 찾아와 사과를 하였다. 그리하여 용서를 바탕으로 비석을 세우니 인의로써 고향의 발전과 협력의 길을 열어갈 것이다. 모래사장과 포플러 나무들이 하미 학살을 가슴 깊이 새겨 기억할 것이다.

한 줄기 향이 피어올라 한 맺힌 하늘에 퍼지니 저세상에서는 안식을 누리소서.

천 년의 구름이여, 마을의 평안과 번영을 기원합니다.

2000년 8월 경진년 가을

디엔즈엉사의 당과 정부 그리고 인민들이 바칩니다.*

* 비문 집필자: 작가 응우옌흐우동(Nguyễn Hữu Đổng) / 출처: 한베평화재단

2015년 2월 7일 제작 노트

이길보라

베트남 평화기행이 끝났다. 곧 있을 빈안 학살 49주기 위령제를 기다린다. 오늘은 다낭의 바다를 찍었다. 다낭 시내에 있는 군사박물관도 다녀왔다. 한국어로 쓰인 자료들도 있었는데 위아래가 바뀐 채 걸려 있었다. 이들에게는 외국어라 그랬겠지 하고 살펴보는데 어딘가 이상했다. 북한 말투였다.

베트남전쟁 당시 한국은 분단된 상태였고 북한은 북베트남에, 남한은 남베트남 편에 참전한다. 6·25 전쟁도 그랬지만 이 전쟁 역시 이념 전쟁이었기에 전쟁을 치르던 중에도 계속해서 '삐라'를 뿌렸다. 저 먼 외국 땅, 월남에서 남한군과 북한군이 서로를 포섭하기 위해 한글로 쓰고 뿌린 '삐라'의 일부가 다낭 전쟁박물관에 전시되어 있다. 분명 남의 나라 전쟁인데 한국어로 쓰인 자료가 있는 건 우리의 전쟁이기도 했다는 것 아닐까.

어떤 말부터 시작해야 할지 모르겠다. 다만 베트남에 자주 오게 될 것 같다. 베트남 정부의 "과거를 딛고 미래로 나아가자"라는 말이 베트남 중부에 다녀오니 이질적으로 느껴진다. 아직 용서를 구하지도 않았는데 미래로 나아가자니.

베트남 이야기를 영화로 어떻게 만들 것인가. 주인공과 어떤 관계를 유지할 것인가. 사람들을 어떻게, 얼마나 들여다볼 것인가. 카메라는 얼마나 폭력적인가. 어른들은, 인간은 얼마나 오만한가. 나는 거기서 자유로울 수 있는가.

베트남 평화기행 중에 한국군에 의한 학살이 있었던 빈호아 마을에 들러 빈호아 초등학교에 장학금을 전달했다. 빈호아 마을과 화해하고 미래를 약속하기 위해 피해자들의 손녀이자 베트남의 미래 세대인 이들에게 수여하는 장학금이었다. '한국과 베트남을 생각하는 시민 모임'이 모은 장학금을 평화기행 참가자들이 대신 전달했다. 그런데 그 상황이 다소 불편했다. 베트남 아이들은 키가 작았고 한국 어른들은 컸는데 아이들이 하나둘씩 앞에 나오면 한국 사람들이 가만히 서서 장학금을 주었다. 은근히 위계가 느껴졌다.

장학금은 중요하다. 그 자리가 불편했던 건, 도움을 주는 이와 받는 이의 역할이 명확하게 구분되어 있었고, 양측은 그 역할만을 수행하기 위해 그곳에 있었기 때문이다. 주는 이는 위에서 아래로 시선을 내려다보며 봉투를 내밀고 받는 이는 고개를 숙이며 고맙다고 말하는 것. 순서를 기다려 봉투를 받아가는 아이들을 사진으로 기록하는 것. 머리로는 이해했지만 가슴으로는 받아들이기 어려웠다. 장학금을 전달하는 다른 방식은 없었을까. 베트남 현지인 혹은 학교 선생님이 맥락을 설명하며 아이들에게 장학금을 전달한다면 어떨까. 아이들이 줄을 서서 한국 사람들을 기다리는 걸 보며 머리와 가슴 사이는 얼마나 먼지 생각했다.

전쟁 이후 농사를 짓다 한국군이 묻어두고 간 지뢰가 터져 파편으로 눈이 멀게 된 사람을 만났다. 응우옌럽(Nguyễn Lập). 하미 학살 위령비에 참배를 하고 나오는 길에 위령비를 찍으러 밭 안으로 들어가는데 지뢰를 밟게 되면 어쩌지 하는 생각이 들어 몸이 움츠러들었다. 전쟁 한가운데 살았던 이들은 어떤 삶을 살아냈던 걸까. 전쟁을 겪은 이들의 얼굴을 들여다보고 마주한다는 것에 대해 생각한다.

#2 카메라를 내려놓다

그날이 오면 온 마을은 향 냄새로 가득하다

서새롬

태국의 유명 휴양지인 꼬창에서 방콕으로 돌아오는 미니버스에서 미국인 부부를 만났다. 긴 시간을 함께 차에 타며, "한국에서 왔니?"라고 운을 뗀 여자는 자신과 남편은 대구에서 영어를 가르치고, 한국인 어머니를 두었지만 한국말은 못한다고 했다. 여자의 아버지는 군인이라고 했다. 아마 그때였던 것 같다. 여행이 시작되었다는 것을 느낀 것은. 전쟁을 모르는 내가 한국군이 참전한 베트남전쟁을 다룬 다큐멘터리 영화를 촬영하기 위해 베트남에 가는 중이라는 것을.

전쟁도, 위령제도, 따이한 제사도 내게는 현실감이 느껴지지 않는 단어들이었다. 우리보다 앞서 평화기행을 시작한 보라 감독이 중부 마을에 세워진 위령비와 증오비, 그리고 만났던 사람들에 관해 이야기를 들려주었다. 듣고 있어도 믿어지지 않은 이야기를 이제 곧 마주하게 될 거라는 생각에 마음이 복잡했다.

베트남 중부로 가기 전 머문 호찌민에는 사람 수만큼의 오토바이가 있었다. 오토바이의 소음과 매연에 지쳐 나무 몇 그루가 있는 공원만 나와도 기뻤다. 보라 감독이 가이드를 자처하여 전쟁증적박물관과 남부여성박물관을 방문했다. 전쟁이 끝난 후 그 어려운 시절에 베트남 사람들이 가장 먼저 한 일은 박물관을 지어 전쟁의 역사를 (그 전쟁의 고통과 피해, 그리고 미국에 승리한 역사를) 기록하는 것이었다고 한다. 특히 전쟁증적박물관은 호찌민에 온 관광객이라면 꼭 들르는 '관광 명소'였다. 항불(抗佛) 시대, 항미(抗美) 시대 등으로 구분된 전시장은 사람들로 인산인해를 이루었다. 미국의 독립선언문을 가져와 전시하는 등 베트남 특유의 위트를 보여주는 전시 구성도 돋보였고, 무엇보다 '항불'이나 '항미'처럼 저항의 언어로 자신들의 역사를 명명하는 것에서 베트남 사람들의 자부심을 느낄 수 있었다.

관광객들과 함께 박물관 표지판을 따라 수많은 사진과 도표, 유류물들을 천천히 둘러보았다. 동시에 이런 것들로 전쟁을 인식하는 것의 한계 또한 체감했다. 이게 전쟁이야? 너무 슬프고 끔찍하군. 전쟁의 이미지들에 질식할 것 같은 느낌을 받을 즈음 보도 사진만을 모아 전시한 섹션이 또 다시 나왔다. 참혹한 사진들에 압도당해 현실에서 벌어진 일이라는 것을 실감하기 더 어려웠다. 그 이미지를 받아들이지 못하는 내가 문제인 걸까. 글이 아닌 영화, 즉 이미지를 만들어내는 생산자로서 우리는 어떤 그림을 통해 전쟁 이야기를 전달할 수 있을까.

박물관을 나와 카페에서 잠시 휴식을 취하는 동안 얼마 전 유럽에 다녀온 소진 감독이 안네 프랑크 하우스에 다녀온 이야기를 해주었다. 다락으로 향하는 아주 작고 좁은 복도를 지나는 동안 어린 소녀의 목소리가 울려 퍼졌다. 소진 감독은 소녀의 목소리를 들으며 역사가 개인의 삶에 미치는 지대한 영향에 대해 생각했다고 했다. 나는 이야기를 들으며 전쟁이 끝난 후에도 평생 그 전쟁의 영향 아래 살아가는 사람들에 대해 생각했다. 저 중부 어딘가 마을에 "하늘에 닿을 죄악 만대를 기억하리라"라고 적힌 증오비와 이름도 없는 어린 아이들의 죽음을 기리는 위령비와 전쟁의 흔적을 고스란히 몸으로 견뎌내고 살아남은 사람들이 있다는 사실에 마음이 더욱 무거워졌다.

위령제와 따이한 제사에 참가하는 기행 일정이 본격적으로 시작되었다. 구수정 선생님과 제작진을 포함해 총 여덟 명이 함께 움직였다. 꾸년 공항에 내려서 두 대의 벤으로 나눠 이동하는 내내 기행팀은 긴 침묵을 유지했다. 간간히 들려오는 마른 기침소리와 에어컨이 작동할 때 내는 웅웅대는 소리뿐이었다. 조용한 가운데 처음 만나는 구수정 선생님과 나직하게 인사를 나누었다. 그렇게 한참을 달려 드문드문 집들 사이로 상점이 있는 거리를 지나는데, 구수정 선생님이 내 손목을 잡더니 운전기사님에게 베트남어로 몇 마디를 하고 차를 세웠다.

"새롬아, 잠깐 나 좀 도와줄 수 있을까?"

얼떨결에 구수정 선생님을 따라 내렸고, 그곳에서 향 세 뭉치와 노란 국화 여러 다발을 사서 다시 차에 올랐다. 그렇게 조금 후에 '낌따이 학살 증오비'에 도착했다.

구수정 선생님은 차에서 내려 휴대용 스피커를 한쪽 어깨에 메고 이곳에서 무슨 일이 있었는지, 이 증오비에 무슨 말이 적혀 있는지 이야기를 해주기 시작했다. 베트남 한낮의 태양은 너무나 뜨거웠고, 사람들의 무거운 침묵은 계속 이어졌다. 넋을 놓고 증오비를 세운 이곳 사람들의 심정을 생각해보았다.

그 사이 참배가 시작되었다. 향과 꽃을 들고 있던 내가 자연스럽게 향에 불을 붙이는 역할을 맡았다. 라이터로 향에 하나씩 불을 붙이는 모습을 보다 못한 운전기사님이 국화 다발을 감싸고 있던 신문지를 빼 돌돌 말아, 그곳에 불을 붙였다. 바디 랭귀지로 내게 다발로 묶여 있는 향을 풀어 부채처럼 넓게 만들라고 했고, 거기에 고루 불을 붙였다. 향에 불이 잘 붙었을 때, 바닥에 탁탁 털어 내게 전해줬다. 자욱한 연기 때문인지 눈에 눈물이 고였다. 전달받은 향을 서둘러 사람들에게 나눠주었다.

다시 벤에 몸을 싣고 빈딘성에 있는 다른 위령비와 증오비, 그리고 집단 무덤 앞에서 향을 올리고 절을 했다. 두 손을 합장하고 세 번 절을 하는 것이 베트남의 풍습이라고 했다. 향의 연기가 자욱할수록 좋은 거라고도 알려주었다. 사고의 정지. 이럴 때에는 지금 현재의 감각이 더 예민하게 발휘된다. 내가 마주하고 있는 공간이 건네는 새로운 정보들, 이곳의 냄새, 소리, 온도, 습도를 기억하기 위해 필사적으로 움직인다. 일정을 마치고 숙소에 돌아가면 나쁜 꿈을 꾸었다. 차라리 꿈이었다면, 그렇게 생각했다.

한날에 사람들이 모두 억울하게 죽었기 때문에, 학살이란 그런 것이기 때문에, 50년이 되는 시간 동안 살아남은 사람들이 매년 같은 날 애도와 추모의 시간을 보낸다는 당연한 사실이 계속 마음에 남았다. 남녀노소 줄을 지어 제단에 절을 하던 모습이, 끝없이 피어오르던 독한 향 냄새가, 죽은 이의 이름을 하나씩 부르던 마을 무당의 스산한 목소리가 생생했다. 50년은 상상하지 못할 만큼 너무나도 긴 시간이었다. 그 사이 아이는 어른이 되었고, 어른은 노인이 되어 한 분씩 세상을 떠나고 있었다.

제작팀은 혹시나 모르는 마음에 카메라를 가지고 갔지만 아무것도 찍을 수 없었다. 대신 위령제에 참여하는 일에 열과 성을 다했다. 꽃과 향을 올리고, 절을 하고, 위령비에 새겨진 읽을 수 없는 이름을 하나씩 눈에 담았다. 소리와 냄새, 뜨거운 햇볕과 축축한 비를 느끼며 그 자리에 함께했다. 나는 그걸 기억을 함께하는 과정이라 생각했다. 제사가 끝나고 함께 음식을 나누고, 마을 사람들이 주는 악명 높은 술을 계속 받아 마시고, 그들의 유머와 환대에 웃고 우는 일. 우리는 마을 사람들이 모두 돌아간 다음 들판에 부는 바람을 찍었을 뿐이다. 그것도 아주 오랫동안.

그리고 새롭게 만들어진 기억. 베트남에 다녀와서 좋았다. 이글거리는 땡볕 아래서 마을 사람들이 모두 모여, 한날 한시 무참하게 죽어간 사람들의 넋을 기리는 자리에 함께해서 좋았다. 해가 진 뒤 불어오던 바람, 그 마을 어딘가에서 그 기억을 안고 살아온 할머니의 손을 맞잡았을 때 느껴지던 온기와 같은 것, 아주머니, 아저씨의 반짝이는 눈동자와 같은 사소한 것들을 기억한다. 논에 핀 하얀 꽃들과 소를 치는 어른들과 논일, 밭일, 집안일 하는 생생한 모습들을 기억한다. 도무지 이해할 수 없을 것만 같던 전쟁이, 거기서부터 조금씩 이해되기 시작했다.

증오비와 위령비가 말하는 것

이길보라

2015년 2월 26일, 버스가 베트남 중부 꽝응아이성 빈선현 빈호아 마을에 멈춰 섰다. 1966년 12월 3일부터 6일까지 대한민국 해병대 청룡부대는 430명의 마을 주민을 학살했다. 여성 268명, 노인 109명, 어린이 182명. 그중 7명이 임산부였다. 꽝응아이성에서만 현재까지 18건의 민간인 학살 사건이 공식 확인되었으며 1,700여 명의 민간인이 학살당한 것으로 알려져 있다.

관광버스에서 기행단이 하나둘 내렸다. 마을 규모와 비교하여 제법 큰 버스였다. 앞 유리창에는 한글로 '베트남 평화기행'이라고 적혀 있었다. 이렇게 큰 버스를 타고 베트남 중부를 다니는 것이 맘에 걸렸다. '다크 투어리즘'이라는 이름을 붙인다 한들, 마을 사람들의 일상에 무작정 들어가 듣고 싶은 이야기를 듣고 잠깐 눈물을 흘리다 다시 버스를 타고 아무 일도 없었다는 듯 사라지는 행위를 옳다 말할 수 있을까.

물론 평화기행의 의미가 그렇게 단순하지는 않지만 자꾸만 겉돌며 무리 끝에서 일행을 뒤쫓았다. 기행에 참가한 사람들은 모두 좋은 사람들이었다. 민간인 학살 문제에 관심이 있으며 지속적으로 연대하고 활동하는 이들이었지만 불편한 마음은 쉽게 떨쳐지지 않았다. 문제는 평화기행도, 기행단도 아니라 내가 한국인이라는 사실에 있었다. 우리 할아버지가 '참전용사'로 스스로를 자랑스럽게 칭하며 이곳에 왔던 역사가 있어서, 그가 목숨을 걸고 돈을 벌어 가서, 그 돈으로 우리 집이 먹고살 수 있어서 그랬다. 나는 뭣도 모르고 그 덕에 장학금을 받을 수 있을 거란 기대감에 부풀었었지. 지금 어떤 마음을 가지고 어떻게 행동하든 나는 어쩔 수 없는 '한국인'이었다.

> 하늘에 닿을 죄악 만대를 기억하리라! … 고통스럽고 굴욕적인 패배를 당한 후 미 제국은 남조선 용병을 투입해 병력을 대체했다. 흉악하고 피에 굶주린 본성을 지닌 그들은 이 작은 땅에 발을 딛자마자 총격을 가해 수천의 양민을 학살하고 가옥과 무덤과 마을을 싹 쓸어버려 수많은 고통과 비탄을 자아냈다. 1966년 12월 5일 정확히 새벽 5시, 쭈레에 주둔하고 있던 남조선 용병 일당은 청룡여단 1개 대대를 보내 빈호아의 모든 마을에서 소탕 작전을 펼쳤다. 그들은 쭈옹딘(도 언덕) 폭탄 구덩이에서 36명을 총으로 쏘아 죽였다.
>
> 다음 날인 1966년 12월 6일 아침, 그들은 계속해서 꺼우(안프억) 마을로 돌진해 들어갔다. 이곳에서 그들은 동포들을 한 곳에 모아 놓고 온갖 무기와 수류탄을 앞 다투듯 퍼부어 273명을 살해했다. 하나같이 처참한 모습으로 죽었고 생존자는 단 14명이었다. 그들은 이어서 찌호아 마을을 습격해 방마다 집중 사격을 가하고 딘짭 할아버지의 집을 불태워 12명을 죽였으며, 살해가 끝난 후 응옥흐엉 마을로 몰려가 여든 살 노인을 잡아다 참수하여 머리를 들판 한가운데 진열하니 절통한 광경이 펼쳐졌다.
>
> — 꽝응아이성 빈호아 학살 증오비 비문(출처: 한베평화재단)

증오비였다. 겉보기에도 끔찍하고 참혹한 이미지의 증오비. 마을로 진입하는 통로이자 지역 인민위원회 건물 근처에 위치한 비석 앞으로 마을 사람들이 지나갔다.

"빈호아 마을에는 오래된 자장가가 있습니다. 아가야, 이 말을 기억하거라. 적(한국군)들이 우리를 폭탄 구덩이에 몰아놓고 다 쏘아 죽였단다. 아가야, 너는 커서도 이 말을 꼭 기억하거라."

자장가에 얽힌 증오가 하늘을 찔렀다. 아직도 베트남 중부에는 학살 이후 한국 사람이 들어갈 수 없는 마을이 있는데 빈호아

마을이 그중 하나다. 참배를 마치고 버스로 돌아가는데 마을 사람과 마주쳤다. 인사를 할까 말까 고민하다 밝은 표정으로 먼저 인사를 건넸다.

"신짜오."

그는 거들떠보지도 않고 지나갔다. 당혹스러웠다. 어디에라도 숨고 싶어 관광버스에 서둘러 올랐다.

다음 날, 빈딘성 떠이빈사[구(舊) 빈안사] 빈안 학살 49주년 위령제가 열렸다. 고자이 마을에 세워진 위령비에는 380명의 희생자 명단이 빼곡히 새겨져 있는데 '무명'이라는 뜻의 '보자인(Vo Danh)'이라는 이름이 많다. 태어난 지 얼마 되지 않아 미처 이름을 붙이지 못한 아이들과 이름을 찾지 못한 시신이 그만큼 많았다는 뜻이다. 베트남 중부의 수많은 위령비에는 수많은 '보자인'이 있다. 한 시간 만에 380명이 학살을 당하고, 단 한 명의 생존자도 남지 않은 이 학살에도 마찬가지다.

한국군에 의한 민간인 학살이 벌어진 베트남 중부에는 증오비만 있는 마을도, 위령비만 있는 마을도, 둘 다 있는 마을도 있다.

"학살의 양상이 잔인했거나 피해 규모가 컸던 지역에서 주로 증오비가 건립되었던 것 같아요. 증오비가 세워진 이후에 시간이 지나면 위령비가 세워져요. 한국 시민단체나 사람들이 돈을 모아 함께 위령비를 세우기도 하고 마을 사람들끼리 모금하여 세우기도 하죠. 생각해보세요. 전쟁이 막 끝난 후 얼마나 가난했겠어요. 그러나 난데없이 학살을 당한 마을 사람들은 절대 그날 그 일을 잊을 수 없어요. 그렇게 십시일반으로 오늘 당장 먹을 쌀도 없는데 한 푼 두 푼 돈을 모아 증오비를, 위령비를 세운 거예요. 증오비와 위령비는 그렇게 세워져요."

증오비가 선 곳은 한국 사람들이 들어가기 어렵다. 여전히 그들에게는 증오가 있기 때문이다. '증오'라는 단어. 한평생 쓸까 말까 한 단어를 이들은 가슴에 품고 산다. 그 마음 위에 세워진 비. 여전히 베트남에 남아 있는 증오비 옆에 위령비를 세우는 일, 그때 이유 없이 죽어야 했던 이들의 이름을 틀린 철자 없이 똑바로 기록하고 향을 태우는 일이 가장 먼저여야 하지 않을까.

새롬과 소진을 바라봤다. 고개를 숙이고 묵념하고 있었다. 말은 하지 않았지만 우리는 알고 있었다. 카메라의 녹화 버튼을 누르는 것이 아니라 기도를 하고 향불을 올려야 한다는 걸. 죽은 이들의 넋을 먼저 위로해야 한다는 걸. 이들이 허락해야 우리는 촬영에 들어갈 수 있다는 걸.

위령제가 끝나고 마을 사람들이 술잔을 내밀었다. 사양하지 않고 다 받아 마셨다. 술을 마시지 않는 새롬도, 술을 잘 못하는 소진도, 나도. 학살로부터 49년이 지났지만 여전히 한국 정부와 학살 당사자들로부터 공식적인 사과가 없는 지금, 우리가 할 수 있는 건 그것뿐이었다.

길 위에서 포개지는 시간

곽소진

〈기억의 전쟁〉 프로덕션에 참여하기 전까지 나는 내가 가진 '한국인'이라는 정체성을 이토록 강하게 사유해본 적이 없었다. 한국인이라서 특별히 자랑스럽거나 위축되었던 적도 없었다. 한국인이라는 정체성에 앞서 그 단일한 일체감을 느끼는 것을 가로막는 이질적이고 분열된 특성들이 언제나 한발 앞서 나를 공격하거나 지지해주었기 때문이다.

그러나 베트남 중부에서 나는 '따이한'이라 불리는 나의 국적을 의식해야 했다. 어떤 사실들은 그로부터 멀어져야 볼 수 있다. 인천 공항에서부터 베트남 호찌민까지는 비행기 직항으로 다섯 시간이 걸린다. 영화를 제작하는 4년 동안 제작진은 매년 베트남에 갔다. 첫 해에는 베트남 중부 지역과 사회주의 국가의 분위기가 물씬 풍기는 거대하고 서늘한 호텔을 오가며 술에 취해 잠자리에 들었다. 한국군에 의한 민간인 학살 희생자들을 기리는 제사가 있는 날에는 제삿술을 마시고, 제사가 없는 날에는 그날의 괴로움을 나누는 한국 사람들과 술을 마셨다.

두 번째 해에 베트남을 방문했을 때는 좀 더 아늑하고 경제적인 크기의 호텔에 짐을 풀었다. 새롬 프로듀서와 보라 감독은 전쟁과 학살의 기억과 닿아 있는 장소들뿐 아니라 든든하고 맛있는 음식점과 커피숍도 귀신처럼 찾아내었다. 베트남의 강한 커피와 이른 아침에 시작되는 하루에 조금씩 익숙해지고 있었다. 세 번째 해에는 탄 아주머니[응우옌티탄(Nguyễn Thị Thanh)]의 집에서 잤다. 아주머니는 우리가 도착하기 일주일 전부터 공주의 치마 같은 모기장과 깨끗하게 세탁한 이불을 준비해두었다.

마지막 해에는 탄 아주머니의 집에서 그가 서울로 가기 위한 짐을 싸는 것을 도왔다. 예정에 없던 추가 촬영이었다. 탄 아주머니가 시민평화법정에서 증언하기 위해 서울행 비행기를 타기로 한 것이었다. 탄 아주머니와 호찌민시 전쟁증적박물관장 후인응옥번(Huỳnh Ngọc Vân), 호찌민시 인문사회과학대학교 역사학과 교수 하민홍(Hà Minh Hồng), 탄 아주머니와 같은 이름을 가진 또 다른 생존자 응우옌티탄(Nguyễn Thị Thanh)과 함께 다낭에서 호찌민으로, 호찌민에서 인천 공항으로 가는 여정이었다.

먼저 베트남의 땅이 작아지고 멀어졌다. 반대로 한국에 도착할 때는 한눈에 보이던 작은 땅덩어리가 점점 거대해지는 느낌이었다. 인천 공항 입구에서 조소나 프로듀서와 당시 B캠으로 촬영을 도운 고두현 감독이 기다리고 있었다. 그들을 만나자 지금까지의 긴장이 풀리며 안심이 되었다. 반면 내 옆에서 두 탄 아주머니의 몸이 경직되는 것이 느껴졌다. 제작진들의 집에 가까워질 때면 영화 속 주인공은 집에서 멀어졌다. 한국과 베트남 사이를 시소처럼 기우뚱거리며 오가는 것을 4년째 반복하고 있었다. 한국에서 그들은 베트남인이 되었고, 베트남에서 영화 제작진은 한국인이 되었다.

2015년 겨울, 프리 프로덕션을 위해 평화기행에 참여해 처음 한국군에 의한 민간인 학살이 일어난 베트남 중부 마을을 방문했을 때 나는 증오가 형상을 가지고 있는 것을 태어나서 처음 보았다. 죽은 아이를 끌어안고 있는 여인의 형상이 우뚝 서 있었고, 맹호부대 마크를 단 군복을 입은 남성이 군복을 입지 않은 민간인을 학살하는 모습을 타일로 붙여 만든 벽화가 있었다. 기록할 수 있는 희생자의 수를 기록하고 그중 여자와 임산부, 어린아이와 노인이 몇 명이었는지, 이들이 어떻게 죽임을 당했는지에 대해 상세히 기록한 증오비들은 비석을 깎고 세운 마을 사람들의 분노를 고스란히 표현하고 있었다. 프로덕션 기간 동안 우리는 방문이 허락된 증오비를 찾았다. 그것을 바라보는 것이 허락될 만큼, 딱 그만큼 증오가 누그러진 마을에만 들어갈 수 있었다는 이야기다. 베트남 중부에는 여전히 한국인의 출입이 금지된 마을들이 있다.

평화기행팀은 마을에 들어가기에 앞서 증오비 앞에 멈춰 섰고, 그러면 기행팀을 이끄는 구수정 선생님이 비석에 적힌 사람들의 이름을 하나씩 읊었다. 그 끝에는 미처 이름을 가지지 못한 무명의 아기 이름이 오랫동안 반복된다.

사람들과 함께 이름을 읊을 때면 자주 바람이 불었다. 나뭇가지가 흔들리며 이름과 겹쳐져 소리를 내었다. 묵념이 반복될수록 주변의 나무를 바라보는 시간이 길어졌다. 허리가 굵은 이 나무들은 학살이 벌어진 그때에도 현재에도 같은 자리에 서 있다. 집단 무덤에는 이리저리 뒤엉켜 미처 수습할 수 없었던 시신이 매장되었다. 집단 무덤 옆의 마을 당산나무가 나를 내려다본다. 산들 바람에 흔들리는 목가적인 나무의 풍경을 그냥 앞을 보듯 바로 쳐다볼 수가 없다. 순간 땅과 풍경이 나를 밀어내는 듯하다. 메스꺼움을 느끼며 버티고 서본다.

6·25전쟁 당시 월남을 시도했던 친구의 할머니가 밤새 나무를 꼭 끌어안고, 이 나무에서 저 나무로 조금씩 이동하는 것으로 군인들의 눈을 피할 수 있었다는 이야기를 들은 적 있다. 이 세상의 나무들이 자신들이 본 것을 모두 기록할 수 있다면 역사는 달라질 수 있을까. 그 이전에 과연 우리는 그 나무들이 할 이야기들을 감당해낼 수 있을까.

2015년 평화기행에 동행한 여러 취재팀이 있었다. 이 중 증오비와 집단 무덤 앞에서 묵념을 하는 시간 동안 카메라를 들지 않았던 팀은 〈기억의 전쟁〉 팀이 유일했다. 평화기행에 함께한 취재팀은 참가자임과 동시에 각자의 매체에 베트남 중부의 이미지를 전송해야 하는 의무를 가지고 일하는 노동자이기도 했던 것이다. 취재팀은 힘겨운 얼굴로 먼저 촬영을 한 후에 향을 꽂고, 묵념을 했다.

카메라를 내려놓겠다는 결정은, 내 독단이 아니라 감독과 프로듀서가 그래도 된다고 이야기해주었기에 가능했다. 제한된 예산으로 영화를 만들어야 하는 독립 영화의 프로덕션 상황과 촬영 허가가 까다로운 사회주의 국가 베트남의 환경을 염두에 두었을 때, 베트남 방문 첫해에 촬영을 할 수 있는 기회를 통째로 날린다는 것은 감독에게도, 프로듀서에게도 쉽게 내릴 수 있는 결정이 아니었을 것이다. 이들은 영화를 만드는 스태프이기 이전에 학살지 앞에 선 한 사람으로서 내 마음이 완전히 손상되지 않을 수 있도록 해주었다. 이는 지금 당장 내 눈앞에서 눈물을 흘리고 있는 사람을 촬영하지 않을 권리, 고통의 내부에 있는 사람을 촬영하지 않을 권리를 포함하는 것이었다. 이러한 배려 덕에 촬영 감독이 아닌 개인의 이름으로 직접 향에 불을 피우고 묵념을 하는 시간을 가질 수 있었다.

하나의 증오비에서 또 다른 증오비, 증오와 증오를 건너 이동할 때마다 뜨거운 태양 때문인지, 다른 이유 때문인지 현기증이 났다. 마을 사람들의 입에서 통역사의 입으로 전해지는 내용이 난생 처음 듣는 이야기들이었는데 마을 사람들의 증언 중 어떤 것도 생생하지 않은 게 없었다. 한국군이 던진 수류탄에 하반신이 날아가고, 배가 터져 내장이 흘러나오고, 두 눈을 잃고, 가족의 몸 일부를 찾아내는 것도 불가능할 정도로 뒤엉킨 채 매장된 마을 사람들의 사체에 대한 이야기, 분노와 고통이 뒤섞인 이야기가 끝없이 이어졌다. 이러한 증언이 반복될수록 나는 그 참혹함에 점점 더 둔감해져갔다. 타인의 고통 앞에서 자꾸 눈꺼풀이 무거워지고, 귀가 멍멍해지는 감각. 무엇보다 이것을 잊지 말고 기억해두어야겠다는 생각을 했다. 신체의 훼손에 대한 장면 묘사는 너무나 시각적으로 명징하기에, 시간에 대한 생각을 쉽게 마비시켰다. 그것이 한 사람의 삶에서 떼어낼 수 있는 하나의

'장면'이 아니라 학살 이전과 이후를 살고 있는 개인의 삶 한가운데에 놓인 고통의 시간이었다는 것을 이따금 잊게 만들었다.

따라서 구수정 선생님과 권현우 선생님의 역할이 매우 중요했다. 두 사람은 이 여행의 가이드이며 통역사인 동시에 증언을 듣기 위해 이곳을 방문하고 떠나는 (우리와 같은) 이들과는 달리 피해 생존자들과 학살 이후의 시간을 공유하고 있는 몇 안 되는 한국인이기 때문이었다. 평화기행 내내 두 사람은 이동하는 버스 안에서, 베트남식 진한 커피를 마시며 담배를 피우는 시간들 사이에서, 피해 생존자들을 만나는 앞뒤의 시간 속에서 쉬지 않고 증언 너머의 이야기를 전해주었다.

한국군이 던진 포탄에 발목 아래가 날아간 이후 무너진 다리를 이끌고 동냥을 해서 돈을 벌고, 저녁에 돌아와 구겨진 돈을 한 장씩 다리며 이것은 ○○○의 목숨 값, 이것은 ○○○의 목숨 값이라고 부르며 밤마다 마을 사람들의 이름을 하나씩 불렀다는 팜티호아(Phạm Thị Hoa) 할머니의 이야기, 민간인 학살 증언을 채록하기 위해 마을에 들어왔다가 한국군에 의해 자식을 잃은 마을 사람에게 두들겨 맞던 젊은 구수정을 자신의 몸으로 덮어 보호한 런 아저씨[응우옌떤런(Nguyễn Tấn Lân)]의 이야기, 그가 학살 이후 40년 동안 몸 안을 돌아다니는 파편 때문에 매일 밤마다 논과 밭을 내달려 고통과 싸운 뒤에야 잠들 수 있었다는 이야기, 옷장에서 가장 예쁜 옷을 꺼내 입고 증언의 시간을 기다리다가, 당신이 할 수 있는 이야기가 끝난 후 약속이라도 한 듯 차례로 돌아가셨다는 마을 할머니들의 이야기*는 기록의 페이지 너머로 흘러넘치는 이야기이며, 학살 이후의 시간을 함께 보낸 사람만이 전달할 수 있는 이야기이다.

* 이 지면에 학살 생존자들의 말을 압축해서 적는 것에 불편함을 느낀다. 한베평화재단 홈페이지(www.kovietpeace.org)에는 학살 생존자들의 구술 증언을 토대로 한 기록이 아카이빙되어 있다. 가능하다면 사이트를 방문해 영화가 모두 기록하지 못한 많은 생존자들의 증언을 살펴보기를 바란다.

평화기행의 평화가 지시하는 최종적인 목적지가 어디에 있는지에 대해선 정확히 알 수 없으나 나는 여기에서 기행이라는 단어에 대해 이야기하고 싶다. 기행을 이루고 있는 벼리 기(紀)자는 그물코를 꿰고 있는 굵은 줄을 뜻하는 것으로 본래 여러 개의 실타래에서 한 가닥을 뽑아낸다는 의미로 만들어진 단어이다. 베를 짜기 위해서는 묶여 있는 실타래에서 먼저 한 가닥의 실을 뽑아내야 하기 때문이다. 뒤엉킨 것을 풀어 엮어낸다는 이 글자는 그래서 내게 이야기가 만들어지기까지의 과정에 대한 은유처럼 다가왔다.

나그네의 이동을 뜻하는 여행과는 달리 기행은 이야기를 따라 이동하는 몸의 태도를 더 분명히 지시한다. 기행의 가이드인 동시에 이야기의 가이드였던 구수정, 권현우 선생님은 그러한 몸의 이동을 뚜렷하게 보여주었다. 두 사람은 학살 이후라는 긴 시간 속에 자신들의 삶을 포개어 한국과 베트남 사이, 학살지와 학살지 사이, 생존자들의 집과 집 사이의 거리를 이었고, 분절된 시간의 경로를 연결했다. 그렇게 만들어진 이야기를 길 위에서 확인하는 것이 나에겐 역사적 기록 속에서 배제된 사건의 생존자를 직접 만나는 일만큼 중요하게 다가왔다.

생존자의 '증언'을 직접 듣는 행위가 쉽게 빠질 수 있는 함정은 종종 증언자의 증언에 너무나 초점을 맞춘 나머지 말을 하는 사람과 듣는 사람의 시간이 실제로 겹쳐지고 있다는 사실을 잊게 만드는 것이다. 이렇게 기획된 생존자와의 만남의 장은 어린 학생들의 주체적인 학습 과정인 동시에 동시대 시민들에게 반성과 성찰의 기회를 주고 있으나, 동시에 '위문 공연'이나, '위로와 반성의 말'을 포함하는 이 일련의 행사들이 증언자와의 만남을 이벤트화하는데 일조하고 있다는 것은 부정할 수 없어 보인다. 이야기를 듣는 청자의 역할과 위치가 고정될수록 증언은 현재성을 획득하지 못하고 사건의 재현으로 고립된다.

그러나 청자가 화자의 삶에 자신을 포갤 수 있다면 증언이 이루어지는 장소는 공동의 시간과 공간이 된다. 이 공유되는 시간에 대한 책임감과 공동의식을 가지고 있어야만 생존자를 단순히 살아 있는 증거로, 고정된 사건의 재현으로 반복적으로 소모하는 방식을 피할 수 있다. 그것은 말하자면, 내가 그의 이야기를 듣는 것으로 그의 이야기가 내 삶의 일부가 되었다는 사실을 인식하는 것, 동시에 그의 이야기를 듣는 나의 시간 역시 그의 삶 속에 포함되었다는 사실을 인식하는 것이다. 그렇게 되었을 때만이 우리가 함께 공유한 시간에 대한 구체적인 책임을 그려볼 수 있기 때문이다. 이야기를 말하고 듣는 시간 속에서 생존자의 증언은 우리가 공유한 현재가 된다.

나는 이 '공동의 공간'이 중요할 뿐 아니라 충분히 가능하다는 것을 보여준 한 생존자와의 만남을 기억한다. 빈호아 학살 생존자 도안응이아(Đoàn Nghĩa)는 후천적 시각장애인으로 학살 당시 생후 6개월의 아기였다. 어머니의 배 밑에 깔려 생존했으나, 빗물에 흘러든 탄약에 눈이 멀었다. 당시의 상황을 기억할 수 없는 그는 증언 대신 자신을 찾아오는 사람들에게 기타 연주와 노래를 들려준다. 연주를 마치고 나면 그 자리에 있는 모든 사람들과 악수를 한다. 오랫동안 손을 잡고 있기 때문에 그의 앞에 사람들이 길게 줄을 서게 된다. 그에게 악수의 의미는 단순히 손을 잡고 흔드는 것이 아니라, 자신을 찾아온 사람을 기억하는 과정이다. 손의 촉감과 손을 쥐는 세기로 반가운 사람을 알아보고, 새로운 이의 손의 특징과 목소리를 기억의 회로 속에 저장한다. 놀랍게도 그가 손을 잡을 때면 익명의 청자로 존재하던 사람들이 얼굴을 붉히며 자기소개를 하기 시작한다. 어디에서 온 누구이고, 어떤 직업을 가지고 있고, 왜 여기에 왔는지에 대해 말하며 자신의 삶을 적극적으로 생존자에게 설명한다. 도안응이아의 악수는 따뜻한 환대의 표현인 동시에 지금, 여기에서 우리의 물리적인 시간이 함께 포개져 있다는 것을 확인하는 몸의 가능성이기도 했다.

#3 이야기가 될 수 없는 이야기

"제 할아버지는 참전군인이었어요"

이길보라

응우옌티탄은 2015년 1월, 내가 처음 만난 학살 피해자였다. 탄 아주머니의 집은 베트남 꽝남성 디엔반시 디엔안구 퐁니 마을, 베트남을 남북으로 가로지르는 1번 국도 앞에 있다. 퐁니·퐁넛 학살 위령비에 들러 참배를 먼저 했다.

따가운 햇볕 아래 국도에서 위령비까지 한참을 걸었다. 기행단은 말이 없었다. 버스에서 왁자지껄 떠들다가도 학살이 있었던 마을에 도착하면 숙연해졌는데 각자 몫의 죄책감을 가진 탓이었다. 평화기행에서는 마을에 들어갈 때 선글라스를 쓰지 않고 모자를 벗어야 했다. 힘들고 지치더라도 지나가는 마을 사람에게 먼저 인사하고, 관광이 아니라 참배하는 마음과 차림을 갖추어야 했다.

1968년 2월 12일 꽝남성 퐁니·퐁넛 마을에서 대한민국 해병대 청룡부대에 의해 74명의 주민이 학살되었다. 2004년, 한국의 시민단체 '나와 우리'의 지원으로 마을 주민과 베트남 청년, 한국 청년이 학살이 벌어졌던 장소 중 한 곳인 야유나무(당산나무) 옆에 희생자들을 기리는 위령비를 세웠다.

"퐁니·퐁넛은 안전 마을이었어요. 1968년 2월 12일 오전, 한국군이 당산나무 쪽으로 밀고 들어와 닥치는 대로 사람들을 죽이고 집을 불태웠어요. 『파월한국군전사』에도 당일 한국군이 퐁니·퐁넛 마을에서 작전을 수행한 기록이 있습니다. 여기 이 이름과 생년월일을 보세요. 학살이 1968년에 일어났는데 1966, 1967, 1968, 태어난 지 얼마 되지 않은 아이들도 있고, 고령이었던 노인도 많습니다."

탄 아주머니는 반가운 얼굴로 구수정, 권현우 선생님을 맞았다. 집에는 차와 냉수가 준비돼 있었다. 여러 차례 평화기행에 참석한 참가자들이 반갑게 인사했다. 들고 간 삼각대를 낮게 펴 자리에 앉았다. 기행단 중 성인 남성들은 무리의 맨 끝에 앉았다. 구수정 선생님은 아주머니 옆에 앉아 마이크를 들었다.

"제가 이렇게 이야기를 청하는 순간이 항상 죄송하고 어려운데요. 1968년 2월 12일에 어떤 일이 있었는지 묻기 전에 제가 먼저 이야기를 해보겠습니다. 그래도 괜찮죠, 꼬 탄 (탄 아주머니)?"

탄 아주머니는 고개를 끄덕였다.

"저는 탄 아주머니를 이 마을에서 비교적 늦게 알게 되었어요. 퐁니·퐁넛 학살 위령비를 세울 때 기념식을 했는데 아주머니가 기분 상한 얼굴로 저를 잡아끌었어요. 저기 저 비석에 우리 엄마 이름 철자 틀렸다고, 비에 새겨지지 않은 이름들도 있다고 말이에요. 그래서 탄 아주머니는 위령비에는 잘 가지 않으세요. 저한테 그러시더라고요. 다음에 올 때 우리 집에 들르라고. 내가 꼭 하고 싶은 말이 있다고. 그래서 한국 사람들을 데리고 왔는데 아주머니가 한마디도 못하셨어요. 말씀을 하고 싶은데 어려우신가 보구나, 어쩔 수 없지, 생각했는데 다음에 오라고 하시는 거예요. 그래서 사람들을 또 데리고 왔죠. 그런데 말씀을 하나도 안 하시는 거예요. 왜 그러시지. 나중에 다시 오라고 하시기에 '아니, 한마디도 안 하시면서 왜 자꾸 사람들을 오라고 하세요' 했어요. 그러자 아주머니가 하고 싶은 말이 있다고, 꼭 하고 싶다고, 그 말을 해야겠다고 하시는 거예요. 그래서 제가 다음번에는 아이들을 데려왔어요. 아이들은 좀 괜찮지 않을까 싶었던 거죠. 예쁘잖아요.

그런데 아주머니가 아이들을 노려보시는 거예요. 분위기가 좋지 않으니까 아이들은 조용히 아주머니만 바라보고 있었죠. 그러자 이러시더군요. '너희들은 좋겠다. 한국에서 태어나서. 나는 네 나이 때 엄마를 잃고 가족을 다 잃었는데……' 그렇게 눈물을 흘리시더니 그때 그 기억을 꺼내놓기 시작했어요. 그게 응우옌티탄의 첫 증언이었죠."

탄 아주머니는 구수정 선생님의 손을 꼭 잡았다. 아직도 한국 사람들이 불편한 듯했다. 특히 남자들을 경계했다. 학살을 저지른 군인들과 비슷한 또래의 젊은 남자도, 40년 전 그 나이였을 중년이나 노년의 남자도 모두 학살 당시의 기억을 떠오르게 하는 것처럼 보였다. 탄 아주머니가 먼저 곁을 주기 전까지 가까이 가는 걸 조심해달라고 했다.

탄 아주머니는 많은 이야기를 하지 않았다. 그날의 기억을 듣기 위해 한국 사람들이 찾아올 때마다 몸이 많이 아프다고, 사람들이 몇 날 몇 시에 찾아올 거라는 이야기를 듣는 순간부터 몸과 마음이 힘들다고 했다. 기억을 입 밖으로 뱉는 날도 있고, 차마 그러지 못하는 날도 있다고, 한국 사람들이 떠나고 나면 계속해서 악몽을 꾼다고 했다. 탄 아주머니는 학살 이후 창자가 쏟아져 큰 수술을 받기 위해 도시에 갔을 때를 제외하고는 마을을 떠난 적이 없다. 엄마를 잃었던, 동생을 잃었던, 오빠와 헤어져야 했던 그 길목에서 아주머니는 학살과 전쟁 이후의 시간을 살아내야만 했다. 학살 이전과 이후의 기억을 지나온 당신에게 40년이 지난 지금 한국 사람들이 찾아온다. 그날의 이야기를 듣겠다고, 기억하겠다고, 그러니 이야기를 들려달라고 말이다.

돌리던 카메라를 껐다. 말을 잇지 못하는 생존자 앞에서 이게 무슨 짓인가. 영화를 만든다는 것은 무엇인가. 이야기를 듣는다는 행위는 무엇인가. 나는 무얼 하겠다고 이 카메라를 당신에게 들이대고 있는가. 어떤 자세로 영화를 만들 것인지 나 자신에게 먼저 질문을 던져야 했다. 아직도 한국 사람을 만나면 그날의 기억을 떠올리는 사람들, 어떠한 진상규명도 없었던 학살 사건과 아무런 사과도 받지 못한 이들의 이야기를 담는 것. 어쩌면 영화를 만들기 전에 인간으로서, 사람으로서 해야 하는 일을 먼저 해야 하지 않을까.

카메라를 뒤로 하고 아주머니에게 다가가 반갑게 맞아주셔서 감사하다고, 그리고 죄송하다고 말씀드렸다.

"저희 할아버지는 참전군인이었는데 고엽제 후유증으로 돌아가셨어요. 베트남전쟁에 대해 누구에게도 물을 길이 없어 여기에 왔어요."

아주머니는 말없이 고개를 끄덕였다.

퐁니 마을에서 호이안까지는 차로 30분이 걸린다. 세계문화유산으로 등록된 빛의 도시라 불리는 이곳에 와본 적이 있다. 열여덟 살, 동남아시아를 여행할 때였는데 지금도 그렇듯 호이안의 밤거리는 아름답고 매혹적이었다. 해가 지고 노란 불빛이 거리를 가득 메우면 여행자들은 풍등을 사서 소원을 빌며 강에 띄워 보낸다. 거리를 걷다 보면 심심찮게 한국어가 들리기도 한다.

평화기행에 참가하기 전, 학살이 있었던 베트남 중부에 오기 전, 내 기억의 중심은 할아버지였다. '월남'에 가 청춘을 바쳤던 나의 할아버지. 그러나 이곳에서 할아버지의 역사는 중심을 잃었다. 언어화되지 못한, 공식 기억이 되지 못한, 기록되지 못한, 베트남 정부에서도 한국 정부에서도 잊으라 했던 그 기억이 여기 베트남 중부에 있다. 베트남전쟁 3세대로서, 할아버지를 기억하는 손녀 세대로서, 현재를 살아가고 미래를 살아갈 한국 사람으로서 무언가를 말하기 전에, 할아버지의 기억을 내세우기 전에, 이들의 이야기를 더 들어야 하는 건 아닐까.

1968년 그날 어떤 일이 있었는지, 생존자는 어떻게 살아왔는지,

어떻게 살아내고 있는지. 베트남 중부의 기억이 나의 기억 속으로 비집고 들어왔다.

"누구를 용서해야 할지 모르겠다"

곽소진

런 아저씨는 영화의 주인공으로 출연하지는 않았지만 내 마음속 깊은 곳에 자리 잡고 계신 분이다. 런 아저씨가 살고 있는 떠이빈 마을은 민간인 학살 이전 빈안(Bình An, 平安) 마을로 불렸다. 우리말로 '평안한 마을'이라는 뜻이다. 학살 이후 마을 사람들은 평안이라는 이름을 더 이상 쓸 수 없어 마을 이름을 폐허 위에 마을을 재건했다는 의미를 담은 떠이빈(Tây Vinh, 西榮)으로 바꾸었다. 1951년생인 런 아저씨는 1966년 2월 15일에 일어난 학살 당시 열다섯 살의 나이로 어머니와 여동생의 참혹한 죽음을 목격했다. 그날 그의 몸 역시 작은 수류탄 파편으로 뒤덮였다.

2016년 2월, 빈안 학살 50주년을 맞아 그의 이야기를 듣기 위해 평화기행팀이 빈안 마을을 방문했다. 버스가 빈안 마을에 도착했을 때 창 너머로 한국인들을 마중 나온 런 아저씨와 그의 오토바이가 보였다. 2015년 증언을 위해 한국을 방문했을 때 이후 오랜만에 다시 보는 얼굴이었다. 반가운 마음에 나는 버스에서 내려 오토바이 뒤에 타도 되냐고 런 아저씨에게 물었다. 그가 오토바이로 앞서 인도하는 길을 따라 평화기행팀을 태운 커다란 버스가 쫓아왔다.

헬멧을 쓴 아저씨의 머리 너머 왼편에 강이 보였다. 한 손으로는 런 아저씨의 어깨를 잡고, 나머지 한 손으로 카메라를 들고 강물을 촬영하기 시작했다. 영화를 위해서가 아닌, 지금 나의 눈에 보이는 장면을 남기고 싶다는 개인적인 이유로 촬영한 유일한 장면이었다. 그의 붉은 헬멧과 마른 등에 걸쳐 펼쳐지는 황색 빛의 수면이 햇빛을 받아 반짝거렸다. 베트남 중부를 가로지르는 꼰 강(Sông Côn)이었다. 50년 전 한국의 맹호부대가 이 강을 따라 마을로

들어왔다. 1966년 1월 23일부터 2월 26일까지, 한 달이 채 안 되는 시간 동안 마을 주민 1,004명이 학살당했다. 강가에서 물놀이를 하고 있는 내 또래의 청년들이 보였다. 물기 때문에 어깨와 등이 반짝거렸다. 순간적으로 나도 몸에 물을 끼얹고 싶다는 강렬한 충동에 사로잡혔다. 마을에서 태어나 자란 런 아저씨와 그의 가족도 더운 날이면 강가에서 시간을 보냈을 것이다. 1966년 런 아저씨는 이곳에서 가족을 잃었지만 50년이 흐른 뒤 나의 눈에 비치는 꼰 강은 그런 참혹한 일이 벌어졌다는 게 믿기지 않을 정도로 아름다웠다. 언제나 같은 자리에 있는 풍경의 의미가 뒤집어지는 상황에 대해 생각해본다. 학살 이후 마을 이름을 바꾼 사람들의 결정이 어떤 의미였을지 완전히 이해할 수는 없지만, 빈안 마을을 흐르는 꼰 강과 떠이빈 마을의 꼰 강은 다른 강이라는 생각이 불현듯 들었다.

런 아저씨의 집에 도착하자 그는 헬멧을 벗고 손을 씻은 후 벽장 안의 담금술을 꺼내 사람들에게 한 잔씩 나누어주었다. 몸 안에서 불이 나는 것 같은 술이었다. 몸이 따뜻해지며 긴장이 조금 풀리기 시작했다. 술을 돌린 런 아저씨가 의자에 앉아 사람들을 바라보며 침묵하는 동안 구수정 선생님이 그를 소개했다. 런 아저씨 주변에 모인 사람들이 50년 전의 빈안 학살과 가족들의 죽음, 그의 지난 시간에 대해 듣는 동안 한국어를 모르는 런 아저씨는 조용히 자리에 앉아 있었다. 나는 카메라를 런 아저씨에게 고정시켜둔 채로 촬영을 하고 있었는데, 그렇게 아저씨의 얼굴만 보고 있자니 자연스레 그의 시선이 향하는 방향을 쫓게 되었다. 그 시선을 따라 뒤를 돌아보았다. 그리고 지금껏 그가 반복되는 증언의 장에서 무엇과 마주하였는지를 보았다.

어떤 사람들은 말을 시작하기 전에 먼저 존경의 눈빛을 받는다. 어떤 사람들은 등장과 동시에 쏟아지는 박수와 환호를 받는다. 학살 피해자들은 자신이 소개되는 동안 사람들의 얼굴이 어두워지는 것을 본다. 말을 하는 동시에 주변이 침묵에 휩싸이는 것을 본다. 과거의 사건이 다시 드러나기를 원치 않는 사람들의 분노와 항의로 일그러진 얼굴을 본다.

군복을 입은 남자들이 자신의 얼굴이 프린트된 플랜카드를 들고 진을 치고 있는 모습을 보았을 때에, 그에게 베트콩 출신의 거짓말쟁이라 외치는 사람들을 자동차 창 너머로 보았을 때에, 자신이 머무는 호텔 밑에서 군가를 튼 시위대를 바라보았을 때에 아저씨의 얼굴에 떠오른 것이 무엇이었는지 나는 아직도 잘 모르겠다. 그저 증언을 위한 자리에서 아저씨가 그 어떤 말도 호소하듯 이야기하지 않는다는 사실만을 알고 있다. 그가 말을 할 때에는 오로지 사실만이 그에게 있다. 증언을 할 때에 아저씨는 오로지 자신의 말과 싸우는 데 집중하고 있는 것처럼 보인다.

구수정 선생님의 소개가 끝나자 런 아저씨에게로 마이크가 넘어갔다. 자신의 이야기를 듣고 있는 사람들을 지켜보던 그의 눈이 다시 말하는 사람의 자리로 돌아오는 것이 느껴졌다. 그는 평화기행 참가자들을 향해 그날의 경험에 대해 증언하는 대신 자리에서 일어나 종이 몇 장을 서랍에서 꺼냈다. 학살을 인정하는 사람이 없으므로 수신인이 명확하지 않게 된, 빈안 학살 50주년을 맞이하며 써내려간 편지였다.

안녕하세요.

설 연휴는 잘 보내셨는지요. 한국도 베트남과 구정 설이 같다고 들었습니다. 한국의 설 풍경은 어떤지 궁금합니다.

그렇군요, 어느새 50년의 세월이 흘렀네요. 돌아보니 이 보잘것없는 생애는 어찌 그리 고달팠던가 싶습니다. 어머니와 여동생이 죽고 50년이 지나도록 저는 그 죽음에 제 책임은 없었는지 묻고 또 묻습니다. 그날 제 다리에 새겨진 상처의 문양을 물끄러미 들여다볼 수 있을 만큼 긴 세월이 흘렀습니다.

이번 설에는 여느 때보다 더 정성스레 제사를 모셨습니다. 미군의 폭격으로 세상을 떠난 아버지, 한국군의 포격에 숨진 형, 그리고 한국군 학살로 목숨을 잃은 어머니와 여동생을 위해 온 가족이 한자리에 모여 제단에 절을 하고 향을 바쳤습니다. 어머니와 여동생의 무덤도 말끔히 손질했습니다. 벌초를 마친 후에도 저는 어머니의 무덤가에 오래도록 머물렀습니다. '용서'라는 두 단어가 목젖에서 맴돌다 삼켜집니다.

산 자가 죽은 자를 대신해 용서할 수 있는 것인가, 머릿속이 복잡했습니다. 한국에서 마주친 참전군인들의 모습도 떠올랐습니다. "학살은 없었다"라고 주장하는 그들에게 제 어미의 죽음을, 제 누이의 죽음을 도무지 설명할 길이 없습니다. 억울한 죽임을 당한 자들은 있는데 죽인 자들은 없으니 누구를 어떻게 용서해야 할지도 모르겠습니다.

당신의 눈앞에서 당신의 부모가, 배우자가, 형제가, 자식이 살해된다고 상상해보십시오. 그 어떤 논리와 이성이 당신을 제어할 수 있겠습니까. 복수의 칼날을 갈게 되겠지요. 그리고 복수는 또 다른 복수를 낳게 됩니다. 이것이 지금 이 시각에도 세계 곳곳에서 벌어지는 참극의 메커니즘입니다. 복수에 눈이 머는 미친 짓을 하지 않기 위해 제 몸에 남은 기력을 모두 짜내 스스로와 싸워야 했습니다.

학살은 있었습니다. 제가 산증인입니다. 그러나 어찌 그것을 개개인의 잘못으로 치부할 수 있겠습니까. 베트남전쟁은 우리 시대의 비극이었고 긴 안목에서 본다면 한국의 참전군인들도 희생자임이 분명합니다. 어쩌면 우리는 잔혹한 역사의 소용돌이 속에 휘말린 것뿐일지도 모릅니다. 그렇다면 누가 이 숱한 죽음들을 책임질 것인가. 저는 국가여야 한다고 생각합니다.

누누이 얘기하지만 복수를 위해서가 아닙니다. 다만

용서하기 위해서, 끊임없이 과거를 반추하는 것입니다. 용서는 결코 망각이 아닌 까닭입니다. 제가 용서를 유보하는 것은 진실이 덮여서는 안 되기 때문입니다. 다시는 그 잘못이 반복되지 않도록 책임질 수 있을 때 비로소 과거는 극복되는 것입니다.

매양 해는 가고 또 오는 거지만 해마다 반복되는 위령제는 심상히 넘겨버릴 수가 없습니다. 위령제가 다가온다는 것은 학살의 그날이 다시금 찾아온다는 것입니다. 애써 기억을 떨치려 해도 몸이 먼저 반응을 합니다. 지난날의 상처가 욱신욱신 쑤셔오고 불면의 밤이 이어집니다. 간신히 잠이 들어도 악몽에 시달리기 일쑤입니다.

저도 이제 인생의 황혼 녘을 걷고 있습니다. 앞으로 몇 번의 봄이 더 남아 있을지 모르겠습니다. 용서함으로써 과거의 짐을 벗고 가벼워지는 날이 너무 멀지 않았으면 좋겠습니다. 모두에게 뒤늦은 새해 인사를 전합니다. 새해 복 많이 받으세요!

2016년 2월
베트남 떠이빈에서, 응우옌떤런 드림*

빈딘성박물관의 자료보관소에는 한국군 민간인 학살과 관련한 베트남 정부의 공식 문서가 있다. 놀랍게도 이 공식 문서를 보관하고 있는 빈딘성박물관은 1969년 한국군 맹호부대에 의해 지어져 당시 한월문화회관으로 쓰이던 건물을 사용하고 있다. 박물관은 건물 준공 당시 훈장을 수여받고 있는 한국군의 사진과 당시의 건물 현판을 함께 보관하고 있다. 현판에는 이런 글귀가 적혀 있다.

* 번역: 구수정(한베평화재단 상임이사)

본 문화센터는 평화와 자유를 희구하는 월남 국민들에게 문화 활동의 전당을 제공하기 위하여 맹호부대 전 장병의 정성과 한진상사주식회사 사장 조중훈 씨의 도움으로 건립한 것이다.

젊고 건강한 군인들의 사진을 보며 이 건물을 짓기 위해 바쁘게 몸을 움직였을 어린 장병들을 그려보았다. 돈을 벌기 위해 이국에 모인 이십 대의 어린 청년들. 땀을 흘리며 건물을 세우는 몸들의 순수한 낙관을 생각해본다. 자재를 나르며 서로 농담을 주고받고, 걱정 없는 웃음들을 터트리는 순간들도 있었을 것이다. 완성된 건물 앞의 현판에 새겨진 평화와 자유라는 단어 앞에서 그들이 어떤 생각을 했을지 궁금했다. 무언가가 잘못되어가고 있다는 묘한 느낌을 알아차렸을 때, 하던 일을 멈출 수 있는 힘은 우리 안에 있는 것일까?

장병들의 사진을 지나, 박물관 앞에 마련된 작은 테이블에서 베트남 정부의 공식 문서를 열람했다. 빈딘성박물관의 관장님과 흰 장갑을 낀 직원들이 자료를 펼쳐 보여주었다. 베트남 민간인 학살과 관련하여 체계적으로 정리된 몇 안 되는 매우 귀한 문서인 이 자료에는 1,004명이 죽은 빈안 마을 학살이 일어난 시기와 장소, 학살당한 이들의 이름과 나이, 성별이 상세히 기록되어 있었다. 문서의 뒷부분에는 필름 카메라로 찍은 학살지와 유해, 생존자들의 사진이 정리되어 있었다. 자료를 한 장씩 넘길수록 햇빛에 노출되어 끝이 노랗게 변하고 있는 종이와 옅어진 잉크, 빛바랜 사진들의 연약함이 나를 두렵고 초조하게 했다.

사진을 넘기다 어느 순간 깜짝 놀라 멈추었다. 학살 생존자의 사진을 모아놓은 곳에 흑백 사진 속 삼십 대의 런이 있었다. 내가 놀랐던 것은 내가 아는 사람의 얼굴을 그 안에서 발견했기 때문이 아니라 그의 눈빛 때문이었다. 뚜렷한 이목구비와 마른 체격은 달라진 것이 없었으나 같은 사람이라고 믿기 어려운 얼굴이었다.

들끓는 증오, 분노, 고통과 무기력함이 뒤섞인 그의 커다란 눈동자는 내가 지금껏 그에게서 본 적 없는 얼굴로 카메라를 노려보고 있었다.

문서 속에서 런 아저씨의 젊은 얼굴을 보는 순간 나는 내가 그에 대해 아는 것이 거의 없음을 깨닫게 되었다. 그 순간 매우 창피했다. 그의 몸에 얼마나 많은 수류탄 파편이 박혀 있는지, 자신과 여동생을 끌어안았던 어머니의 몸이 얼마나 끔찍하게 훼손되었는지, 여동생과 어머니가 차례로 숨진 그날 밤 그가 몇 번을 기절했는지에 대해 아무리 자세히 듣는다고 하더라도 나는 그의 삶에 대해 알지 못할 것이다. 촬영이 끝난 후 나는 한국으로 돌아갈 것이다. 다큐멘터리 영화가 아닌 시간, 촬영 기사가 아닌 시간, 기록도, 증언도 아닌 시간 속에서 그가 어떤 삶을 살아왔고, 살아갈 것인지 알 수 있는 방법은 앞으로도 없을 것이다.

“모든 슬픔은 말로 옮겨 이야기로 만들거나 그에 관해 이야기한다면 견뎌질 수 있다”는 작가 이자크 디네센(Isak Dinesen)의 말은 나에게 마지막 순간까지 이야기가 될 수 없는 것은 무엇인지에 대한 질문을 남긴다.

나는 런 아저씨를 통해 이야기가 될 수 없는 것들은 끝까지 이야기가 아닌 것으로 남으며 어떤 슬픔은 그렇게 미래에 속하게 된다는 것을 보았다. 용서를 유보하겠다는 그의 말은 시간의 끔찍함과 중요함을 함께 알린다. 시간은 끔찍하고, 시간은 중요하다. 내일이 없다면 고통도 없지만 약속과 책임도 없는 것이다.*

* 이 원고를 쓴 후 얼마 되지 않은 2020년 11월 7일 오전에 빈안 학살 생존자 런 아저씨가 향년 69세 나이로 세상을 떠나셨습니다. 생전에 그가 나누어주었던 용기와 믿음을 기억하며 삼가 고인의 명복을 빕니다.

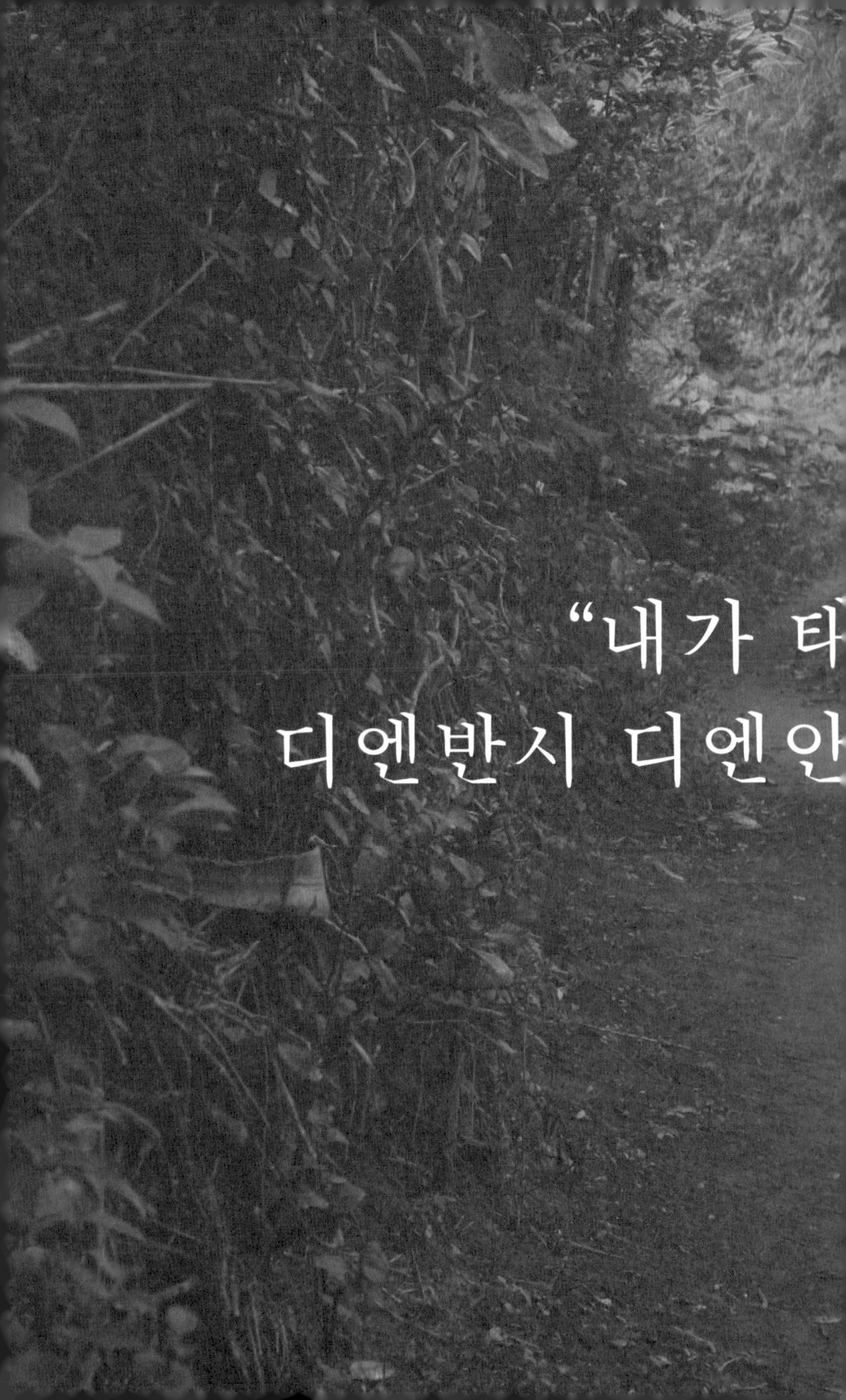

“내가 타
디엔반시 디엔안

난 곳은
퐁니 마을이야”

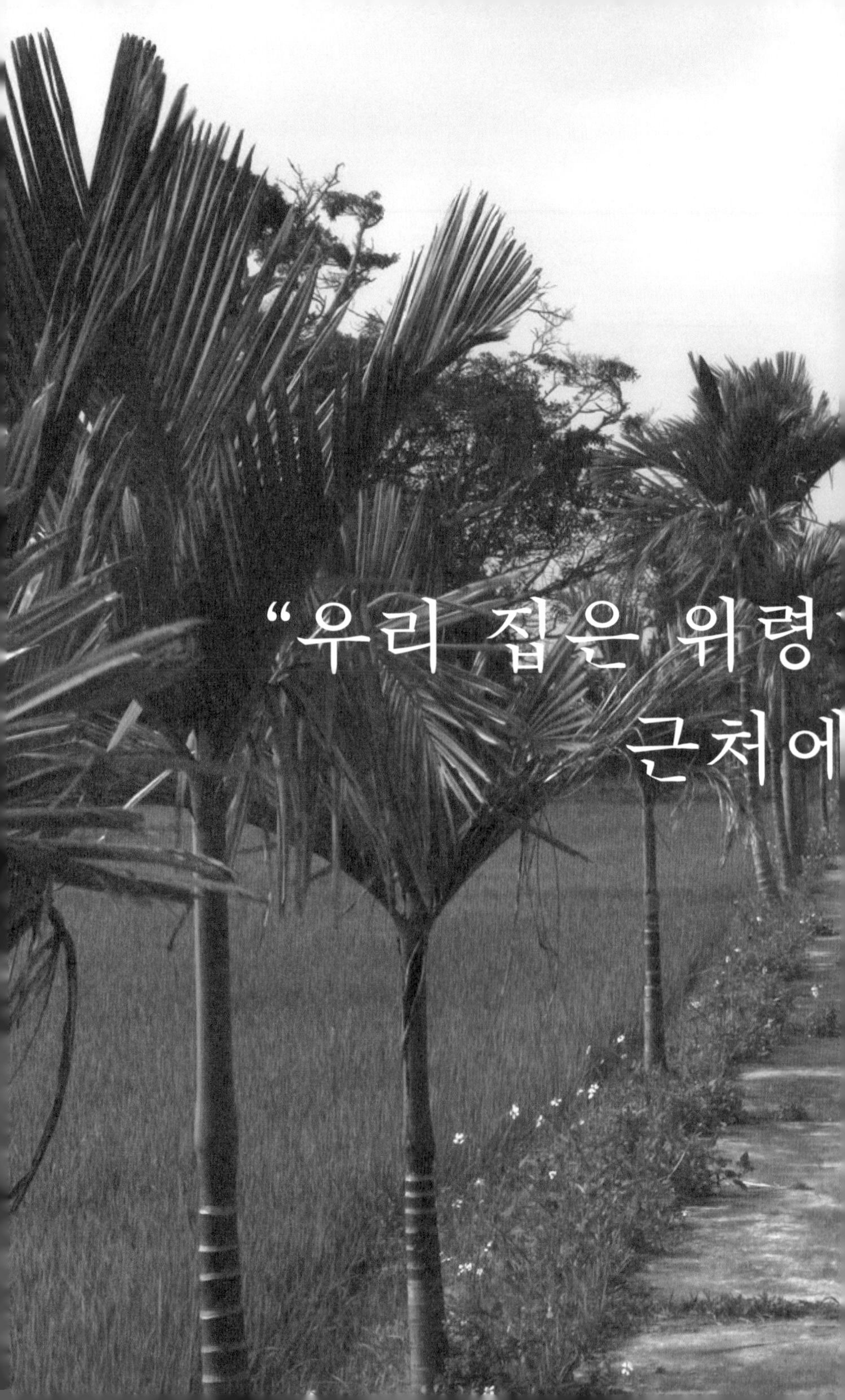

“우리 집은 위령

근처에

있는 야유나무
었어”

“옛날에 내

퐁니·퐁넛

지금고

집이 드물었고

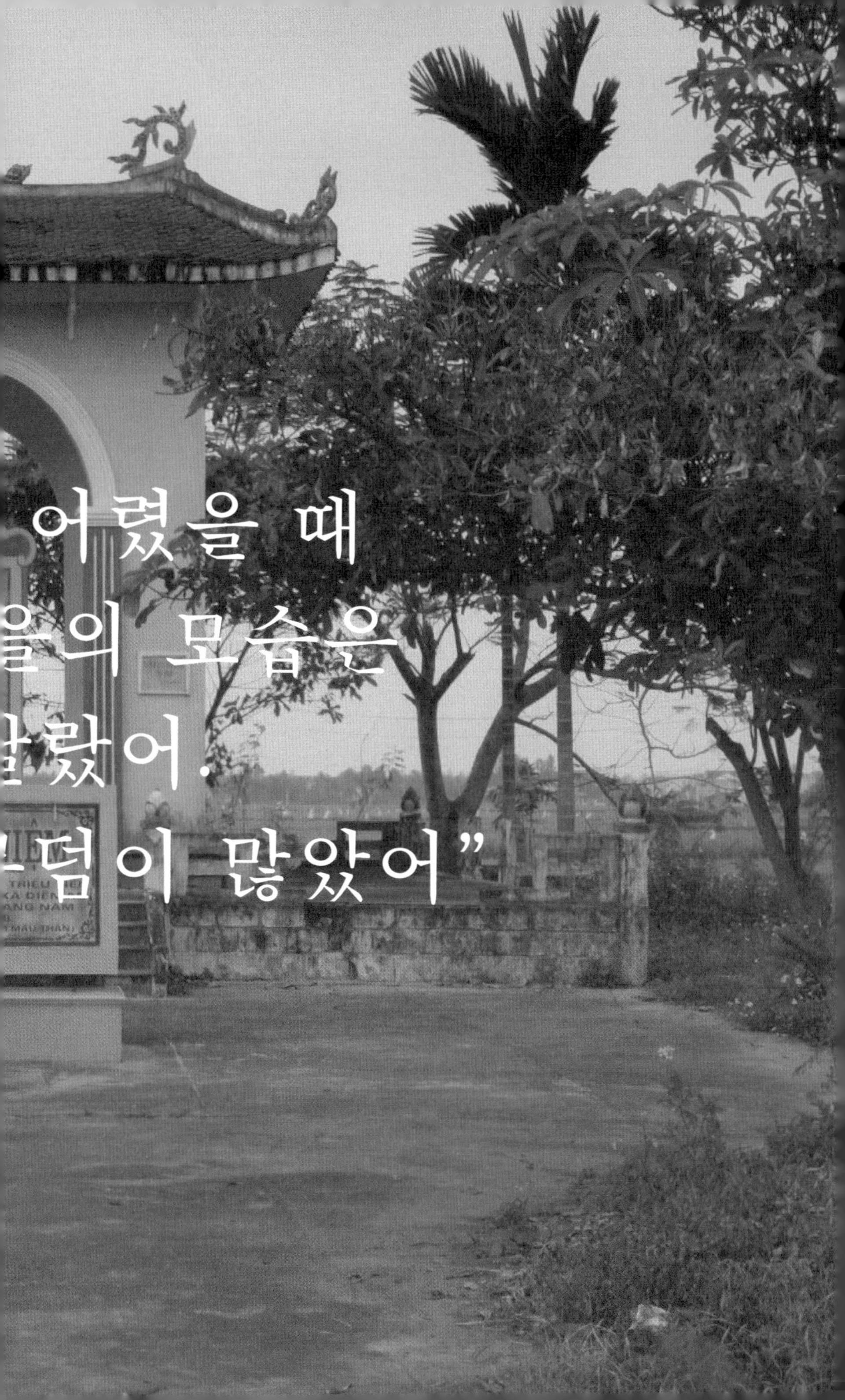

어렸을 때
을의 모습은
랐어.
덤이 많았어”

“우리집 주변은

트 무덤 천지였지"

“무덤이

많았어”

2부

프로덕션

2016년 2월 23일 제작 노트

이길보라

2016년 베트남 현지 촬영을 떠나기 전.

영화의 첫 번째 축. 베트남을 여행하는 많은 사람들. 기이하고 기묘한 풍경. 베트남에서 총을 쏘는 엔터테인먼트를 즐기는 사람들. 다른 방식으로 베트남을 기억하는 사람들. 우리에게 '전쟁'은 무엇인가.

두 번째 축. 역사를 잊지 않고 기억하는 사람들. 베트남 사람들은 경제 개방을 하지만 결코 과거를 잊지 않는다. 구찌 땅굴에서 가이드가 한국인, 미국인 관광객을 콕 집어 언급했던 것처럼. 한국은 베트남전쟁에 용병을 보냈고 많은 사람을 죽였다. 우리가, 한국이 해야 하는 것은 참회하는 것이다, 진심으로.

세 번째 축. 한국이 전쟁과 역사를 기억하는 방식에 대하여. '월남 패망'과 같은 문구들, 한국의 전쟁기념관과 월남참전용사 만남의 장.

한국은 베트남과 다른 방식으로 전쟁을 기억한다. 서로 다른 기억을 가지고 있는 두 주체. 전쟁의 기억은 기억의 전쟁이 된다는 말. 우리가 해야 하는 일은 '기억의 전쟁'이 아닐까.

생존자 탄 아주머니가 기억하는 베트남전쟁, 가해자이자 피해자인 한국의 월남참전용사가 기억하는 베트남전쟁, 현재를 살아가는 전쟁 3세대가 전쟁을 기억하는 방식, 구찌 땅굴에서 총을 쏘며 전쟁을 기념하고 관광하는 행위, 전쟁을 잊고 잘 살아가는 사람들. 관객 스스로가 전쟁과 학살을 어떻게 기억할 것인지에 대한 질문을 던질 수 있게 하는 그런 영화.

#1 어떤 기억의 부재

"전쟁도 격렬하지만 평화 역시 격렬하구나"

이길보라

2015년, 응우옌티탄과 응우옌떤런은 베트남전 당시 한국군에 의한 민간인 학살 피해자로서는 처음으로 한국에 방문한다. 베트남전 종전 40주년이자 광복 70주년을 맞아 평화박물관건립추진위원회에서 여는 이재갑 작가의 사진전에 학살 피해 당사자로 초청된 것이다. 두 사람은 일주일간 한국에 머무르며 국회의사당에서 기자회견을 하고, 관련 법 제정을 위해 국회의원과 간담회를 하고, 서울과 대구, 부산에서 그날의 기억을 증언했다. 영화 〈기억의 전쟁〉 제작진은 전 일정에 기록자이자 연대자로 함께했다.

어려운 결정이었다. 자기 가족을 몰살한 이들이 사는 곳으로 간다는 것, 학살 이후 수술을 받기 위해 정신을 잃고 탔던 그 비행기를 다시 타는 것, 자신도 함께 죽었더라면 좋았을 거라 수도 없이 생각했던 그 시간을 말도 통하지 않는 나라에서 증언한다는 것. 두 사람의 여정은 크게 기사화되었다. 여러 언론에서 '베트남전쟁 한국군 민간인 학살 피해자 첫 방한'을 헤드라인으로 내걸었다.

탄 아주머니, 런 아저씨, 함께 온 전쟁증적박물관 후인응옥번 관장이 조계사에서 열릴 행사를 기다리고 있었다. 호텔 객실에는 집회 스피커 소리가 쩌렁쩌렁 울렸다. '대한민국 월남전참전자회'와 '대한민국 고엽제전우회' 등에 소속된 베트남 참전군인이 조계종에 행사 대관을 취소하라는 공문을 보냈고, 행사 당일 3백여 명의 고엽제전우회 회원이 반대 집회를 열었다. 각양각색의 군복을 입은 이들이 군화를 신고 묵직한 발소리를 내며 조계사 앞으로 모였다. 피해자들이 머무는 호텔 바로 앞이었다. 집회 현장에서는 "월남에서 돌아온 김 상사", "맹호들은 간다" 등의 노래가 울려 퍼졌다. 군인들은 마이크를 잡고 베트남전쟁에서 민간인 학살은 없었다고, 피해자들이 전쟁 당시 상황을 왜곡하여 부풀리고 있다고 비난했다.

결국 조계사가 아닌 호텔 지하로 행사장을 변경하기로 했다. 탄 아주머니는 바깥에서 들리는 작은 소리에도 깜짝깜짝 놀랐다. 인터뷰 사이에 담배를 태우던 런 아저씨는 말했다.

"전쟁도 격렬하지만 평화 역시 격렬하구나."

기자가 바깥에 있는 이들에게 하고 싶은 말이 있는지 묻자 런 아저씨는 먼저 정중하게 인사를 하고 싶다고 했다.

"그날이 음력으로 1월 23일이었습니다. 새벽 다섯 시 정도, 포격 소리가 들려왔어요. 자다가 깜짝 놀라 황급히 일어나 방공호로 들어갔어요. 당시 저는 어머니와 여동생과 함께 있었습니다. 여섯 시쯤 되었을까요. 윗마을에서부터 총소리가 들려왔습니다. 점심시간쯤 되니 저희 집 근처에서부터 소리가 들렸는데 귀가 찢어질 듯했어요. 그 사이로 아이 울음소리, 신음 소리, 엄마가 아이를 부르는 소리가 제 창자를 끊어놓는 것 같았습니다. 다행히 그 소리가 저희 집을 비껴 갔어요. 어머니는 저와 여동생을 양 옆에 꼭 끼고 수건 같은 것을 둘러주었습니다. 그때는 어머니의 그 수건, 따뜻한 느낌 때문에 배가 고픈 줄도, 목이 마른 줄도 몰랐습니다. 어머니가 금방 지나갈 거야, 아무 일도 없을 거야 하고 저희를 달래주었습니다. 오후 네 시쯤 되었을까요. 어머니가 무슨 소리를 듣고 벌떡 일어섰는데 방공호 위에 발소리가 축축축, 척척척 하고 들렸습니다. 그러더니 저희가 있는 방공호 밑으로 총을 겨눴죠. 밖으로 나오라고 손짓했어요. 처음에는 한국군인지 몰랐습니다. 하나둘씩 나갔는데 저희한테 총을 겨누고 있었어요. 그들의 어깨에 호랑이가 그려져 있었습니다. 복장과 말씨를 보고 아, 한국군이구나 알아챘어요. 그게 제가 첫 번째로 마주친 한국 군인이었습니다. 한국군은 총을 옆구리에 겨누고 저희를 끌고 갔어요. 가다가 집이 있거나 방공호가 있으면 사람들을 끌어내 함께 끌고 갔어요. 아이도 있었고, 노인도 있었어요. 까인브엄 들판으로 갔는데 한국군이 잡아다 놓은 가족이 20여 가구 정도 됐어요.

한국군이 모두 고개를 숙이고 엎드리게 했습니다. 자기들을 바라보지 못하게 했어요. 저는 분명히 들었습니다. 한국군에서 어떤 외침이 있었어요. 그러더니 기관총이 저희를 향해 발사를 시작했습니다. 포연이 가득했어요. 그래도 보였거든요. 어떤 사람은 팔이 잘렸고, 어떤 이는 머리가 터졌고, 작은 아기들은 산산조각이 나 있었어요. 그걸 제 눈으로 봤습니다. 어머니가 저희 두 남매를 꼭 끌어안았어요. 그래서 저희 셋은 온전했습니다. 그런데 갑자기 수류탄 하나가 제 발뒤꿈치에 떨어졌어요. 본능적으로 앞으로 서너 발자국 나갔죠. 그 수류탄 파편이 저를 덮쳤습니다.

다시 눈을 떴을 때는 캄캄했어요. 그때 소리를 들었습니다. 아주 고통스러운 신음소리였는데 점점 잦아들었어요. 아, 누가 죽었구나 생각했어요. 저녁 여덟 시쯤 되었을까요. 누군가가 저에게 다가왔어요. 시신을 수습하고 있었어요. 그 사람이 저를 옮겼죠. 저희 집은 완전히 사라졌어요. 제 인생에서 가장 아픈 광경을 마주했습니다. 어머니의 다리는 완전히 사라졌고 상반신에도 많은 상처가 생겨 어머니는 신음소리도 못 내고 있었어요. 그때 여동생이 먼저 죽었어요. 뇌수가 터져 흘러나와 죽었죠. 마을 사람들이 동생을 돌돌 말아 먼저 데리고 나갔는데 저는 어머니에게 알리지 않았습니다. 동생을 묻고 돌아오는 길에 어머니가 죽었어요. 마을 사람들이 어머니를 묻으러 나갔습니다. 어머니는 제게 한마디도 남기지 못했어요. 여동생의 죽음과 어머니의 죽음이 덮쳐오는 순간 저도 의식을 잃었습니다.

눈을 떴을 때 저는 혼자였습니다. 어머니도 돌아가셨고, 그때는 엄마, 하나님 이 두 단어만 반복했습니다. 집도 없었고요. 피를 흘리고 있었고 먹을 것도 없었어요. 이제 이 세상을 어떻게 살아야 하나, 눈앞이 캄캄했어요. 그때 마을 사람들이 나타났습니다. 누구는 옷을 가져다주고, 누구는 먹을 걸 가져다주고, 약을 구해다주고. 아, 살아야겠구나. 나를 위해서, 이 사람들을 위해서 살아야겠구나 했습니다.

나중에야 알았습니다. 왜 아침부터 총소리나 이런 것들이 마을 먼 곳에서부터 들려왔는지. 한국군이 마을로 들어오면서 발견하는 땅굴과 집마다 사람들을 다 쏘아 죽였던 것입니다. 제가 있는 곳에서는 한국군이 사람을 모아 집단으로 학살했지요. 제가 그 사건의 목격자이자 생존자입니다. 그래서 정확하게 얘기할 수 있습니다. 그 자리에서만 65명의 사람이 한국군에게 희생되었습니다. 제가 오늘 이 자리에서 말하는 것은 모두 가슴, 심장으로부터 나온 것입니다. 심장을 걸고 제가 직접 눈으로 보고 귀로 들은 것만을 말합니다. 이렇게 살아 여러분을 마주하고 있습니다. 오늘 제가 눈으로 본 것을 여러분께 들려드리면서 다시 한번 묻고 싶습니다. 우리가 이 상처를 어떻게 아물게 할 것인지, 어떻게 하면 앞으로 이토록 슬픈 일을 다시는 일어나지 않게 할 것인지 말이에요."

기자가 물었다. 그때 그 학살을 저지른 참전군인이 사과를 한다면 용서하겠냐고.

"인정을 하지 않는데 제가 어떻게 용서를 건넵니까. 잘못을 먼저 인정해야죠. 그 잘못으로 얼마나 많은 고통과 상실이 있었는지 알아야죠. 우리 인민은 늘 용서할 준비가 되어 있습니다. 제가 얘기한 이 모든 것은 사실입니다."

1966년 학살 당시 런 아저씨는 열다섯 살이었다. 그는 여동생과 어머니 이야기를 할 때면 자꾸만 말을 멈췄다. 숨을 고르고 감정을 가다듬었다. 옆에서 이야기를 듣던 탄 아주머니는 당시를 기억하는 것만으로 진저리가 난다는 듯 아저씨의 팔을 잡았다. 런 아저씨가 어머니가 죽는 이야기를 하다 말을 잇지 못할 때면 아주머니는 그 팔을 더 세게 잡았다.

"기자 여러분, 안녕하세요. 오늘 여기서 진실을 얘기할 수 있어 영광으로 생각합니다. 벌써 40여 년 전이네요. 1968년 2월, 꽝남성 디엔반시 퐁니·퐁넛 마을의 저는 여덟 살이었습니다. 아버지는 일찍 돌아가셨습니다. 어머니가 저희를 키우셨는데 그날도 어머니는 장에 가시고 우리 형제를 이모네에 맡겼습니다. 이모는 그때 6개월 된 아기를 품에 안고 있었어요. 정확히 어떤 일인지는 모르지만 아침 아홉 시경부터 총소리가 들렸습니다. 이모 집에는 아이들이 있었는데 이모가 우리를 보고 총소리가 나니 방공호로 들어가라고 했습니다. 여덟 살이었지만 전부 기억합니다. 한국군이 얼룩말 같은 얼룩덜룩한 군복을 입고 있었던 걸 정확히 기억해요.

한국군 몇 명이 우리가 숨어 있던 방공호에 수류탄을 까넣는 시늉을 하며 나오라고 했습니다. 나오지 않으면 던지겠다고요. 이모는 겁에 질려 우리 보고 나가라고 해서 하나둘씩 나갔어요. 그러자 한국군이 나오는 대로 총으로 쐈습니다. 오빠는 덤불숲에 엉덩이가 다 날아가서 이렇게 죽어 있었고, 몇몇 이웃은 저쪽에 쓰러져 죽어 있었습니다. 저는 이웃 아이와 함께 총을 맞았고요. 이모는 이미 총에 맞아 부상을 당한 상태였는데 한국군이 집에 불을 붙였어요. 그걸 보고 말리려고 한국군을 잡았는데 그때 한국군이 이모를 칼로 찔러 죽였습니다. 제 동생은 겨우 다섯 살이었는데 숨을 쉴 때마다 피가 콸럭콸럭 흘러나왔어요. 저는 너무 어려서, 동생을 위해 해줄 수 있는 일이 아무것도 없었어요. 동생을 안고 갈 수 없었습니다.

제 주변은 죽은 사람뿐이었어요. 걸어서 나가는데 오빠가 저를 불렀어요. 오빠는 엉덩이가 다 날아가서 걸을 수 없어 기어서, 저는 걸어서 갔습니다. 집들은 다 불타서 사라졌고 딱 한 채가 남아 있었어요. 집 안에 물소가 있어 한국군이 들어가지 못해 그 집에 숨어 있던 사람들은 살았어요. 저와 오빠는 그곳에 들어가 대나무 아래에 몸을 숨기고 있었습니다. 그 집 방공호에서 살아남은 이들이 '네 엄마는 살아 있다, 아직 안 죽었다'고 해서 엄마를 찾아 나섰습니다. 그 집에 물이 있었어요. 목이 말라 물을 마시려고 하는데 배에 입은 상처 밖으로 창자가 다 튀어나왔습니다. 그 상태로 창자를 부여안고 엄마를 찾아 걸어갔어요. 그렇게 쭉 걸어가다 보니 논가에 죽은 사람들이 한 무더기가 있었는데 거기 저희 엄마가 있었다는 사실을 그때는 몰랐지요."

탄 아주머니는 엄마의 마지막을 보지 못했다는 대목에서 말을 멈췄다. 통역하던 구수정 선생님이 덧붙였다.

"학살 이후 미군이 들어와 퐁니·퐁넛 학살을 사진 기록으로 남깁니다. 그래서 이 학살의 경우 한국군에 의한 민간인 학살 사건 중에서도 자료와 기록이 비교적 많이 남아 있습니다. 그게 〈한겨레21〉에 보도가 됐었고, 그 잡지를 저희가 가져가 아주머니에게 보여드렸더니 논밭 풀숲에 한 무더기 죽어 있는 사람 중 하나가 엄마라고 그러시더라고요. 이 잡지 내가 가져도 되냐고, 엄마 사진이 하나도 없는데 이것으로라도 엄마를 기억하고 싶다고 하셨어요."

아주머니가 말을 이었다.

"그때 엄마가 거기 있는 걸 모르고 지나쳤어요. 엄마가 살아 있을 거라고 생각했기 때문에 엄마, 엄마 부르며 찾아갔는데 그 사이 사람들이 오빠를 어딘가로 실어갔습니다. 그래서 오빠를 쫓아갔어요. 이후 정신을 잃었고 저는 다낭에 있는 병원으로 옮겨졌습니다. 거기 있는 동안에도 사람들은 저에게 네 엄마는 살아 있다고 말했습니다. 병원에 오래 있었는데 가끔씩 숙모나 숙부가 들러 저를 돌봐주었습니다. 오빠는 부상이 심해서 저랑 먼 병원에 있었고요. 병원을 나와서는 숙부 집에서 그 집 아이들을 돌보며 살았습니다. 오빠와 연락이 끊겨서 오빠가 살아 있는지 어디 있는지 몰랐습니다. 사는 게 너무 너무 고통스러워서, 정말 많은 순간 죽고 싶었는데. 어떻게 내 모든 사람을 이렇게 다 죽여버릴 수가 있어요……"

끄억, 끄억. 미처 꺼내지지 못한 기억의 파편이 목에 걸린 듯, 아주머니는 한동안 흐느꼈다.

"엄마도 너무 많이 그리웠고, 오빠도 그리웠고……. 아무것도 없이 살아야만 했어요. 모든 게 부족했어요. 내 삶이 너무 고통스러워서, 그렇게 살았기에 여기 한국에 와서 좋은 사람들을 만나 서로를 위로하고 싶었던 것뿐이에요. 여기 와서 이런 일을 겪을 줄 몰랐습니다. 나는 그저 여덟 살일 뿐이었는데. 그럼에도 아직도 그때 일을 생생히, 아주 선명히 기억합니다. 한국에 와서 참전군인을 만나고 싶었습니다. 그래서 그들로부터 위로를 받고 싶었어요. 그런데 이런…… (반대 집회를) 마주할 줄 몰랐습니다. 그들을 만나 다른 이야기를 하고 싶은 게 아닙니다. 그저 진실을 알리고 싶을 뿐입니다. 너무 억울합니다. 그들이 이 사실을 인정하지 않는 것이 가슴 아픕니다. 여기 와서 보니 한국 사람들은 정말 너무 좋은 사람들인데요. 엄마도 죽고, 동생도 죽고, 많은 사람들이 죽었고, 비탄스러운데…… 시신을 다 수습하지 못하는 그런 죽음이었는데…… 저희 집에는 아무도 없었잖아요. 엄마와 저희 가족을 다 묻었다는데 어떤 게 언니 시신이고 엄마 시신인지 알 수 없었어요. 완전히 불탔기 때문에 시신을 구별하지도 못하는 상황이었습니다. 제가 오늘 여기서 말하는 것은 사실입니다. 진실입니다. 저는 사실만을 말합니다."

기자가 물었다.

"학살 이후 한국군을 만난 적이 있습니까? 한국군이 다른 전쟁 범죄를 저지르는 것을 본 적은 없었나요?"

둘은 "콤(Không)" 하고 고개를 저었다. 없다는 뜻의 베트남 말이었다.

다른 기자가 물었다.

"참전군인들은 민간인 학살을 부인하고 있는데요. 런 아저씨의 경우는 학살 이후 베트콩이 되었고요. 참전군인들의 말에 따르면 아버지와 형이 베트콩이었기 때문에 그 베트콩을 죽인 거라고 합니다."

런 아저씨의 표정이 굳어졌다.

"저는 그때 열다섯 살이었습니다. 여동생과 어머니와 함께 집에 있었을 뿐 베트콩 활동을 하지 않았습니다. 집에는 저희뿐이었습니다. 그런데 제가 베트콩이라고 말할 수 있습니까? 저희 집의 경우는 그렇다 칩시다. 나 말고 다른 죽음은 어떻게 설명할 것입니까? 여기서 65명이 죽었는데 그 수많은 죽음은 어떻게 설명할 것입니까? 여기 있는 탄 아주머니는 어떻게 설명하겠습니까?"

아주머니가 이어 말했다.

"우리 가족은 다 여성 어른과 아이들이었습니다. 아무도 베트콩 활동을 하지 않았는데 우리 가족은 어떻게 설명할 것입니까?"

장내가 숙연해졌다. 다시 기자가 물었다.

"전쟁을 한마디로 말하자면 뭐라고 하시겠어요."

런 아저씨가 대답했다.

"파멸, 파멸."

서울에서 했던 증언을 대구와 부산에서 또 해야 했다. 바쁜 일정 사이에 새로운 인터뷰가 추가되기도 했다. 떠올리기조차 힘든 그때의 기억을 둘은 계속해서 상기하고 발화했다. 바라보는 나도 괴로운데 당사자인 아주머니와 아저씨는 어떨지 걱정되었다. 문제 해결을 하려면 당사자가 계속해서 증언해야 하는 걸까. 왜 이들이 직접 현장을 다니며 운동으로 만들어내고 이끌어내야 하는 걸까. 피해 당사자가 용기를 내어 증언했다면 이후는 학살을 저질렀던 국가와 책임자, 가해자, 시민사회의 몫이 아닌가. '당사자 운동'이 가지는 힘과 한계는 무엇인가. 의문이 들었다.

탄 아주머니와 런 아저씨는 한국에서의 일정 중 수요시위에도 참석했다. 정의기억연대의 전신인 한국정신대문제대책협의회는 성폭력 피해 여성을 위해 조성한 나비기금으로 한베시민연대의 사업을 이어받아 푸옌성과 빈딘성 한국군 성폭력 피해자 및 라이따이한 지원 사업을 해오고 있었다. 베트남과 한국, 일본은 이렇게 연결된다. 이 전쟁을 단순히 '베트남에서 일어난 전쟁'이라고 호명하고 정의내릴 수 없는 이유다.

현장에는 카메라가 무척 많았다. 탄 아주머니와 런 아저씨가 차에서 내리자마자 기자들이 둘러쌌다. 두 사람은 완전히 굳었고 런 아저씨는 못하겠다고, 여기 못 있겠다고 아연실색을 했다. 사진, 영상 촬영자 대부분이 몸이 건장하고 큰 남성이었는데 수많은 한국 남성들 사이에 서는 일은 학살 당사자로 하여금 트라우마를 불러일으켰다. 런 아저씨와 함께 무리 밖으로 떨어져 섰다. 힘들면 하지 않아도 괜찮다고, 편하신 대로 하라며 생수 한 병을 내밀었다. 탄 아주머니는 일본군 '위안부' 피해자 길원옥, 김복동 할머니와 함께 손 피켓 앞에 섰다.

기자들은 서로 밀치며 그림을 찍으려고 안달이었다. 카메라 플래시가 끊임없이 터졌는데 나조차도 그런 광경은 처음이었다. 소진과 나는 크고 무거운 카메라들 사이에서 자리를 뺏기지 않으려 온몸에 힘을 줬다. 잔뜩 긴장한 탄 아주머니의 얼굴로 카메라 플래시가 계속해서 쏟아졌고 나는 반대로 그런 아주머니의 얼굴을 찍는 이들의 모습을 촬영했다. 서로 밀치고 경쟁하며 플래시를 터뜨리는 기자들의 모습이 어쩐지 이 문제를 바라보는 한국 사회의 반응과 비슷해 보였다.

아주머니는 휠체어 의자에 앉은 길원옥, 김복동 할머니 뒤에

서서 그들의 어깨를 잡았다. 통역사로 옆에 선 구수정 선생님은 아주머니의 팔을 잡았다. 그렇게 네 명의 여성이 포탄처럼 터지는 플래시의 불빛을 받아냈다. 뒤에는 손 피켓을 든 청소년과 시민이 있었다. 카메라를 든 사람과 피사체의 모습이 명확하게 대비되었다.

탄 아주머니는 마이크를 잡고 말했다.

"제 이름은 응우옌티탄입니다. 이번에 베트남에서 한국을 방문하게 된 저는 한국군에 의한 민간인 학살 생존자입니다. 저는 오늘 두 분 할머니들이 이런 일을 하시는 것은 굉장히 옳은 일이라고 말하고 싶습니다. 저도 전쟁의 피해자로서 할머니들을 응원합니다. 그 학살을 당했을 때 저는 여덟 살이었습니다."

길원옥, 김복동 할머니가 이어 말했다.

"전쟁의 피해자, 나중에 알고 보니 우리 한국군이 거기 가서 나쁜 짓을 많이 했더라고요. 우리가 이제 그러지 않아야 하지 않겠습니까? 그래서 성금을 그쪽으로 보냈습니다."

이날의 시위는 일본군 '위안부' 피해자와 베트남전쟁 민간인 학살 생존자의 만남이라는 제목으로 크게 기사화됐다.
두 피해자들의 만남. 이것이 한국 사람에게는 베트남전쟁 민간인 학살이라는 사안을 이해하는 가장 쉬운 도식인지도 모르겠다. 누군가는 이를 보고 "일본에게 사과받기 위해서는 한국이 먼저 베트남에 사과해야 한다"고 말한다. 그런가? 그럼 일본군의 만행이 없었더라면 한국은 먼저 사과하지 않을 것인가? 사과받기 위해서 사과해야 하는 것인가? 사과에 그런 목적과 대가가 존재할 수 있는가?

여성학자이자 평화학 연구자인 정희진은 〈기억의 전쟁〉을 2015년과 2020년 한국 사회가 민간인 학살을 어떻게 바라보는지 보여주는 영화라고 평하며 단 하나 어울리지 않는 장면이 있는데, 일본군 '위안부' 피해자와의 만남이라고 했다. 이 장면은 영화 편집 과정에서 넣을지 말지 끝까지 고민했던 부분이다. 베트남전

한국군 민간인 학살 문제를 일본군 '위안부' 문제와 같은 선상에 놓으려는 것처럼 보일 수 있다고 생각했기 때문이다. 사안의 차이를 없애고 '나쁜 가해자'와 '순수한 피해자'의 구도로 나눠 '피해자들 사이의 연대'를 그리는 것은 피하고 싶었다. 관객이 "일본에게 사과받아야 하니 베트남에게 먼저 사과하자"는 논리에 빠지는 걸 원치 않았다. 그러나 이 컷이 감정적으로 이입하게 하는 주요한 장면이라는 걸 부정할 수는 없었다. 민간인 학살 문제에 대중적 공감을 불러일으킬 수 있는 장면이라는 것도. 그래서 아주머니와 아저씨의 첫 한국 방문 일정 중 하나로 보이도록 편집했다.

2015년 4월 말, 베트남으로 돌아간 런 아저씨로부터 편지가 왔다. 소진은 이렇게 고결하고 존귀한 문장으로 먼저 손을 건네는 마음에 대해 말했다. 학살 피해 당사자가 한국에서 마주한 건 환대이기도 했지만 엄청난 부정이자 분노였다. 한국 사회가 피해자를 어떻게 받아들여야 할지 고민하는 사이 런 아저씨는 누구보다 먼저 손을 내밀었다.

학살 생존자 응우옌떤런이 베트남전 참전군인에게

여러분을 먼발치에서만 뵈었습니다. 전쟁이 끝나고 40년이 지난 지금, 서울 한복판에서 아직도 군복을 입은 당신들과 마주치게 될 줄은 몰랐습니다. 차에서 내려 직접 만나고 싶었지만 그럴 수 있는 상황은 아니었습니다. 혹시 저와 탄 아주머니를 보러 오셨던 것은 아니었는지요? 경찰들의 신변 보호를 받으며 무사히 호텔에 당도했을 때 이런 생각이 들었습니다.

"전쟁도 격렬하지만 평화 역시 격렬하구나!"

저는 울지 않으려고 애썼습니다. 하지만 탄 아주머니는 증언을 할 때마다 눈물을 흘리더군요. 성별이 달라서일까요?

학살을 당했을 때 나는 그래도 열다섯 살이었고, 탄 아주머니는 겨우 여덟 살이었습니다. 여덟 살짜리가 무얼 알겠냐고, 학살은 다 지어낸 이야기라고 여러분들이 말했다는 이야기도 들었습니다. 탄 아주머니는 그날 일을 너무도 생생히 기억하고 있습니다. 숨 쉴 때마다 울컥울컥 피를 토하던 다섯 살 동생, 그 동생을 도울 길 없어 울던 여덟 살 소녀. 총에 맞아 꾸역꾸역 밀려나오는 창자를 부여잡고 엄마를 찾아 헤매던 그날을 어찌 잊을 수 있겠습니까.

한국군의 학살로 저는 어머니와 여동생을 잃어 고아가 되었고, 탄 아주머니는 어머니, 언니, 남동생, 이모, 사촌 동생 등 가족 다섯을 잃었습니다. 우리는 평생 잃어버린 가족들을 그리워하며, 깊고도 깊은 고통 속에서 살아왔습니다. 그리고 한국에 와 심장에서부터 나오는 이 모든 이야기를 전했습니다.

저희가 갑자기 서울에 나타나 몹시 불편하셨지요. 사실 한국 참전군인들도 많이 베트남을 찾았고, 베트콩 전사들 역시 여럿 서울을 방문하여 한때 서로 총부리를 겨누었던 사람들끼리 만남을 가졌습니다. 40년이란 세월은 한때의 적들이 서로 부둥켜안아도 이상할 것이 없게 만들 정도로 긴 세월이었습니다. 그러나 전사로서 마주친 적이 없던 우리 민간인 학살 피해자와 참전군인이 서로가 가진 상처를 어루만져주며 만나려면 얼마나 더 긴 세월이 흘러야 할까요.

한국 병사들이 베트남에 1년 남짓 머물렀다고 들었습니다. 일흔쯤 되고 보면, 인생에서 1년은 그리 긴 시간이 아닌 듯합니다. 그런데 베트남전 종전 40주년을 맞이하여 한국에 와서 보니 그때의 젊은 한국군들은 아직도 아득한 베트남의 정글 속을 헤매고 있는 것 같습니다. 우리는 진즉 이 전쟁을 끝냈습니다. 저는 진심으로 여러분들도 여러분 마음속의 전쟁을 빨리 끝내길 기원합니다.

탄 아주머니의 작은아버지는 남베트남(한국의 동맹국. 옮긴이)의 군인이었습니다. 이 마을에서 학살당한 사람들 대부분은 남베트남 병사의 가족이었습니다. 더군다나 이때 죽은 탄의 남동생은 겨우 다섯 살이었고요. 베트남 중부지방 곳곳에 있는 민간인 학살 위령비를 보면 한두 살 아기들, 이름도 갖지 못한 갓난쟁이들의 죽음이 새겨져 있습니다. 저희들의 행사장 앞에서 여러분 중의 한 분이 언론과 인터뷰한 내용을 전해 듣고 저는 충격을 받았습니다. 적군의 가족 역시 적군이라고 하셨더군요. 그렇다면 일본이 쳐들어왔을 때 맞서 싸운 의병이나 독립군 가족을 일본군은 모두 죽여도 되는 것인가요?

힘드셨을 겁니다. 전쟁이 저와 탄 아주머니의 인생을 철저히 부숴버린 것처럼 그놈의 전쟁은 여러분의 인생도 뒤흔들어 놓았을 것입니다. 저는 여러분을 포함한 한국 사람들과 평화를 이야기하기 위해 왔지, 복수를 하려고 온 것도 아니고 여러분을 비난하러 온 것도 아닙니다. 저는 여러분 역시 베트남전쟁의 피해자라고 생각합니다. 많은 한국군이 가난 때문에, 돈을 벌기 위해 남의 나라 전쟁에 참여했다고 들었습니다. 그때 당신들 역시 솜털이 보송보송한 갓 스물의 청년들이었지요. 남의 나라 낯선 정글이 두려웠을 것입니다. 전쟁은 청춘이 감당하기엔 너무도 버거운 고통이었을 것입니다.

제가 겪어 보니, 고통이란 것은 안으로 삭일 때보다 밖으로 털어놓을 때 가벼워지는 것 같습니다. 멀리서 보았지만 여러분들은 무언가에 몹시 화가 나 있는 듯 보였습니다. 여러분들도 여러분 안에 있는 응어리를 꺼내놓길 바랍니다. 그리고 당신들의 정부가 여러분의 고통을 끌어안고 아픔을 달래주면 좋겠습니다.

한국에 와서 저희가 처음 찾은 곳은 일본군 ‘위안부’

할머니들이 계신 나눔의 집이었습니다. 우리를 초대해준 평화박물관이 베트남전 피해자들을 위해 써달라고 할머니들이 내놓은 성금으로 시작되었다는 이야기를 듣고 깜짝 놀랐습니다. 같은 전쟁 피해자라 그런지 말이 필요 없었습니다. 그저 손잡아주고 안아주고 등 쓰다듬어주는 것만으로 정말 많은 것을 느낄 수 있었고 수류탄 파편에 맞아 평생 쑤시던 온몸도 저리지 않았습니다. 상처받은 사람들끼리 더 뜨겁게, 더 많이 손잡았으면 합니다. 한국의 많은 참전군인이 고엽제로 고통받고 있다고 들었습니다. 베트남에도 4백만 명의 고엽제 환자가 있습니다.

이번에 얼룩덜룩한 군복을 입고 우리를 맞아준 군인도 있었지만, 무릎을 꿇고 차마 말을 잇지 못하던 참전군인도 있었습니다. 그리고 우리를 위해, 우리의 이야기를 듣기 위해 달려와 준 수많은 한국 시민들이 있었습니다. 한국은 제게 무척이나 두렵고 무서운 나라였습니다. 그런데 막상 다녀오니, 그곳은 보고 싶은 친구들과 따뜻한 추억이 많은 그런 나라가 되었습니다. 제게는 더 많은 피해자들이 한국을 방문하면 좋겠다는 소망이 생겼습니다.

부모를 잃은 저를 키워준 것은 바로 마을 사람들이었습니다. 전쟁으로 부모를 잃은 아이와 자식을 잃은 부모들이 서로 다독이며 살아왔습니다. 부디 저를 키워준 마을 사람들이 오면 따뜻하게 맞아주십시오. 그들 역시 학살의 피해자입니다. 여러분이 외면하고 싶어도 학살은 엄연한 사실입니다. 제가, 탄 아주머니가, 그리고 또 수많은 피해자들이 그 증인입니다.

이제 저도 파란만장했던 인생을 정리하는 나이에 들어섰습니다. 따져 보니 참전군인들도 저와 몇 살 차이가 나지 않더군요. 전장이 아닌 곳에서 우리가 만났더라면 형과 아우로 지냈을지도 모릅니다. 이제 저나 여러분이나 인생의 노년에 접어든 처지에 우리의 젊은 시절을 한번 되돌아보았으면 좋겠습니다. 과거의 상처를 잘 아물게 해서, 우리의 아들딸 그리고 손주들에게는 보다 평화로운, 더 좋은 세상을 남겨줘야 하지 않겠습니까.

베트남 떠이빈에서 응우옌떤런 드림*

* 번역: 구수정(한베평화재단 상임이사)

#2 '기념'과 '기억'의 시차

건너편에서 바라보다

이길보라

전쟁기념관

유년 시절의 사진 한 장. 기억도 잘 나지 않아 사진의 이미지가 기억을 대체하는 시기, 어린이집에 다닐 때였다. 서울로 현장학습을 갔다. 엄마가 해준 양 갈래 삐삐머리를 하고 노란 티셔츠를 입었다. 나는 친구들과 손을 잡고 손으로 브이 자를 그렸다. 커다란 탱크와 비행기 앞이었다.

베트남 촬영을 다녀온 후 사전 답사 차 서울 용산구에 있는 전쟁기념관을 찾았다. 박물관 바깥의 옥외 전시관에서 사진 속에 있던 탱크와 비행기를 마주했다. 초등학생이 되기도 전의 나이였던 내가 이곳에 있었다. 한 번도 이상하다고 생각해본 적이 없다. 탱크 앞에서 사진을 찍는 것, 그 앞에서 해맑게 웃으며 손으로 브이 자를 그리는 것. 우리 여기 다녀왔어요, 하고 단체 사진을 찍는 일. 고작 대여섯 살이었던 나는 여기서 어떤 이야기를 들었을까.

국내 유일의 전쟁사 종합 박물관인 전쟁기념관에는 한국에서 일어났던 전쟁뿐 아니라 한국군 해외 파병 역사를 한눈에 볼 수 있는 해외파병실이 있다. 전시실 입구에는 베트남 정글의 나무숲 터널을 재현해놓은 공간이 있는데 해외파병실에 들어서려면 몸을 숙여 이 가짜 정글을 통과해야 한다.

살짝 고개를 숙이고 혹시라도 팔이 나뭇잎에 부딪힐까

조심하며 걸음을 옮긴다. 정글을 통해 시공간을 이동한다. 터널을 빠져나오면 총을 들고 서 있는 북베트남군과 남베트남군이 보이는데 박물관은 베트남의 정글을 재현함으로써 당시 한국군이 처한 공간적 상황을 몸으로 경험할 수 있도록 했다. 누가 숨어 있을지 모르는 정글에서 용맹하게 싸우고 살아남은 한국군의 서사다. 베트남전 당시 사용했던 총과 부비트랩 등의 무기도 전시되어 있다. 헬기에서 내려 적군을 수색하고 현지에서 대민 봉사를 하는 한국군의 모습을 재현해놓았다. 베트남전 이후로 한국군이 파병되거나 지원을 나갔던 나라의 국기와 유물이 다음을 잇는다. 소말리아, 서부 사하라, 그루지야, 인도와 파키스탄, 앙골라, 동티모르, 키프로스, 아프가니스탄, 이라크.

해외파병실의 서사는 명확하다. 도움을 받던 나라에서 주는 나라로 성장한 대한민국. 한국은 베트남으로 첫 해외 파병을 하고 이후 다른 나라에서 벌어진 전쟁에 참전함으로써 세계 평화에 일조했다. 매끄럽게 이어지는 이야기 속에는 어떠한 질문도 끼어들 틈이 없다. 전쟁이 무엇인지, 전쟁에서 어떤 일이 벌어졌는지, 얼마나 많은 사람들이 죽고 다쳤는지, 일상이 어떻게 사라졌는지, 우리는 왜 '전쟁'을 통해 평화를 얻을 수밖에 없다고 생각하는지, 파병 이후 트라우마를 앓고 있는 군인의 현재 모습은 어떠한지, 한국은 그래서 베트남전에서 이긴 것인지 진 것인지, 민간인 학살은 왜 일어났는지, 그에 대해 한국 정부와 군대는 공식적인 입장을 표명했는지, 이러한 질문을 하지 않은 채 '자유 수호'라는 이름으로 이루어지는 파병이 이상하지는 않은지.

전몰장병 합동 위령제

66년 11월 11일, 맹호부대 맹호 7호 작전
67년 1월 29일, 백마부대 백마 1호 작전
67년 3월 8일, 맹호·백마부대 오작교 작전

67년 7월 9일, 맹호·백마부대 홍길동 작전
68년 1월 30일, 맹호·백마부대 암행어사 작전을 실시하였습니다.
68년 5월 5일, 백마부대 백마 6호 작전
68년 10월 11일, 백마부대 백마 9호 작전
69년 10월 2일, 맹호부대 창공 기념 작전이 있었습니다.

2016년 6월 9일, 대한민국월남전참전자회가 주최하는 제3회 월남전 전몰장병 합동 위령제에서 참전군인이 한국군이 베트남에서 어떤 작전을 수행했는지 열거했다. 베트남전 참전 52주년을 맞아 국립 현충원에서 열린 이 행사는 전사한 5,099위의 영령을 위한 위령제였다.

> "반세기 전 민주주의 수호를 위해 열사의 땅에서 장렬하게 전사한 전우들의 영혼을 위로하며 아울러 생존 전우 회원들의 단결과 참전 국가유공자로서의 명예 선양, 호국 안보 정신 고양에 그 목적이 있습니다."

활영 허가를 받아 카메라 두 대를 돌렸다. 500여 명 정도의 군복을 입고 군화를 신은 참전군인들이 서울, 경기 지역뿐 아니라 관광버스를 대절해 지방에서 올라왔다. 프레임을 잡았다. 각각 다른 종류의 군복을 입고 있는 군인의 몸, 각종 배지가 달려 있는 가슴 포켓, 미국 국기 모양의 배지가 달린 모자, 팔걸이에 올려놓은 팔, 손 위의 주름, 들숨과 날숨을 내쉬는 가슴, 자리에서 일어서는 몸, 깜빡 졸다가 떨어지는 얼굴, 하품을 하며 갑자기 프레임 안으로 들어오는 턱, 자리에 앉아 정면을 바라보는 수많은 얼굴들.

한 참전군인이 마이크를 잡았다.

"월남전에 파병한 지 벌써 52년이 되었습니다. 우리는 국가의 명령을 받아 주저없이 이역만리 월남 전장으로 떠났고, 낯설고 물 설은 이국의 산하에서 죽음을 두려워하지 않고 조국을 위해 신념을 바쳐 싸웠습니다. 애국심은 이 나라에 실로 엄청난 발전을 안겨주었고, 6·25 전쟁으로 폐허가 되어 절망과 기아선상에서 허덕이는 조국 대한민국의 번영의 토대를 만들었고, 우리 월남전 참전용사들이 피와 땀으로 목숨을 걸고 바친 희생이 한강의 기적을 이루었던 것입니다. 누가 우리를 전쟁터로 보냈습니까. 국회의 파병 동의안 가결로 정부가 보내지 않았습니까. 그러고도 왜 지금껏 우리를 이렇게 예우합니까. 왜 우리만 사대주의적 발상으로 당당하지 못하고, 눈치만 보며 기증비 하나 변변히 만들지 못하고, 참전기념탑 하나도 해주지 못하십니까. 그러한 약하고 책임 없는 마음으로 남의 나라에 파병은 어찌 보냈습니까. 늦었지만 지금부터라도 우리의 희생과 공헌에 합당하는 예우를 해주시고, 기념관을 건립하고 기념탑을 만들고 기림비를 만들어 선진 조국을 만든 국가 최고의 공로자, 국가 최고의 영웅으로 확실하게 예우해주실 것을 300여 명의 국회의원과 박근혜 대통령에게 당당하게 요구합니다. 더 늦기 전에 올바른 예우를 해주시기를 당부드립니다."

베트남에서 수행한 작전명을 힘주어 읽어내려 갔을 때와는 달리 짙은 서운함이 배어 있는 목소리였다. 그는 국가가 앞장서 베트남에서 전사한 군인의 영혼을 기리고, 그들과 여기 모인 이들의 명예를 책임져야 한다고 말했다. 청춘을 바쳐 나라를 위해 싸운 자신들이 있었기에 막대한 경제발전을 이룰 수 있었는데 왜 이제 와 자신들의 노고를 아무도 인정하지 않는지 물었다.

그제야 얼굴들이 보였다. 둔탁한 소리를 내는 무거운 군화를 신고 온갖 배지가 주렁주렁 달린 군복을 입은, 육십 대에서 칠십 대 사이로 보이는 노령의 군인. 아무도 인정하지 않으니 유니폼과 배지로 스스로를 증명해내려는 노력. 국가로부터 받은 표창장과 훈장을 자랑스럽게 전시해놓았던 할아버지의 모습이 떠올랐다. 살아계셨더라면 이들 사이에 앉아 있었을지도 모르지.

영령들을 위로하기 위해 여러 종교 지도자들이 나와 각자의 방식으로 위령제를 진행했다. 무대 뒤에는 과일 등의 음식이 차려진 제사상이 있었고 큰 태극기가 걸려 있었다. 스님이 목탁을 두드리며 죽은 이를 위한 말을 읊고, 하얀 소복을 입고 머리를 쪽진 중년의 여성이 박자에 맞춰 영혼의 넋을 달래는 춤을 추었다. 그날 무대에 오른 이들 중 여성은 그 퍼포먼서 한 명뿐이었는데 어떠한 말도 없이 몸으로 넋을 달랬다는 것이 상징적으로 느껴졌다. 전쟁의 성과와 아픔에 대해 입을 열 수 있는 건 오로지 남자들뿐인 걸까.

줌인 했던 프레임을 줌아웃 하여 전체 무대를 잡았다. 태극기 아래 한풀이하는 여성의 몸, 바라보는 참전군인의 뒷모습. 몇몇 참전군인이 자리에서 일어선다. 서로 대화를 나누다 카메라를 향해 걸어들어온다. 컷.

기념의 공간과 기억의 공간

이길보라

"보라야, 내가 리서치 한 건데 좀 봐봐."

새롬이 자료를 내밀었다. 폴더 안에는 각 지역 이름으로 시작하는 월남참전기념탑이 빼곡하게 정리되어 있었다. 이를테면 이런 것이었다.

> 군포시 월남참전기념탑—국가보훈처 지정 현충 시설
> 관리번호 13-2-61
> 군포시는 2012년 10월 군포시 금정동 산 356-8 한얼공원 내에 월남기념참전탑을 건립하여 젊은 나이에 자유 수호를 위해 베트남에 파병되어 용감히 싸운 군포 출신 베트남 참전용사 1,057명의 공적을 기리고 그들의 위대한 기상과 숭고한 뜻을 후세에 귀감으로 삼고자 하였다. 한얼공원에는 이 현충탑과 아울러 육탄 10용사 가운데 군포 출신인 이희복 용사 동상이 설치돼 있어 시민들을 위한 안보 의식의 살아 있는 교육장으로 활용되고 있다.

어디서 찾았냐 물으니 새롬은 국가보훈처의 현충 시설 정보 서비스 내에 있는 '국가 수호 관련 시설' 검색 사이트를 보여주었다. 전국에 스무 개가 넘는 월남참전기념탑이 있었다.

"왜 이게 국가 수호 시설인데? 우리나라를 지킨 것도 아니고 베트남전쟁에서 패한 거잖아."

새롬이 사이트의 내용을 입으로 옮겼다.

"국가 수호 활동에 관한 사실 또는 참전한 국가유공자의 공훈을 기리기 위하여 설치하는 기념비, 전공비, 추모비, 현충탑, 위령탑,

그 밖의 비석 및 탑. 참전한 국가유공자의 공훈을 기리기 위하여 설치한 조형물과 상징물."

경기도 안양의 월남참전기념탑을 찾았다. 공원 내에 탑과 베트남에 파병되었던 군포 출신 '월남전용사'들의 이름이 적힌 비석이 있었다. 이름 옆에는 '자유 수호', '용사', '경제발전'과 같은 애매모호한 단어로 참전군인의 '공훈'을 기리는 글이 적혀 있었다. 베트남의 위령비가 떠올랐다. 한쪽은 전쟁의 참상을 최대한 상세히 기술했고 다른 한쪽은 최대한 잊으려 했다. 병사 개개인의 희생과 죽음을 애도하고 추모하기 전에 정확히 알고 싶었다. 위령비와 기념탑 사이의 간극을.

"있었던 사실을 사실대로" — 월남파병용사 만남의 장

프로덕션의 마지막 촬영지는 강원도 화천군 간동면 오음리에 위치한 월남파병용사 만남의 장이었다. 파병 직전 참전군인들의 훈련장이 있었던 오음리의 부지를 청소년을 위한 체험학습의 장이자 파병용사를 위한 만남의 장으로 탈바꿈한 곳이다. 프리 프로덕션을 하며 이 박물관에서 이상한 방식으로 베트남을 재현하고 있다는 이야기를 들은 터였다.

139,788제곱미터 규모로 조성된 월남파병용사 만남의 장의 전시는 아래와 같은 문구로 시작한다.

> 이 전시는 있었던 사실을 사실대로 알려 대한민국과 베트남 두 나라의 참전 세대와 그다음 세대들에게 서로를 이해하고 화합하는 밑거름이 되어지기를 바랍니다. 전쟁은 사람들에게 상처를 남깁니다. 전쟁 때문에 사람들은 모든 것을 잃습니다. 그로 인해 마음에 상처를 받습니다. 그래도 전쟁은 늘 있어 왔습니다. 우리라는 공동체를 지켜내기 위해 하지 않을 수도 없습니다. 베트남전쟁은 우리에게도 역사적 의의가

> 큰 전쟁이었습니다. 그 의의와 평가는 시대와 관점에 따라 달라집니다. 희석되기도 하고 과장되기도 하며 새로운 해석을 내놓기도 합니다. 그러나 역사적 진실은 누구도 부인할 수 없습니다.

전시는 베트남 파병이 어떤 맥락에서 이루어졌고 한국군은 어떻게 활약했으며 어떠한 성과를 거두었는지에 초점을 맞췄다. “베트남으로의 파병은 미국이 강요한 것이 아니라 한국의 제안을 미국이 받아들인 것”이라는 문구는 한국군의 독립적이고 자발적인 면모를 부각하려는 의도 같았다.

디오라마 전시 앞에 삼각대를 펼쳤다. 오음리에서 어떻게 군사를 훈련시켰고 베트남에서 어떤 활약을 했는지가 모형의 움직임, 조명, 성우의 목소리 연기, 사운드를 통해 재현되었다. 앞뒤로 움직이며 총을 쏘는 한국군, 번쩍이는 조명, 베트콩을 사살했다며 “하하하, 잘했다!” 하고 웃는 군인을 연기하는 성우의 목소리를 카메라에 담았다. 전시는 베트남전쟁을 수치화해 보여주는 것으로 마무리되었는데 그중 하나가 “베트남 파병으로 한국은 국방 및 안보 측면에서뿐만 아니라 경제적인 측면에서 막대한 발전을 이룰 수 있었다”라는 문구가 적힌 참전 전후의 경제성장 그래프였다. 전쟁이 수치와 그래프로 설명되고 표시될 수 있는 걸까.

활영 장비를 들고 밖으로 나섰다. 다음 촬영지는 박물관 바깥에 전시된 ‘구찌 터널 체험실’이었다. 베트콩이 미군을 공격하기 위해 만든 지하도인 구찌 터널을 체험하기 위해서는 머리를 숙이고 지하로 내려가야 했는데 아무도 없는 강원도 산골짜기의 박물관 지하 전시실로 들어서는 일은 그다지 유쾌하지 않았다. 베트남 호찌민에서 방문했던 구찌 땅굴과는 다른 모습의, 정말이지 이상하고 음습한 공간이었다.

지하에는 베트남 사람들이 땅굴 안에서 어떻게 음식을 하고 잠을

자고 옷을 지으며 일상생활을 했는지 보여주는 모형이 있었는데 노란 조명이 그들의 얼굴을 다소 무섭게 비춘 탓에 코너를 돌 때마다 깜짝깜짝 놀랐다. 소진은 그래도 베트남 구찌 땅굴보다 낫다고, 호찌민의 땅굴은 실제 크기와 같아서 움직이기조차 어려웠는데 여긴 널찍널찍해 다행이라며 반어법으로 말했다.

바깥의 빛이 보였다. 자, 그만 하고 나가자. 긴장을 풀고 나서자마자 기겁했다. 군인 두 명이 우리를 향해 총부리를 겨누고 있었다. 이 모형을 땅굴 출구에 전시해놓은 의도는 무엇인가. 관람객으로 하여금 베트콩이 되어보라는 것인가. 한국군이 얼마나 용맹하게 싸웠는지 그 위압감을 베트콩의 심정으로 느껴보라는 건가. 원래 이곳에는 한국군에 제압당한 베트콩의 모형이 있었는데 분노한 몇몇 관람객이 발로 차 결국 망가졌다고 한다. 그것까지 있었다면 더 완벽했을까. 전시실 초입에 있던 "그러나 역사적 진실은 누구도 부인할 수 없습니다"라는 문구가 떠올랐다.

땅굴 옆에는 베트남의 전통 마을을 재현해놓은 공간이 있었다. 야자수 나무 몇 그루가 심어져 있고, 전통 의복인 하얀 아오자이를 입고 전통 모자를 쓴 여자 모형이 입구에 서서 마을을 향해 손짓했다. 땅굴 옆, 베트남 마을로 안내하는 여성의 몸이라니. 삼각대를 펼쳤다. 우리가 느낀 불편한 감정, 기묘한 느낌을 프레임 안에 담았다.

전쟁을 기억하는 법 — 전쟁증적박물관, 남부여성박물관

베트남 호찌민에 위치한 전쟁증적박물관 전시는 다음과 같이 시작한다.

> 모든 사람은 평등하게 태어났고, 창조주는 몇 개의 양도할 수 없는 권리를 부여했다. 그 권리 중에는 생명과 자유와 행복의 추구가 있다.

미국 독립선언문의 첫 문장이다. 미국이 베트남전쟁 당시 저질렀던 만행이 사진과 자료로 제시된다. 미국인이 평등하게 태어났고 생명, 자유, 행복을 추구할 권리가 있다면 베트남인을 포함한 다른 나라의 국민들 역시 그렇지 않겠냐고 반문한다.

전쟁증적박물관의 영문 이름은 'War Remnants Museum'으로 remnants는 '남은 부분' 혹은 '잔여물'이라는 뜻이다. 증적(證跡)은 '증거가 될 만한 흔적이나 자취'를 뜻한다. 즉, 전쟁증적박물관은 역사가 남긴 자취를 통해 전쟁을 되새기고 기억하겠다는 의지를 보여준다. 서울 용산의 전쟁기념관(戰爭記念館, The War Memorial of Korea)이 전쟁을 '기념'의 공간으로 호명하는 것과는 다른 방식이다. 따지고 보면 베트남은 우리 식으로는 베트남전쟁, 베트남에서는 '항미 전쟁'이라 부르는 미국-베트남전쟁에서 승리한 국가다. 세계 최강대국인 미국을 이긴 입장에서 그 자부심을 '기념'이라는 말 안에 담을 만도 한데, 그러기보다 전쟁증적박물관은 전쟁이 얼마나 참혹한지, 얼마나 많은 것들을 앗아가는지 똑똑히 보여주는 것을 택했다.

네이팜탄으로 부상당한 몸의 사진, 고엽제로 인해 사산된 태아를 포르말린에 넣어 보존한 병, 전쟁으로 죽은 사람들의 수, 베트남에 뿌려진 실탄과 폭탄의 수, '더러운 전쟁'이라 불렸던 전쟁을 수행하기 위해 전 세계에서 얼마나 많은 군인이 투입되었고 죽었는지, 그로 인해 베트남이 얼마나 초토화되었고 현재까지 고통받고 있는지, 전쟁증적박물관의 전시는 승리를 기념하는 것이 아니라 전쟁의 참혹함을 전시한다. 박물관은 전쟁이 끝나고 계속해서 사산아를 낳는 여성들이 항의의 표시로 보낸 태아 시신을 보존하여 전시하기를 택했다. 우리가 기억해야 하는 전쟁의 증거이자 흔적으로.

언젠가 소진이 책 속 문장 하나를 나눈 적이 있다.

전투가 멈추었다고 전쟁이 끝났다는 말은 전쟁의 비극을 축소하고, 전쟁에 연루된 사람들과 다양한 계급·계층의 고통과 상처를 외면하는 일이다. 폭격이 멈추었다고 전쟁이 끝났다는 말은 전쟁을 기획하고 지휘하는 이들이 원하는 바다. 전쟁으로 인한 영혼의 상처나 회복되지 않는 상처 따위는 시선의 바깥으로 처리되기를 그들은 바란다.

… 그러나 그녀가 말함으로써 나는 기록한다. 공식적인 준공식에는 없던 눈물과 통곡, 너무 화가 나서 심장 바깥으로 튀어나오려던 숨들, 터뜨려야 한다. 상처, 액체, 신경 줄을 따라 떠다니는 분노, 오줌보를 팽팽하게 하는 긴장. 배설해야 한다. 이 비공식의 언어들. 공식의 장에서 떠밀려 난, 초대받지 못한 언어들.

— 김현아, 『그녀에게 전쟁』, 슬로비, 2018, pp. 15, 204.

다음으로 향한 곳은 남부여성박물관이었다. 베트남 역사 속에서 여성의 활약을 기록하고 전시해놓은 이곳은 1985년에 남부 여성들이 직접 돈을 모아 설립했으며 현재까지도 이와 같은 방식으로 운영되고 있다.

“1975년 전쟁이 끝나고 베트남 정부는 성(省), 현(縣), 사(社)의 행정 구역에 전쟁의 역사를 잊지 않고 기록하기 위해 박물관 등을 세웁니다. 하지만 여성의 역사는 기록되지 않았죠. 그래서 여성들이 직접 건립하고 운영하고 있습니다. 여기 이 그림을 보시죠. 두 명의 여성 장군이 있죠. 쯩짝, 쯩니 자매입니다. 중국에 맞선 최초의 독립 운동을 지도한 여성들입니다.”

구수정 선생님은 평화기행 프로그램을 진행할 때면 전쟁증적박물관을 들른 후 이곳 남부여성박물관에 오는 동선을 짠다고, 그러면 전쟁에는 남성들만 활약한 것이 아니라는 이야기를 할 수 있으며 더불어 전쟁과 역사를 누구의 시선으로 바라볼 것인지 질문을 던질 수 있다고 했다. 남부여성박물관에는 전쟁뿐 아니라 기나긴 베트남 역사 속에서 여성이 어떤 역할을 해왔는지 상세히 기록되어 있다.

베트남의 여성들은 '항불'과 '항미'의 시기 프랑스와 미국에 맞서 적극적으로 싸웠다. 유격대원으로 참가하여 여성으로만 구성된 부대를 만들기도 하고, 북베트남과 남베트남을 연결하는 '호찌민 루트'의 연락원 역할을 하기도 했다. 항미 전쟁 당시 자녀 셋을 전쟁 때문에 잃으면 그 어머니에게는 영웅 칭호가 부여되기도 했는데 '어머니 영웅'으로 불리는 이들의 얼굴이 크게 걸려 있었다.

박물관의 한 층에는 베트남 역사 속에서 중국, 프랑스, 일본, 미국, 한국군에 맞서 용맹하게 싸웠던 여성의 얼굴이 호찌민의 얼굴, 베트남의 빨간 국기와 함께 큰 그림으로 그려져 있다. 소진은 벽화 속 여성과 눈을 마주치는 경험이 강렬했다고, 작가가 분명 의도하고 그렸을 거라며 이곳에서의 경험을 잊을 수 없는 순간으로 꼽았다.

그곳에는 여성의 이야기가 있었다. 열네 살에 베트남의 항불 투쟁에 참가하여 식민당국 경찰서 앞에서 열린 프랑스 독립기념 행사장에 폭탄을 던져 민족 반역자 스물세 명을 살상했고, 열여섯 살에는 식민지 앞잡이들을 향해 폭탄을 던진, 체포되어 사형 선고를 받았음에도 모두에게 용기를 주기 위해 계속해서 혁명의 노래를 불렀던 보티싸우(Võ Thị Sáu). 사형당하는 순간에 눈가리개를 풀어달라고, 조국을 보고 싶다고 말했던 열아홉 살의 담대한 여성.

전쟁증적박물관이 여성을 주로 전쟁의 피해자로 묘사했다면 남부여성박물관에서 만난 여성은 뚜렷한 영웅의 이미지였다. 이는 베트남의 '공식적인 기억' 속에 여성의 역사가 누락되었다는 것과 누군가는 그 '공식적인 기억'에 질문을 던지는 '대항 기억'을 만들고 있다는 것을 보여준다. 남부여성박물관에 들어선 이들은

'여성의 역사를 기록한다는 것'이 얼마나 중요한지 질문하게 된다. 베트남의 두 박물관은 역사를 누구의 시선으로 볼 것인지, 우리가 말하는 역사가 그간 어떤 시선으로 호명되고 기록되었는지 묻고 있다.

#3 증언, 그 안과 밖의 시간

그날의 기억

이길보라

"내가 봤어. 똑똑히 봤어" — 딘껌

"하미 해변에 귀가 들리지 않는 사람이 있어요. 이름은 딘껌(Đình Câm). 한국군에 의한 민간인 학살이 있었던 하미 마을 출신이래요. 보라 감독이 만나보면 좋을 것 같아요."

통역을 도와준 권현우 선생님의 제안으로 껌 아저씨를 만났다. 한국어-베트남어 통역사와 마을 아주머니의 순차 통역을 통해 인사했다. 내가 한국어로 말하면 통역사가 베트남어로 통역하고 아주머니가 바디 랭귀지로 옮겼다. 껌 아저씨가 얼굴 표정과 손으로 말하면 아주머니가 이해하는 한에서 베트남어로 옮겼고, 통역사가 다시 한국어로 통역했다. 그 과정에서 많은 부분이 사라지거나 잘못 전달되었는데 그걸 알 수 있었던 이유는 그의 언어가 홈 사인(Home Sign, 주로 가족이나 가까운 사람들 사이에서 사용하는 비공식적 기호)이었기 때문이다.

홈 사인은 수어라는 언어를 습득하기 어려운 환경에서 만들어지는 서로 간의 약속이다. 바디랭귀지를 기반으로 서로가 이해할 수 있는 쉬운 수준의 기호로 만들어진다. 그렇기에 수어 사용자들은 홈 사인을 비수어 사용자에 비해 빠르게 이해하고 습득한다. 수어 역시 같은 과정을 통해 형성된 언어이기 때문이다. 한국 수어가 모어인 나 역시 그랬다. 껌 아저씨가 얼굴 표정과 손을 움직여 말하는데 무슨 말인지 알 것 같았다. 한국 수어를 사용하는 나의 농인 부모를 보는 듯했다. 입을 움직여 한국어로 말하는 대신 손과 표정을 움직여 대답했다. 중간에서 통역을 하던 권현우 선생님과 아주머니가 당황했지만 직접 소통하는 것이 더 빠르고 정확할 것이라 판단했다.

아저씨는 집으로 들어가 파일 하나를 들고 나왔다. 환갑이 넘어 보이는 한국 남성들의 단체 사진이었다. 이게 뭐냐고 어깨를 올리며 양 손을 뒤집었다. 그는 자신의 몸을 가리킨 후 손바닥을 아래로 향하게 하여 허공에 대고 낮게 두 번 가리켰다. 낮은 키, '어리다'라는 의미였다.

"나 어렸을 때 한국 군인들 구두 닦다. 나중에 이 사람들 비행기 타고 오다. 돈 많이 줬다."

껌 아저씨는 특히 이 사람은 높은 지위의 한국군이었다고 꺽, 하고 소리를 내며 무서운 표정을 지었다. 그의 집에 있는 KOREA라는 문구가 쓰인 티셔츠와 모자, 재킷 모두 참전군인이 주고 간 것이라며 엄지를 척 내밀었다.

전쟁 당시 껌 아저씨는 한국군의 구두를 닦으며 돈을 벌었고, 때로 동냥을 했다. 전쟁 후 그는 청춘을 바쳤던 전쟁을 기념하기 위해 전적지 투어를 오는 참전군인의 가이드를 자청해 수고비를 받으며 살아가고 있다. 참전군인 사이엔 하미 해변에 가면 부대 앞에서 구두 닦는 일을 하던 '귀머거리'가 있다고, 그를 찾으면 전적지 안내를 받을 수 있다고 하는 정보가 오고가는 모양이었다.

껌 아저씨는 이리 오라고 손짓했다. 카메라의 녹화 버튼을 누르고 아저씨를 쫓았다. 집 앞 공터에 무언가를 올리는 데 썼던 초석으로 보이는 돌 몇 개가 있었다. 한국군 주둔지였다.

"여기. 부대 터 있었다. 여기 전체 전부. 여기 기다랗게 있어서 올라가서 이렇게 위에 볼 수 있었다. 위로 돌아가서. 여기서 먹고, 자고, 보고, 구경하고, 총 쏘고. 저기 두 개 있었다. (검문소) 저기서 보고. 두 개."

그는 여기는 정찰소였고 저쪽은 검문소였다고 몸으로 말했다. 우리는 여러 차례 엇나가는 경험을 하며 서로의 기호를 이해했다. 그가 오른쪽 볼 아래쪽을 꼬집는 것이 '엄마'라는 걸, 손가락 다섯 개를 편 후 손등에 검지를 대고 검지를 시계 방향으로 동그랗게 돌리면 '다섯 개'라는 단어와 '시간'이라는 단어가 만나 '다섯 시간'을 가리킨다는 걸 하나하나 습득해나갔다. 내가 이해하지 못하겠다고 어깨를 올려 모르겠다는 표정을 지으면 그는 펜을 들어 종이에 그림을 그렸다. 베트남 국기를 그리고, 태극기를 그리고, 남베트남 국기를 그렸다. 미국 국기에 들어가는 별 역시 그려 넣었다. 종이와 펜이 없는 길 한 가운데서는 설명하다 말고 쭈그려 앉았다. 모래 위에 손가락으로 선을 그렸다. 글자와 그림이 펼쳐졌다. 그의 손과 표정, 몸, 종이, 바닥, 그 모든 것이 도화지가 되었다. 나는 그의 홈 사인 체계를 체화해나갔고 그 역시 나의 한국 수어를 습득했다. 내가 양손의 새끼손가락을 펴고 두 개를 옆으로 맞부딪히는 동작을 다른 맥락에서 여러 번 사용하자 그는 그것이 '여자'라는 걸 이해했다. 그와 내가 약속한 기호 체계 중 하나가 되었다. 그렇게 우리는 언어를 만들었다.

껌 아저씨와 소통하는 일은 친숙했다. 엄마, 아빠와 대화하는 것 같았고 무엇보다 아저씨가 끅, 꺽, 하고 내는 소리들이 좋았다. 데프 보이스(Deaf Voice), 농인이 내는 목소리, '음성 언어'가 아니지만 심경과 감정을 탁월하게 전달하는 요소. 내게는 너무나 친숙한 소리, 다른 사람은 장애인이 내는 소리라 듣기 불편하다고 할 소리를 이곳 베트남에서 들을 수 있어 반가웠다. 아저씨의 옷깃에 핀 마이크를 달았다. 소리를 잘 녹음해둘 요량이었다. 영화

〈반짝이는 박수 소리〉를 촬영할 때도 그랬다. 엄마, 아빠를 인터뷰할 때는 옷깃에 핀 마이크를 달아 몸의 모든 소리를 녹음했다. 입술이 움직이고 손으로 어깨를 치고 두 손이 부딪치고 겹쳐지며 만들어내는 소리, 무의식적으로 성대를 통해 나오는 목소리 모두 의미를 형성하는 중요한 요소였다.

어려운 단어보다는 최대한 단순하고 시각적인 표현을 골라 몸으로 말했다. 한국 수어를 기반으로 한 홈 사인이자 바디랭귀지였다. 노트에 '1968'과 'HAMY'라는 단어를 썼다. 양손의 엄지와 검지를 펴고 순서대로 앞을 향하게 놓은 후 발사했다. '총을 쏘다'라는 단어였다. 목을 긋고 죽은 시늉을 하고는 잠시 머뭇거렸다. 다시 한번 노트에 적힌 '1968' 단어를 가리켰다. 다음으로 'HAMY'라는 글자에 손을 옮긴 후 하미 마을 쪽을 향해 팔을 뻗고 웃음기 없는 표정을 지었다. 그러고 나서 오른손 검지를 들어 눈 아래 댔다. '봤다'라는 단어였다.

"저기서 봤어. 방공호 들어가서. 엄마랑. 다섯 시간 동안 방공호에서 봤어. 도망갔어. 총 쏘고 무서워서, 보고 무서워서 도망갔어. 방공호에서. 내가 어렸을 때. 소. 소. 저기. 소 여섯 마리. 총 쏴서 소가 다 죽었어. 배 총 맞아서 죽다. 한국군 나빠. 미군은 총 안 쐈어."

아저씨는 계속해서 말했다.

"나는 구두 닦는 일. 신발 닦는 일 했어. 미군이 돈 많이 줬어. 최고야. 한국군은 담배, 마약 절대 안 했지.

미군은 마약 많이 했어. 한국군은 여자를 안았어. 이렇게 생긴 애들 안고 뽀뽀하고. 정말 심했어.

구두 닦을 때, 재 같은 애들. (촬영 감독을 가리킨다)

다 봤어. 돈 이만큼 주고 예쁜 애들을 안고 섹스했어. 여기 그렇게 태어난 아이들(라이따이한) 많아. 한국군은 자기들끼리 비행기 타고 갔어. 결혼 안 하고 갔어."

나는 초석 사진을 가리켰다.

"한국군이 오면 사진 찍고 싶어 해. 그럼 나는 사진 안 된다고. 돈 달라고. 사진 찍으려면 돈 내라고. 여기 돌 사진 찍으려면 돈. 여기, 맞아, 우리 집 앞 여기야."

아저씨는 집 앞으로 가져온 초석을 찾아온 이들에게 돈을 받고 사진 촬영을 하게 한다고, 그렇게 참전군인으로부터 돈을 번다고 했다. 참전군인과 함께 찍은 사진 하단에는 한국 핸드폰 번호가 적혀 있었다. 무엇이냐 물으니 그는 전화 해보라고, 똑똑하고 높은 사람이니까 전화하라고, 여기 베트남에 왜 안 오냐고 놀러 오라고 전하라고 했다. 카메라 두 대 사이에서 아저씨는 자신이 본 것을 계속해서 말했다. 나와 새롬이 번갈아가며 반대편 자리에 앉았다. 새롬은 그림을 그리며 질문을 던졌고 나는 그와 약속한 기호를 사용하여 이야기를 이끌어나갔다.

아저씨는 영화 주인공으로서 흥미로운 인물이었다. 시각을 기반으로 한 언어 체계를 갖고 있어 시청각 매체인 영화에 매우 어울렸다. 그러나 공식 언어를 사용하는 사람이 아니라 학살 관련 기사랄지 연구 자료의 증인으로는 채택되기 어렵다. 베트남 수어 통역사를 대동해도 그의 언어를 정확하게 통역할 수 없기 때문이다. 또한 그는 학살로 직접적 피해를 입지 않았다. 그러나 학살을 목격했다고 몸으로 말하는 아저씨의 표정과 손짓은 그 어떤 말보다 명징하고 강렬했다. 전쟁을 비(非)남성의 시선으로 바라보는 영화를 만들겠다고 할 때 그는 의도를 가장 잘 보여줄 수 있는 인물이었다.

그러나 확신이 서지 않았다. 인물에 대한 의심이 들었다. 참전군인이 전적지 투어를 할 때 가이드를 하고 대가를 받으며 살아가는 사람이었다. 주인공 중 하나로 삼는다면 다른 주인공, 직접적으로 학살 피해를 당한 이들과 같은 위치에 놓이게 되는데 과연 윤리적으로 옳은지 의문이 들었다.

물론 그도 학살의 피해자다. 학살 현장을 목격했고, 죽기 살기로 도망 나왔으며, 당시를 기억하며 혹은 기억하지 않으려 발버둥 치며 전쟁을 살아냈다. 다른 이들처럼 가족을 잃지 않았다고 해서 전쟁의 피해자가 아니라고 할 수 있을까. 전쟁 이후 참전군인에게 돈을 받아 생활한다고 해서 '선량한 피해자'가 아닌 걸까. 아니 애초에 피해자는 무결하고 흠이 없어야 할까. 고통과 상실, 아픔의 경중은 비교할 수 있는 걸까. 베트남전쟁 당시 민간인 학살을 둘러싼 서로 다른 기억에 관한 영화를 만들겠다는 나는, 학살의 피해를 가장 효과적이고 '안전하게' 보여줄 수 있는 피해자를 찾고 있는 것일까. 그런 고민과 선택을 하는 나는 윤리적으로 옳은가.

이것 하나는 명확했다. 껌 아저씨는 누구보다 영화의 의도를 잘 드러낼 수 있는 사람이었다. 무엇보다 수어가 모어인, 농인 부모를 가지고 있는 작가이자 감독인 내가, 가장 잘 다룰 수 있는 인물이었다.

"누가 그 일들을 책임질 수 있겠어" — 응우옌럽

응우옌럽은 손대중으로 초의 위치를 찾았다. 제사상 위에 올려진 초를 확인하고 손을 움직여 바람을 만들었다. 앞이 잘 보이지 않아 여러 번 손을 위아래로 움직여야 했다. 어렵사리 초를 끄고 양손을 모아 두 번 고개를 숙였다.

"오늘 2016년 음력 1월 25일, 하늘에 계신 할아버지, 할머니,

고모, 숙부, 아버지, 어머니, 그리고 동생들에게 전하옵니다. 1968년 무신년 음력 1월 25일, 48년이 지난 2016년인 오늘은 하미 마을에 있었던 두 동생 응우옌티씨와 응우옌펀의 기일입니다. 두 동생의 기일에 온 가족을 초대하여 응우옌 일가가 즐겁게 다 모였습니다. 오늘은 마침 한국 아이들도 왔습니다. 하늘에 있는 두 동생의 영혼과 어머니 팜티호아께서 부디 한국 아이들이 건강하고 평안하며 의지를 키워 베트남과 한국 사회 발전에 기여할 수 있도록 돌봐주십시오. 하늘에 계신 어머니의 영혼께서 한국 아이들을 잘 보살펴주시길 소망합니다."

그가 프레임 밖으로 사라졌다. 컷, 여기까지 찍자. 카메라가 꺼지자 통역사가 입을 열었다.

"방금 럽 아저씨가 제사를 시작하는 문구를 말씀하셨는데요, 모두의 평안을 비는 내용이었어요. 제작진들, 한국 아이들을 부르는 내용도 있었어요. 럽 아저씨가 우리를 제사에 초대해주었네요."

럽 아저씨의 집에서는 하미 학살 위령비가 보인다. 마을 안쪽으로 들어와 좁은 골목길을 지나면 큰 야자나무 아래 정갈하고 깔끔한 집 한 채가 있다. 그는 학살이 일어나기 전부터 지금까지 이곳에 살고 있다.

"아버지는 일찍 돌아가셨어. 어머니가 아이들을 키웠고 그때는 전쟁 때였지. 나도 어렸지, 열여섯 살이었어. 미군이 마을에 쳐들어와 이곳을 점령했어. 한국은 예전에 '따이한'이라고 불렸어. 남조선이었지. 지금은 한국이고. 한국군도 베트남에 쳐들어왔는데 미군의 용병이었지.

어머니는 내가 마을에 있으면 죽을까 봐 나를 다낭에

보냈어. 음력 1월이니까 그러니까 요즘 때야. 어머니가 말씀하셨어. 한국군이 사방을 가로막기 시작하더니 막 때리면서 시장에 못 가게 했어. 어머니는 아이들 먹일 쌀을 사려고 지게를 짊어지고 시장에 가던 중이었는데, 한국군이 사방을 포위하고 총구로 막 때리는 바람에 지게를 지고 돌아왔어. 시장에 못 가게 다 돌려보냈지, 자기들 멋대로. 어머니가 말씀하셨는데 그 뒤에 하미의 네다섯 군데로 사람들이 모였어. 지금 위령비가 있는 곳에 사람이 가장 많았다고 했어. 거의 여든 명 정도 있었지. 나머지 네 곳에 흩어진 사람들까지 다 합치면 139명이야. 하미에 사람들을 그렇게 다 모아놨었어."

당시 다낭에서 머슴살이를 하던 그는 학살을 가까스로 면했지만 마을에 살고 있었던 가족들은 그렇지 못했다. 어머니 팜티호아는 수류탄에 두 발목을 잃었고, 다섯 살배기 딸과 열 살짜리 아들, 한집에 살던 사촌 올케와 뱃속의 아기, 아직 어미젖을 떼지 못한 젖먹이, 이제 막 걸음마를 시작한 아이는 한국군의 총질에 목숨을 잃었다. 아저씨와 세 살 차이가 나는 남동생은 호이안에서 남의 집 농사일을 거들고 있어 학살을 피할 수 있었지만 이후 '보트피플'이 되어 베트남을 떠난다. 그렇게 아저씨는 어머니와 단둘이 전쟁 이전과 이후를 살아낸다.

"위령비가 있는 자리의 집에 어머니가 있었어. 한국 군인이 소리치면서 나오라는 듯 총을 막 쐈어. 사람들이 가장 많이 있던 집이었지. 위쪽 마을부터 시작됐어. 저기 저 위쪽 말이야, 저기쯤이야. 거기서 총 쏘는 소리가 들렸어. 사람들의 비명 소리가 들렸지. 마을 사람들이 소리쳤어. '살려주세요! 마을 사람들이여, 나를 도와주세요!' 어른들은 살아 있어도 죽은 척을 했어. 그런데 한두 살 아이들이 뭘 알았겠어?

울부짖고 소리 질렀지. 그럼 군인들이 수류탄을 던져. 수류탄이 터지고 사람이 다 죽고 울음소리가 그치면 병사들은 다른 곳으로 갔어. 아랫마을에서도 한국군은 똑같이 했어. 여기 아래쪽이 마지막이야. 바로 어머니가 있던 집이었지, 팜티호아 할머니 말이야. 어머니는 내 동생 응우옌펀과 응우옌티씨를 안고 이렇게 앉아 있었어. 어머니가 말했지. 병사들이 다리 두 개가 달린 기관총을 놓고 집을 향해 총을 쐈다고. 창가에 총이 하나, 옆 문에 총이 하나, 총 세 자루가 집을 겨눴어."

아저씨는 마치 자신이 학살을 본 것처럼, 그 현장에 있었던 것처럼 생생하게 말했다. 학살 이후 어머니로부터 수도 없이 들었던 이야기다. 한국 사람들이 그날의 이야기를 듣겠다고 찾아오면 어머니 팜티호아는 자신이 보고 들은 것을 말했다. 전쟁이 끝나고 고향으로 돌아와 땅을 개간하다 불발탄이 터져 시력을 잃은 아저씨는 집에 남아 어머니가 이야기하는 학살의 경험을 계속해서 들어야 했다.

"1975년에 눈을 다쳤어. 빛이 보이긴 했지만 거의 장님이었지. 할 수 있는 건 구걸하는 거였어. 동생을 먹여살려야 하니까. 동생이 어렸거든. 길에 나가 사람들에게 구걸을 하려고 노래를 불렀어. 어머니가 그 이야기를 구수정과 통역을 하던 뚜옌, 응언에게 다 했지. 구걸을 하고 돌아와서는 같이 밥을 먹었어. 하루는 어머니가 말했어. '솔직히 말해 미안하구나 얘야. 누군가 국수를 먹고 남은 걸 어미가 그릇째 들고서 먹어버렸단다.' 비참했어! 그때 나는 일이 없었어. 실업자였지. 먹고살기 위해 어머니가 나를 데리고 구걸을 나갔어. 다 지나간 일이지만 네가 물어보니 말해주는 것뿐이야. 어머니는 살기 위해 구걸을 했어. 자식이 있으니까. 하루하루 먹고살기 위해 구걸을 했어.

아이들이 다 죽었다면 하지 않았을 거야. 정말 비참했단다, 얘야!"

팜티호아는 발목이 잘린 두 다리로 다낭 시내와 미군 부대를 전전하며 동냥을 했다. 따이한, 한국군이 던져주는 돈도 받았는데 그들에게 받은 돈은 꼭 따로 챙기며 이렇게 말했다.

"이것은 네 여동생의 목숨 값, 이것은 네 남동생의 목숨 값, 그리고 이것은 네 아주머니의 목숨 값이다."

자신의 가족을 죽인 한국군이 던지는 돈도 살기 위해 받아야 했던 팜티호아, 전쟁 이후 2차 피해로 시력을 잃은 첫째 아들, 지긋지긋한 가난이 싫어 '보트피플'이 되어 나라를 떠난 둘째 아들. 전쟁과 학살에서 살아남은 이들.

"어머니는 2013년에 돌아가셨어. 지금도 어머니가 많이 보고 싶어. 돌아가시기 전, 어머니는 이렇게 말씀하셨지. 어미에게 약속해달라고. 한국 조카들, 나이가 많건 적건 한국에서 사람들이 오면 이 어미가 그랬던 것처럼 잘 맞이해달라고. 즐겁게 대해주고 심각한 이야기는 하지 말고 슬프게 하는 말은 너무 많이 하지 말라고. 사람들이 하미 마을에 올 엄두를 못 낼까 봐 걱정이라고 하셨지. 두 번째로 '뭐든 요리해서 줄 게 있거든 사람들을 먹여. 사람들이 늦은 식사 때라도 찾아오면 뭐든 먹거리를 차려서 대접해. 가족의 조카들 대하듯 해'라고 하셨지. 그리고 '나를 슬프게 하지 말거라'라고 어머니가 말씀하셨어. 그 말씀을 절대 잊지 않고 영원히 기억할 거야. 어머니가 참 안 됐어. 팜티호아의 말씀처럼 나도 마찬가지야. 이 아저씨는 슬플 것도 없고 아무런 분노도 없어, 이젠. 너희들이 한국에 돌아가면 형제자매, 대학생 친구들에게 잘 이야기해줬으면 좋겠어. 찾아와달라고

> 말이야. 아저씨는 너희들을 절대 잊지 않고 영원히 기억할 거야."

아저씨는 괴로운 표정을 짓고 있는 우리에게 괜찮다고 했다. 어머니도 돌아가시고 이제는 동생도 없어 가족이라고는 아내와 딸아이가 전부인데 얼마 전에 딸도 시집 가 외롭다고, 자주 찾아와줬으면 좋겠다고, 어머니와 가족들 제사에 향불을 함께 올릴 수 있다면 좋겠다고.

뭐라도 말해야 할 것 같아 어렵사리 입을 열었다. 이런 힘든 이야기를 해주셔서 감사하다고, 들려주신 이야기를 영화로 담아 사람들에게 잘 전하겠다고 대답했다. 카메라 뒤에 서 있던 새롬과 소진이 앞으로 나섰다. 아저씨를 꼭 안으며 "쭈어이", "신로이", "깜언"을 반복했다. 아저씨, 죄송해요, 고맙습니다. 우리가 아는 베트남어의 전부였다.

며칠에 거쳐 아저씨 댁을 방문하여 제사를 지내고 촬영을 진행했다. 마지막 날, 아저씨는 아쉽고 속상하다며 내년에 또 오라는 당부의 말을 전했다. 우리는 그러겠다며 크게 대답한 후 촬영 장비를 챙겨 집을 나섰다. 아저씨는 발걸음 소리가 사라질 때까지 손을 흔들었다. 마지막 모습을 찍고 싶어 카메라를 끄지 않고 집 앞에서 우리를 바라보는 아저씨와 아주머니를 촬영했다. 숨을 죽였다. 아저씨는 손으로 눈물을 훔친 후 아무 소리도 들리지 않자 몸을 돌렸다. 그 뒷모습 때문인지 인터뷰의 마지막, 아저씨가 건넨 말이 머릿속에 오래 맴돌았다.

> "나는 들은 대로 전했을 뿐이야. 다 지나갔을 뿐이지. 지금 말해봤자 아무것도 할 수 없어. 다 죽었으니까. 동생들은 다 죽었고 아무도 남지 않았어. 누가 그 일들을 책임질 수 있겠어. 아버지가 한 일을 아이가 책임져야 하나? 그럴 순 없지.

아저씨가 너에게 말하려는 건 아버지가 한 건 아버지가 책임지고 아이가 한 건 아이가 책임져야 한다는 거야. 아내가 한 일은 아내가, 남편이 한 일은 남편이 책임져야지. 아버지가 한 일을 아이가 갚을 순 없잖아? 그러면 할아버지가 한 일을 손주가 갚아야 하나? 그럴 수는 없지. 누가 그 죗값을 치를 수 있겠어. 젊은 세대는 아무것도 몰라. 내가 너희들에게 분명히 말했어. 그러니 됐어. 사실대로 말했고, 그저 이야기했을 뿐이야. 네가 듣기를 원하니 말해주는 수밖에."

한국으로 돌아와 찍은 영상을 다시 봤다. 인터뷰 내용을 베트남어로 받아 적고 번역하여 내용을 확인했다. 우리의 잘못이 아니라고, 너희의 죄가 아니라고 한 그의 말은 현장에서 나를 구원했다. 그 말로 죄책감을 덜 수 있었다. 내가 하는 일은 주눅이 드는 것이 아니라 기운을 내어 영화를 만드는 것이라고, 아저씨도 그렇게 말하고 있지 않느냐며 스스로를 다독였다. 그런데 곱씹을수록 말의 의미가 다르게 느껴졌다. 어쩌면 당신은 너희들이 무엇을 해도 시간을 돌릴 수는 없을 거라고, 과거를 바꿀 수는 없을 거라고 말했던 건 아닐까. 죽은 사람은 다시 돌아오지 않고, 일어났던 학살은 없었던 일이 될 수 없다고. 아저씨는 어떤 의도였을까. 나는 왜, 면죄부처럼 그 말을 덥석 받아들였을까.

"내 삶은 가족들의 제사를 챙기기 위한 거였던 것 같아"
— 응우옌티탄

자장가를 불러 아이를 재웠네.
엄마는 구장잎과 먹을 석회가루를 사러 시장에 간단다.
엄마는 꾸안 시장, 꺼우 시장에 가고
빈디엔에서 석회가루를 사고 호이안에서 구장 잎을 산단다.
— 탄 아주머니의 어머니가 부르던 자장가*

다시 만난 탄 아주머니는 우리를 보자마자 잘 지냈냐고 꼭 껴안고는 뺨을 때렸다. 살짝 얼얼했지만 이번에는 당황하지 않았다. 베트남에서 뺨을 살짝 치는 것이 한국에서 아이들을 보고 예뻐 어쩔 줄 몰라 볼을 꼬집는 것과 같은 뜻이라는 걸 경험을 통해 배웠기 때문이다. 우리는 먼저 뺨을 맞겠다고 볼을 내밀며 인사했다.

"배고프지 않니? 일단 밥부터 먹자."

아주머니가 손을 잡으며 말했다.

"아니에요, 점심 벌써 이만큼 먹었어요."

땅땅 부른 배를 가리키자 그럼 '카페 쓰어다(베트남식 밀크 아이스 커피)'나 한 잔 하라며 남편을 불렀다. 아저씨는 소싯적 커피를 팔았던 실력을 십분 발휘하며 커피는 자고로 이렇게 내리는 거라고 시범을 보였다. 베트남에서 먹었던 카페 쓰어다 중 최고의 맛이었다. 탄 아주머니는 학살 이후 옆 마을에 살던 남편을 만났는데 그 역시 전쟁 이후 고아가 되었다. 같은 처지의 사람끼리 만나 가족을 이루게 된 건 운명일지도 모른다며 둘은 웃었다.

탄 아주머니네는 말 그대로 '대가족'이다. 식구가 정말 많은데

* 번역: 권현우(한베평화재단 팀장)

자식들이 결혼한 뒤에도 누구도 분가하지 않고 손주들까지 함께 산다. 학살 이후 유일하게 살아남은 가족인 오빠는 마을에서 도저히 살 수 없다며 호찌민으로 갔고 아주머니는 지금의 남편을 만나 가정을 꾸렸다. 딸도 낳고 아들도 낳았다. 보통 딸은 결혼하면 남편 집으로 들어가지만 탄 아주머니는 가족들과 떨어져 살고 싶지 않아 딸들을 분가시키지 않았다. 방문할 때마다 사람들로 복작이는 이 집에 얼마 전 식구 하나가 더 생겼다. 병원에서 일하는, 나와 동갑인 막내딸이 둘째 딸을 순산했다. 아주머니는 애 돌보느라 살이 쏙 빠졌지만 북적이며 살 수 있어 좋다고 환한 표정을 지었다. 그렇게 살아남은 이들이 1968년 2월 12일, 퐁니·퐁넛 학살에 죽은 가족의 영령을 챙긴다.

> "베트남은 제사가 정말 중요하지. 몇 시간 동안 힘들게 제사를 지내기도 해. 향불을 올리고 두세 번 물 잔과 술잔을 비우지. 제사가 참 길어. 제사상부터 손님들 밥상까지, 한때는 식탁 아홉 개를 펼쳐놓고 90인분 음식을 차린 적도 있어. 가장 큰 제사는 음력 1월 13일이야. 아버지가 붙잡혀가서 실종된 날과 어머니 제사를 함께 지내지. 그러니까 아버지, 어머니, 작은 이모까지 모두 여섯 명을 하루에 제사 지내. 우리 동네에서 우리 집 제사가 제일 커."

촬영 기간 동안 이 마을 저 마을을 다니며 학살 생존자를 만났다. 마을 단위로 열리는 마을 제사와 위령제에도 참가했다. 생존자분들 집에서 지내는 제사에 초대받아 참배를 하고 향을 올렸다. 그렇게 죽은 이들을 함께 기릴 때 뒤에는 늘 여자들이 있었다. 여러 차례 장을 보고 팔을 걷어 음식을 만들고 술을 내오고 상을 차려 혼령을 기리는 여성.

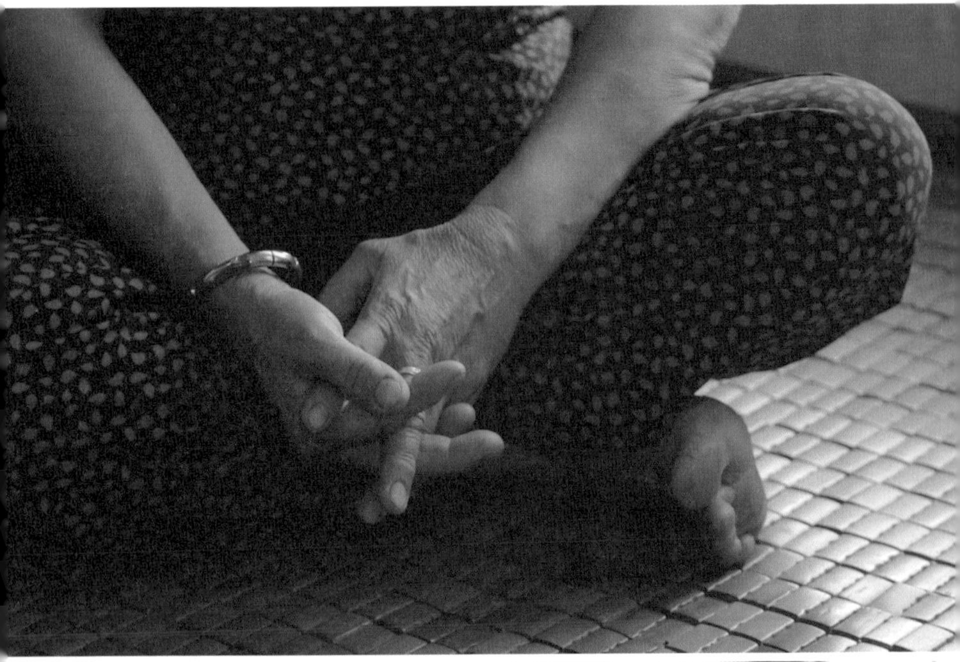

“나는 고아가 됐지. 가족을 다 잃어 더 이상 살고 싶지 않았어. 그런데 아버지와 어머니 그리고 형제들이 내가 힘내서 살 수 있도록 지켜주고 있다는 생각이 들었어. 지금에 와서 생각해보면 내 삶은 아버지, 어머니 그리고 형제들의 제사를 챙기기 위한 거였던 것 같아.”

아주머니는 어머니 이야기가 나올 때면 말을 잇지 못했다. 엄마를 찾아 마을 밖으로 걸어가던 어린 탄은 배 밖으로 튀어나온 창자를 부여잡고 정신을 잃는다. 어머니가 학살 당시 어디 있었는지 알게 된 것은 고경태 기자와 구수정 이사가 〈한겨레21〉을 들고 찾아왔을 때였다. 사진 속 한 무더기 시신 중 하나가 그의 어머니였다.

“모두 네 명이었어. 장남인 오빠, 언니, 그리고 나, 막내 남동생이 있었어. 어머니는 정말 고생을 많이 했어. 어머니가 정말 예뻤고 나보다 훨씬 예뻤다고 마을 사람들이 그랬어. 지금도 사람들이 내가 어머니 예쁜 구석을 빼다 닮았다고 해. 어머니는 사람이 착했고 장사도 아주 잘했어. 상냥한 사람이었지. 집에서 쉬는 날도 없이 매일 일을 나갔어. 어머니가 돌아가셨을 때 모두가 다 안타까워했다고 들었어. 어머니가 지금 살아 있다면 얼마나 좋을까. 나이 많은 사람들이 자기 어머니에게 엄마, 엄마, 하고 부르는 모습이 눈에 들어올 때가 있어. 나는 너무 일찍 어머니를 잃었어.”

집 안쪽에서 인터뷰를 시작했다. 베트남 평화기행에서, 2015년 한국 방문 여정에서 여러 도시를 순회하며 여러 차례 증언을 촬영해둔 상황이었지만 영화에 맞는 인터뷰 촬영을 해야 했다. 그러나 학살 이야기를 다시 묻고 싶지는 않았다. 당시의 기억을 떠올릴 때마다 괴로워했고, 기억과 함께 떠오른 감정이 며칠이고 아주머니를 힘들게 했기 때문이다. 고통스러운 질문을 해야 하는 것이 내게도 부담이었다. 고민 끝에 우회하여 질문하기로 했다. 주로 어머니에 대한 기억과 전쟁 당시의 이야기, 학살 이후의 삶에 질문의 초점이 맞춰졌다. 학살에 대한 질문은 인터뷰의 가장 마지막에 할 생각이었다. 피해자 응우옌티탄이 아닌, 현재를 살아가는 그를 보여주고 싶었다.

> "해방 이후 고향의 풍경은 예전보다 더 예뻤고 흥겨웠어. 더 이상 총소리가 없었거든. 해방 전에는 여기저기서 총소리가 자주 들렸고 방공호로 숨어야 했어. 예를 들어 놀러 나갔다가 총소리가 들리면 얼른 방공호로 숨었지. 그 속에서 웅크리고 있었어. 해방 후에는 그럴 필요가 없었지. 저녁에는 청소년 모임에 나갔어. 저녁이 되면 다 같이 어울려 모여 앉아 박수치면서 노래도 부르고, 정말 즐거웠어.
>
> 낮에는 힘들게 일했지만 밤이 되면 즐거웠지. 큰 화면으로 영화를 상영하기도 했어. 여자들끼리 서로 손을 잡고 걸어서 빈디엔 시장에 새로 개장한 영화관을 찾아갔어. 그때는 전부 걸어 다녔지. 차가 없었어. 자전거를 사고 싶었는데 돈이 없어서 못 샀지. 자전거를 사는 게 어디 쉽나. 그래서 모두 같이 걸어 다녔어. 몇 킬로미터는 꼬박 걸어야 했어. 〈물고기 인간〉이라는 영화를 봤지. 정말 많은 사람들이 영화를 보러 왔어. 나도 무리 속으로 파고들었지만 볼 수 없을 때가 많았지. 사람들이 너무 밀쳐대서 조금 보다가 그냥 돌아와버리곤 했어."

학살 이후 그는 다낭에 있는 병원에서 오랜 기간 치료를 받았다. 퇴원 이후 갈 곳이 없어 다낭에 있는 숙부, 숙모네 집에서 함께 살았다. 남의집살이를 하는 건 말처럼 쉬운 일이 아니었다.

"숙부, 숙모랑 지낼 때, 여기저기 다니며 줄넘기놀이 하는 걸 좋아했는데 그러면 혼났어. 혼날 때면 죽고 싶었지. 왜 학살 때 나를 데려가지 않아서 지금 이렇게 힘들게 살게 하냐고 어머니를 원망했어. 나는 자주 울었고 혼자 지냈어. 누군가 혼내거나 때리면 늘 그랬지. 아이 돌보는 일을 시켰는데 무슨 일이 생기면 나를 혼냈어. 매번 울었지. 겨우 여덟아홉 살이었거든. 노는 걸 좋아했어. 아이를 돌보는 거나 집안일 같은 건 몰랐지. 놀러 가고 싶다고 하면 매번 혼났고 울면서 아버지, 어머니를 애타게 불렀어. 열두 살 때까지 숙부 집에서 아이를 돌봤고 열다섯 살이 되던 해 해방되기까지 화교 밑에서 아이 돌보는 일을 했어. 좋은 사람들이었는데 1975년 해방이 되자 미국으로 건너갔어. 그때 나한테 같이 미국에 가자고 했어. 데려가주겠다고 했지. 그런데 거절했어. 고향에 돌아가야 했으니까. 막 열다섯 살이 되었을 때 숙부, 숙모와 마을에 돌아왔어. 그때부터 밭농사를 지었지. 사람들과 함께 괭이질도 했어. 돈도 벌고 일도 하면서 숙모를 도왔어."

탄은 살아냈다. 학살 이후 마을로 돌아와 땅을, 가족을 일구었다. 그러던 어느 날, 한국군에 의한 민간인 학살에 대해 듣고 싶다며 한국 사람이 찾아왔다.

"가족이나 친척을 잃지 않은 사람들은 '나는 한국 사람들을 원망하지 않아요. 여기 온 사람들은 미국의 용병이었으니 한국을 원망하지 않아요'라고 했어. 그런데 내 경우는 아니었어. 나는 벌떡 일어서서 말했어. '아니야! 나는 그 사람들이 증오스러워! 우리 가족을 죽인 그 사람들 말이야. 증오스러워. 미국의 용병이었는지 아닌지를 떠나서 우리 가족은 전부 여자랑 아이들뿐이었단 말이야. 우리 엄마랑 아직 어린 내 형제들

뿐이었는데 왜 다 죽인거야? 난 혈혈단신으로 살아왔다고. 누구의 용병이든 상관없어. 총을 들고 우리 가족을 죽인 그 사람들이 정말 증오스러워.' 대범하게 말했어. 사람들이 듣고 있다 눈물을 흘렸지. 모두 다 울었어. 내가 말했어. '당신들은 가족이나 친척을 잃지 않아서 내 처지가 되어보지 않아 얼마나 괴로운지 모르지.' 그렇게 말했지. 처음으로 말했던 그 순간을 잊지 못해."

현장에서 실시간으로 아주머니의 말을 한국어로 옮기던 통역사가 잠시 머뭇거렸다. '증오' 혹은 '원망'이라는 단어를 썼는데 어떻게 번역해야 할지 모르겠다고, 이 감정의 강도를 어떻게 옮겨야 할지 알 수 없다고 했다. 얼마 후, 그는 이렇게 말했다.

"제가 '깜투(căm thù)'*라는 말을 '증오'라고 번역하지 않고 다른 말로 좀 순화를 시켰는데요. 당시에도 고민을 했던 것 같은데 순화하기보다는 '증오'로 번역을 하는 게 좋겠어요. 그것이 영상의 느낌과도 맞아 떨어지고. 아마도 제 안에 '한국인'을 강하게 압박하는 말을 튕겨내려는 무언가가 있었나 봅니다."

이후에도 한국 사람들이 이야기를 듣겠다며 찾아왔다. 그들은 하나같이 비슷한 질문을 했다. "진짜 한국인이었나요." "그때 당신이 보았던 그 방공호 입구에 군복을 입었던 이들이 한국 군인이었나요."

* 베트남어 '깜투'는 한국어로 적대, 분노, 증오 등으로 번역될 수 있다. 베트남어 사전은 "누군가를 매우 미워하는 행동으로, 복수를 하고 싶을 만큼의 감정이며 상대를 죽이고 싶을 정도도 될 수 있다"로 설명하고 있다.

"확실하다니까. 내가 참전군인을 만났는데 그 사람들 모두 옛날 그때와 똑같은 옷을 입고 있었어. 아직도 기억이 나. 얼룩덜룩한 옷이었는데 아래쪽이 넓은 조끼를 겉에 덧입고 있었어. 그래서 내가 있던 방공호 안으로 들어오지 못하고 손짓을 했어. 똑똑히 기억난다니까. 내가 알지. 한국군은 얼룩덜룩한 옷을 입었어. 미군은 단색 군복을 입었지."

나는 물었다. 2015년, 한국에 갔을 때 어땠는지. 서울 조계사 앞에서 참전군인을 마주했을 때, 대구의 행사장 앞에서 반대 집회를 하고 있는 참전군인을 봤을 때, 부산에서 또 그들을 보았을 때 어떤 기분이었는지.

"차 안에서 물어보더라고. 만약 잠시 뒤에 참전군인을 만나면 이야기를 할 수 있겠냐고. 그래서 나는 참전군인이 나를 마중 나왔나 보다 생각했어. 그래서 이렇게 말했지. '그들을 만나면 어째서 군인으로 온 사람들이 주민들을 때리고 죽였는지 물어보겠어. 주민들을 때리고 도대체 왜 여자들을 죽인 건지.' 내가 그렇게 말을 하면 그들이 학살을 인정할 거라 생각했었어. 의심조차 하지 않았는데 장소에 도착해보니 정말 무시무시했지. 나는 더 이상 아무런 말도 할 수 없었어. 참전군인들이 피켓이랑 물건들을 가져왔더라고. 그들이 학살을 인정하지 않는다는 걸 그때 알아챘지. 나를 태운 차가 참전군인이 있는 곳이 아닌 뒤쪽으로 돌아갔어. 참전군인은 가까이 오진 않았지만 뒤쪽 골목까지 따라왔었어. 슬펐어! 슬펐지. 무서웠고."

이어 물었다. 아주머니, 그들을 만나면 무슨 말을 하고 싶으세요? 하고 싶은 말씀이 있으세요?

"자신들이 한 일을 이해할 수 있게 그들에게 이야기를 해줄 거야. 마음속 고통을 덜어내기 위해서라도 그들은 학살을 인정해야 해. 만약 네가 법에 어긋나는 잘못이나 양심을 거스르는 행동을 했다면 네 마음이 갈가리 찢겨지지 않겠니. 그러니까 반드시 인정해야지. 그리고 베트남 사람들의 고통을 덜어주기 위해 베트남 사람에게 사과를 하거나, 어떤 말이라도 하거나, 무슨 일이라도 해야 해. 그러면 그들의 마음속 고통도 수그러들 거야."

촬영 감독과 프로듀서가 나를 쳐다봤다. 가족들이 하나둘씩 일을 마치고 집으로 돌아왔다. 인터뷰를 끝낼 시간이었다. 아주머니 역시 슬슬 일어나고 싶은 눈치였다. 부담스러웠다. 왜 나는 질문을 하는 역할을 맡았을까. 왜 학살에 대한 이야기를 끄집어내야 하는 걸까. 당신은 과거가 아닌 현실을, 지금을 살아가는 사람인데, 학살 당시의 이야기를 해달라고 하면 그때의 기억을 떠올릴 테고 잊을 때까지 몇 날 며칠을 괴로워 할 텐데. 제작진은 나를 바라보고 있었다. 준비한 질문은 모두 다한 터였다. 돌아갈 곳은 없었다.

"아주머니, 어려우시겠지만 학살 당시에 대한 이야기를 들려주세요. 살아남은 생존자로서 계속해서 증언하는 것은 어떤 의미인가요."

아주머니는 그때의 기억을 되살렸다. 몸 어딘가에 침잠했던 기억이 하나둘씩 수면 위로 올라왔다. 응우옌티탄은 1968년 2월 12일, 그날로 돌아갔다.

"매번 이야기할 때마다 가슴이 복받쳤고 정말 힘들었지만 내 아픔을 달래주는 일들도 참 많았어. 사람들에게 이야기를 들려주면 마음이 울컥하고 슬퍼서 어찌할 바를 모르지만 그러고 나면 좀 가벼워져. 내 마음이 예전보다 더 가벼워진 것 같아."

그렇게 세 명의 인물은 영화의 주인공이 되었다. 다낭에서 학살을 가까스로 면했던, 이제는 시각장애인이 된 응우옌럽, 같은 마을에서 학살을 두 눈으로 보았고 다낭으로 도망가 한국군의 구두를 닦으며 생계를 이어왔으며 현재도 그렇게 살고 있는 농인 딘껌, 퐁니·퐁넛 학살에서 온 가족을 잃고 고아로 살아왔던 여성 응우옌티탄. 이 세 사람이 촉발하는 기억의 전쟁과 그 전쟁에 자신의 기억을 포개놓으려는 우리의 긴 여행이 이제 막 시작되었다.

베트남의 대나무들(Hàng tre Việt Nam)

부푼 바람 부는 대나무 숲으로 총총 걸어들어가네
행군길에 대나무가 내 옷을 잡아당길 때마다
그리운 마음속 그 옛날 대나무의 모습 떠오르네
새 울음소리와 어머니가 흔들어주는 해먹의 소리
죽순은 항쟁의 대나무 숲에서 자랐지
푸르게 올라온 죽순이 대나무와 함께 전선으로 가는데
우리도 밤새 젖을 짜는 어머니의
부드러운 품에서 자라고
철이 들어 전사가 되었지
죽창을 한 아름 안고 동지의 발길 따라서
우리는 바로 이 땅, 성스러운 남부를 지키리

아이야 창끝을 날카롭게 깎아보렴
여기 이 죽창 더미는 사랑
산 좋고 물 좋은 고향과 원앙금침이란다

군센 창끝마다 피어나는 불꽃 하나하나
하늘은 우리의 마음을 비추는 운명인 것 같고
장미꽃이여! 매일 아침 꽃을 피워
우리의 죽창이 서 있는 숲에 보내다오
옷이 없어도 비바람이 두렵지 않지
천년 세월 승리했고 침략자 미국을 쫓아내리
수만의 죽순들이 있어 대나무는 줄지 않네
싱싱하고 푸르게 자란 굳센 절개여
베트남의 대나무들, 미국에 저항하는 대나무들
우리의 죽창이 돌격의 함정에 꼿꼿이 설 수 있도록!

— 탄 아주머니가 인터뷰 당시에 불렀던 노래.
시에 멜로디를 붙여 만든 노래다.*

* 1964년 투본(Thu Bồn) 작사. 투본은 꽝남성 디엔반현에서 태어난 시인이다. 본명은 호득쫑으로 자신의 고향 꽝남성을 흐르는 투본 강에서 필명을 따왔다. 열한 살 때 입대하여 베트남전쟁에서 종군기자로 활약했으며 베트남 중부를 대표하는 유명한 시인으로 손꼽힌다. 번역: 권현우(한베평화재단 팀장)

살아남은 사람들을 위한 시간

서새롬

〈기억의 전쟁〉 작업을 시작한 뒤로 매년 음력설이 조금 다른 의미로 다가왔다. 설을 기점으로 베트남 중부 마을에 연이어 위령제가 열리고, 위령제의 시기가 돌아오면 각 마을과 가정에서 크고 작게 제사가 진행되기 때문이다. 형편이 허락한다면 마을 사람들이 모두 나누어 먹을 수 있을 만큼의 음식을 하거나 그게 힘들면 가족끼리 모여 먹을 수 있는 음식을 장만한다. 해마다 돌아오는 제사를 통해 산 사람은 죽은 사람을 떠올리고 그들의 죽음과 살아 있는 사람들의 삶 사이의 거리를 헤아린다.

같은 날에 한꺼번에 이유도 모른 채 죽었기 때문에 그날이 오면 학살이 있었던 마을에서는 한 집 걸러 한 집씩 제사를 지낸다. 마을 단위 제사는 위령비나 증오비가 세워진 곳에서 열린다. 마을 사람들이 분주히 자리를 깔고, 제단에 올릴 음식과 꽃과 향을 준비한다. 색색의 옷을 입은 마을의 무당들은 향을 자욱하게 피워낸다. 북을 두드리고 징을 울리고, 죽은 사람의 이름을 하나씩 부른다. 의례가 마무리되어 갈 무렵, 제단 앞에 참배를 하기 위한 줄이 길게 늘어설 때 제단 뒤에서는 제사를 준비하는 사람들의 손길이 바빠진다. 마침내 참배의 줄이 줄어들고 위령제가 끝나면 음복연을 위해 제단에 있던 돼지를 옮겨 손질해 그릇에 담는다. 마을 사람들이 모여 앉아 음식과 안부를 나누기 시작한다. 그렇게 어느새 노인이 된 어른과 어른이 된 아이와 또 새롭게 태어난 아이들이 모여 한 해가 가고, 새로운 해가 시작되는 그 시기를 함께한다.

따이한 제사

사회주의 국가인 베트남의 마을은 엄격한 통제를 받는 환경 속에 있다. 외국인인 우리가 정식 절차를 거쳐 촬영을 진행하려면 마을 인민위원회 즉, 베트남 당국의 허가를 받아야 한다. 절차도 복잡하고 허가를 보장할 수 없는 상황 속에서 마을 사람들의 집에 찾아가거나, 혹은 자유롭게 만나서 이야기를 나누는 것은 쉽지 않았다. 우리는 먼저 크고 작은 여러 제사에 참여했다. 마을 단위의 위령제는 정식 절차를 밟아 참석하고, 아주머니와 아저씨의 가족 제사는 초대를 받아 방문했다.

하미 학살 위령비에서 조금 더 이동해 차에서 내렸다. 밭을 따라 작은 오솔길을 걸어가니 깨끗하고 단정한 집이 보였다. 마당으로 들어서니 툇마루에 작은 열매를 다복하게 매달고 있는 금귤 나무 한 그루가 보였다. 얼마 전 음력설을 맞이해 금색 글씨로 한자 '복'이 쓰인 붉은 종이가 집안 곳곳에 붙어 있다. 제단이 있는 이층과 일층의 거실을 오가며 제사를 준비하던 럽 아저씨의 사위가 우리를 먼저 발견하고 아저씨께 알렸다. 아저씨가 반갑게 인사했다. 제사에 올리려 사온 꽃과 과일을 거실 탁자에 내려놓고, 아저씨와 간단히 안부를 주고받고, 설 인사를 나눴다. 제사가 시작되기 전이지만 할머니께 인사드리라며 제단 쪽으로 우리를 안내했다. 좁은 계단을 올라가 한국에서 가져온 초코파이를 제단 위에 올린 후 세 번 절을 했다.

보라 감독과 소진 감독이 촬영을 위한 세팅을 진행하는 사이, 나는 부엌으로 건너가 "꼬어이(아주머니)" 하고 아주머니를 불렀다. 다리가 불편한 아주머니와 곧 출산을 앞둔 딸이 부엌에서 바지런히 제사 음식을 준비하고 있었다. 하얀 국수를 그릇 수대로 옮겨 담고 있는 아주머니에게 손짓과 발짓으로 도울 일이 없는지 물었지만, 아주머니는 손사래 치며 저기 가서 앉아 있으라 했다. 하는 수 없이 부엌에서 나와 다른 필요한 일은 없는지 살펴보았다.

럽 아저씨 댁 제사에는 총 세 개의 상이 차려졌다. 가족이 모시는 신과 조상의 사진이 놓여 있는 집 안 제단 앞, 거실을 나서면 나오는 툇마루 위, 집 바깥에 작게 마련된 신당 안. 분홍색과 노란색의 복숭아 꽃, 흰 국수와 여러 음식들, 색색의 과자와 사탕, 쌀, 과일, 종이돈이 상의 규모에 따라 배치되었다. 성냥으로 불을 그어 촛불을 켰다. 향을 피워 제단 곳곳에 놓인 향로에 꽂고 아저씨가 절을 하며 기도를 했다. 제사가 시작된 것이다. 집 안에 있는 제단에서부터 바깥 신당까지 제사는 차례대로 진행되었다. 중간에 제작진도 촬영을 잠시 멈추고 향을 올렸다. 간간히 사위가 돕기도 하지만, 기도와 의례를 온전히 럽 아저씨 혼자 진행했다. 기도 소리가 멈추고, 촛불을 껐다. 제사가 끝이 난 다음 상에 올라갔던 과자와 사탕, 쌀을 밖으로 가지고 나와 절을 하며 여러 방향으로 뿌렸다. 사위는 제단 옆에 놓여 있던 옷과 신발, 비단, 돈, 보석 모양의 종이를 태웠다.

퐁니 마을 탄 아주머니 댁의 제사는 꼭 잔칫날 같다. 넓은 마당이 탁자와 의자로 가득 차 발 디딜 틈이 없을 정도다. 우리가 도착했을 때 이미 가족, 이웃, 친척까지 꽤 많은 사람들이 모여 음식을 하는 중이었다. 부엌은 이미 분주할 대로 분주해 뒷마당에까지 솥을 걸어 국을 끓이고 고기를 구웠다. 딱 보기에도 어마어마한 양이었다. 아주머니의 제사는 오는 손님도 많아 60인분이 넘는 음식을 준비한다. 반갑게 우리를 맞이하는 탄 아주머니는 오토바이로 이미 여러 번 시장을 오간 눈치였다. 아주머니가 제작진을 데리고 가 부엌에 있는 아주머니들에게 소개를 했다.

"내가 한국에 갔을 때 만난 한국 아이들이야."

왁자지껄함 속에서 소개가 끝나고, 보라와 소진 감독은 스케치 촬영을 위한 세팅을 시작했다. 나는 짐을 부엌 옆 안쪽 방에 모아두고 나왔다. 부엌에서 한 아주머니가 웃으며 "어이" 하고

불렀다. 내게 채소가 가득 담긴 광주리를 건네고, 제작진의 현지 통역을 도와주고 있던 통역사에게도 작은 광주리를 건넸다. 보라와 소진에게 눈짓으로 사인을 보내고, 자리에 앉아 다듬기 시작했다. 부엌과 마당을 오가며 일을 돕다 보니 어느새 음식 준비가 다 되었다. 아주머니들이 각 접시에 음식을 담아 랩으로 감쌌다. 탄 아주머니 제사에는 제단 앞과 마당을 향해 깐 돗자리 위에 각각 상 두 개가 차려졌다. 제사를 주도하는 사람은 탄 아주머니의 먼 친척이자 마을 어른이다. 베트남 전통의상을 입은 마을 어른이 기도를 시작하자 탄 아주머니와 그의 오빠가 곁에서 함께 제사를 진행했다. 가족뿐 아니라 마을 사람들도 제사에 참석하기 위해 모였다. 이어 제작진도 제단으로 올라가 참배를 했다.

탄 아주머니는 우리와 인터뷰를 하다가 자신이 살아남은 이유는 죽은 가족들의 제사를 지내기 위해서인 것 같다고 말한 적이 있다. 그날의 일을 1분 1초 단위로 기억해내는 아주머니가 굉장히 오래 뜸을 들인 뒤에야 꺼낸 말이었다. 그 말처럼 학살 이후, 탄 아주머니와 탄 아주머니의 오빠는 살아서 죽은 가족들을 위한 '애도의 노동'을 진행한다. 슬퍼하는 일도 강도 높은 육체노동이다. 럽 아저씨도 똑같은 노동을 한다. 학살로 잃은 동생들과 몇해 전 돌아가신 학살 생존자인 어머니를 기리는 제사를 누구보다 정성껏 준비한다. 〈기억의 전쟁〉 작업을 진행하며, 무엇보다 이 제사를 지내는 일이, 그 의례를 준비하는 과정이 너무도 중요하다는 것을 알았다. 죽은 자를 추모하며 해마다 크거나 작게 제사를 챙긴다. 넉넉한 형편은 아닐지라도 돈을 마련해 죽은 가족의 묘를 새로 만들고, 비로소 마음의 큰 짐을 내려놓는 일. 소중한 이를 잃은 사람들에게 제사는 어쩌면 과거를 기억하는 과정이면서 동시에 그 기억이 남긴 상처에서 회복되는 과정인지도 모른다.

새롭게 쓰는 기억

베트남에서는 조그마한 선물을 나누는 문화가 있다. 위령제에 참가할 때와는 달리 생존자분들을 방문할 때는 미리 한국에서부터 선물을 챙겼다. 기본적으로 파스나 건강보조제, 가족 구성원에 따라 마스크팩과 같은 화장품, 장난감, 조미김이나 과자를 준비했다. 개별 포장된 과자는 제단에 올리기도 하고, 이후 나눠 먹을 수 있어 좋았다. 예기치 않게 친척이나 다른 생존자분 댁에 방문할 경우에는 준비한 선물이 없어 급한 대로 호이안 관광지 상점에서 자수가 놓인 주머니를 사서 선물로 드렸다.

아주머니, 아저씨 댁에 가면 우리가 준비한 선물보다 늘 더 많은 것을 받았다. 먹을 것을 권하고, 배불리 먹인 다음엔 낮잠을 자고 가라고 자리를 펴주는 일이 반복되었다. 때로는 조카처럼, 때로는 손녀처럼 우리를 편히 대하면서 어려운 이야기도 즐거운 이야기도 함께 나누고 노래를 불러주기도 했다. 촬영을 마치고 숙소로 돌아가는 길에는 늘 받는 것이 많아 힘이 나면서도 감사한 마음과 함께 죄송한 마음도 들었다.

제작진은 영화를 만들기 위해 생존자들의 증언이나 모습을 카메라에 담는다. 나를 비롯한 제작진은 촬영을 위해 자료 조사를 하고, 구도를 논의하고, 인터뷰 때와 장소와 질문을 고려하고 수많은 의도를 점검한 후 그 자리에 서 있다. 통역을 통해서 촬영을 위한 기초적이고 암묵적인 동의를 받는다. 카메라 너머의 생존자는 자신의 모습과 목소리가 담긴 이 영상이 어떻게 쓰일지 상상하기 어려울 것이다.

우리도 기획안에 있는 제작 의도와 목적을 온전한 문장으로 설명할 순 있지만 실제 촬영 현장에서 경험하는 것은 꼭 그런 의도와 목적을 따르지 않는다는 것을 매번 실감한다. 과거 전쟁 기억과 증언의 의미는 현재에서 매순간 새롭게 쓰인다. 어떤 것들은 의도적이지 않을 때 더 잘 드러난다. 인터뷰를 위해 무선 마이크를

CÔNG TY CỔ PHẦN GIỐNG NÔNG
Chuyên chọn lọc phục tráng, sản xuất và

채우며 제작진이 분주하게 움직일때 그들이 짓는 조심스러운 표정, 질문과 대답을 통역하는 사이 감도는 침묵, 증언을 위해 과거의 기억을 요청하며 마른세수로 간신히 정신을 붙잡을 때, 우리는 역사가 기록하지 않는 기억과 비공식적이고 친밀한 대화를 이어간다는 사실을 다시 한번 생각했다.

전쟁의 증언자로서 이들은 언제까지 같은 증언을 반복해야 할까. 영화가 완성되면 그 반복적인 증언의 무게를 조금이나마 덜 수 있을까? 영화가 달성해야 하는 소기의 목표는 바로 거기에 있다. 프로듀서인 나도 이 영화의 완성본이 어떻게 될지, 누구에게 보여질지, 어떤 효과를 가지고 올지 완벽하게 확신하지 못한다. 그런 건 시간이 더 많이 필요한 일들이다.

제작진은 누구의 아이디어라고 할 것도 없이 촬영을 마치면 가족들 모두와 꼭 기념사진을 찍었다. 먼저 가족들의 사진을 찍고, 제작진이 모두 들어가서 사진을 찍는다. 카메라를 사이에 두고 앞뒤로 마주보고 있던 시간을 끝내고 나란히 카메라 앞에 선다. 가족끼리 나온 사진을 가장 크게 인화해서, 복을 상징한다는 금색 액자에 넣어 선물해드린다. 우리를 당신들의 마을과 집, 그리고 기억 속으로 초대하고 환대해준 마음에 대해 우리가 할 수 있는 작은 감사의 표현이었다.

“우린 국가의
전쟁

름을 받고 갔지,
했지”

“나라에 고속도로
잘 살게

포항제철을 세우고
었는데”

“어느 나라 전장

조금 피해를

백명의 베트콩을
는 한이 있더라도
명의 양민을 보호한다.
CỦA QUÂN-ĐỘI ĐẠI-HAN TẠI
CỨU GIÚP MỘT-NGƯỜI DÂN
GIẾT
TRĂM TÊN VIỆT-CỘNG

든 소수 양민이
수가 있고”

“우리는

죽였어요”

“어찌 월남전이 끝
이런 일이 있
이재용 한홍구, 구수정 은 자폭하라!
대한민국고엽제전우회부산광역시지부
Nguyen
부친과, 형
베트콩(Vie
민간인 피해
대한민국고엽

50년 된 지금에서
수 있습니까”

3부

포스트 프로덕션

#1 기록의 방식

기억과 질문으로 만들어진 영화

조소나

"편집본 보고 피드백 줄 수 있어요?"

2017년, 여름. 함께 작업실을 쓰는 사이였던 보라 감독은 편집 작업이 한창이었다. 그는 유학을 가기 전에 작품을 완성하고 싶어 했다. 전작인 〈반짝이는 박수 소리〉를 워낙 재미있게 봤던 터라 차기작에 대한 기대도 있었고, 같이 작업실을 쓰는 동료로서 응원하고 싶었다. 무덥던 어느 날, 보라 감독은 작업실 한편에 모니터를 연결하고 〈기억의 전쟁〉의 첫 시사회를 꾸렸다. 어떤 피드백이든 다 환영이라고 활짝 웃는 얼굴이 인상적이었다.

"나의 할아버지는 참전군인이었다."

편집본은 감독 개인의 이야기를 간결하게 담은 자막으로 시작했다. 이내 베트남 호찌민의 밤 전경들이 나오고 주인공인 껌 아저씨가 등장했다. 영화는 감독의 자기 고백으로 시작했으나 주요 내용은 피해자의 증언과 베트남에서 채집해온 이미지 몽타주, 학살 지역 정보가 주를 이뤘다. 어디서도 제대로 들어본 적 없었던 피해자의 이야기는 가슴 아픈 울림이 있었다. 특히 럽 아저씨의 말은 오래도록 마음에 남았다.

"아버지가 한 일을 아이가 책임져야 하나? 그럴 수 없지. 누가 그 죗값을 치를 수 있겠어."

놀라웠다. 내게 '베트남전쟁 시기 한국군에 의한 민간인 학살'은 알 수 없는 죄책감의 집합체였다. 분명 나는 직접적으로 전쟁을 수행하지도 않았고 가족 중에 참전한 사람도 없다. 근현대사 교과서에서 베트남전쟁이 경제성장의 원동력이었다고 배웠고, 전쟁기념관에서 '월남참전용사'의 활약을 소개하는 짧은 전시를 보긴 했지만, 그게 내가 아는 베트남전쟁의 전부였다. 보훈과 관련된 행사나 기념일에 비쳐지는 고엽제전우회의 모습 정도가 내 일상에서의 '베트남전쟁'이었다. 그럼에도 '가해국'에서 성장했다는 사실은 그 자체로 여러 가지 감정을 안게 했다. 우리에게 일본의 만행에 대한 분노가 있는 것처럼, 베트남 사람들에게도 우리를 향한 분노가 있을 것 같았다. 그런 내게 럽 아저씨는 덤덤하게 이 죄는 너희가 갚을 수 있는 게 아니라고 말했다.

그러나 곰곰이 생각해보니 어딘가 서늘했다. 아저씨는 정말 우리를 위로하고 싶어 그 말을 한 것일까. 유가족이자 전쟁 후유증을 겪고 있는 그의 시선에서 '누구도 죗값을 치르지 못한다'는 말은 어떤 의미일까. 생각이 꼬리에 꼬리를 물수록 더 깊은 절망감에 빠졌다. 아무리 되뇌어봐도 글자 그대로 죄를 갚을 수 있는 방법이 없기 때문이다. 학살당한 사람들을 되살릴 수도, 폐허가 되어버린 사람들의 마음을 복구할 수도, 남겨진 사람들의 뒤틀려진 삶을 복원할 수도 없다. 거대한 죽음과 상실은 대체 불가능하고, 책임의 영역을 규명하는 시도만으로 속죄가 끝났다고 하긴 어렵다. 결국, 그 누구도 죗값을 치를 수 없다는 말은, "하늘에 닿을 죄악 만대를 기억하리라"라는 증오비의 문구처럼 이생에서 너희가 할 수 있는 것이 없다는, 분노에 찬 포기이자 뿌리 깊은 체념으로 다가왔다. 순간, 탄식 같은 생각이 머리를 스쳤다.

'우리는 무엇을 할 수 있을까?'

가장 먼저 떠오른 것은 사과였다. 그러나 사과란 모름지기 사과해야 하는 사람이 해야 마땅한 것이다. '나'는 가해자가 아니다.

저지르지도 않은 일에 섣불리 사과부터 하고 보는 건 나의 죄책감을 쉽게 덜기 위한 행동일 수도 있다. 그렇다면 이 사건이 있었음을 사람들에게 알리고 이를 더 많은 사람들이 '잊지 않도록' 노력하는 일은 어떨까. 지난 과거의 잘못을 인정하고 후세에 이런 일이 없도록 기억해나가는 일. 하지만 기억하기 위해서라는 명분으로 피해자로 하여금 계속해서 증언하게 하고 사회적 발화를 하게 하는 걸 과연 바람직하다고 할 수 있을까. 피해자에게 너무 무거운 짐을 강요하는 건 아닐까. 때로는 듣는 사람의 자기만족을 위해 희생되는 증언들…….

어느 하나 속 시원한 해답 없이 편집본 상영은 마무리되었다. 얼마 지나지 않아 내게 보라 감독이 함께 작업해보지 않겠냐고 제안했다. 며칠의 숙고 끝에 그러겠노라 답했다. 복잡한 마음과 생각이 작업을 하는 과정에서 해소될 수 있기를 진심으로 바라면서.

그해 8월, 보라 감독은 암스테르담으로 떠났다. 떠나기 전에 감독에게 편집을 다시 해보자고 제안했다. 대책 없는 계획이었다. 편집을 다시 하려면 시간과 예산이 필요한데 이미 예산은 소진한 상태였고 감독은 유학을 갔다. 더욱이 서로 떨어져 있으니 소통하기도 쉽지 않았다. 우선 어떻게든 예산을 마련할 방법을 궁리할 테니 네덜란드에서 기존 편집본에 대한 피드백을 들어보라고 했다.

보라 감독이 현재의 편집본에 만족하고 있는 상태라 재편집에 응할지 알 수 없었다. 그러나 두 달 뒤, 감독은 영화학교의 동기, 멘토와 상영회를 갖고 나서 "최선을 다했으니 후회는 없지만 맥락을 더할 필요가 있다면 편집자를 구해보자"라는 오케이 사인을 보내왔다. 그에게 터닝포인트가 생긴 것 같아 안심이 되었다. 이야기를 나누던 중 네덜란드 출신의 유명 편집자인 메노 보에레마(Menno Boerema)가 보라 감독의 담당 멘토라는 것을 알게 되었다.

마침 암스테르담 국제다큐멘터리영화제(IDFA) 출장이 예정되어 있었다. 영화제 기간에 꼭 메노와의 미팅을 잡으라고 감독에게 신신당부했다.

그 사이 제작비 수급과 홍보를 위해 외국 프로듀서나 펀드 담당자, 그리고 여러 채널과 접촉했다. 그때마다 영화 소개에 앞서 한국이 베트남전쟁에 참전한 맥락부터 설명해야 했다. 베트남전쟁에 6·25전쟁을 겪은 가난한 나라가 파병을 했다는 사실을 아는 이들이 많지 않았기 때문이다. 신기한 것은 설명을 들은 그들의 반응이었다. 하나같이 황당하다는듯 물었다.

"32만 명이나 파병했는데 왜 반전운동이 없었어?"

나 역시 의문이었다. 베트남전쟁은 전 세계에 반전·평화 운동을 촉발했고, 그 흐름 속에서 종전을 맞이했다. 전쟁 트라우마나 외상 후 스트레스 장애(PTSD) 같은 용어가 사용되면서 전후 복구나 전쟁의 후유증에 대한 이야기가 베트남전쟁을 기점으로 활발하게 논의되었다. 그 시기에 우리는 무엇을 했던 것일까. 모두가 베트남전쟁을 반전과 평화의 이름으로 기억할 때, 우리만이 경제개발과 성장의 서사로 베트남전쟁을 기억하고 있었다. 이야기를 하면 할수록 한국의 역사적 맥락이 특수하다는 생각을 지울 수 없었다. 베트남전쟁 이후로 한국이 경제성장을 했고 그 배경에 미국의 지원이 있었다고 말하자, 외국 프로듀서는 그때서야 이해가 된다며 고개를 끄덕였다. 민간인 학살에 대한 진상규명이나 제대로 된 논의가 왜 이뤄지지 않은지도 알겠다는 그의 말에 "왜 그런 것 같은데?" 하고 되물었다. 그는 쿨하게 답했다.

"너희는 미국이 아니잖아."

그의 말은 오래도록 뇌리에 남았다.

제3의 시선을 찾아서

이길보라

"추가 제작 지원은 제가 알아볼게요. 네덜란드 편집자 인건비가 한국의 서너 배지만 어떻게든 되겠죠. 일단 감독님은 편집자를 만나보세요."

소나 프로듀서는 〈기억의 전쟁〉 제작팀에 합류하자마자 재편집을 권했다. 혼자 편집하기는 어려워 편집자를 구해야 하는데 네덜란드에서 어떻게 편집자를 찾겠느냐는 말로 한 차례 완곡하게 거절 의사를 표했지만 그는 그건 문제도 아니라는 듯 "어떻게든 되겠죠"라고 아무렇지 않게 받아쳤다.

최종 편집본인 파이널컷이 나오기까지 기획안과 구성안을 몇 번이고 다시 썼다. 2015년에 베트남에 다녀오는 것을 시작으로 프리 프로덕션을 시작했고 그때부터 카메라를 들고 다니며 촬영을 했다. 2015년에 베트남에서 찍은 촬영분은 최종 편집본에 하나도 쓰이지 않았는데 사전조사를 통해 결정한 영화의 콘셉트, 스타일, 톤 앤 매너에 맞지 않았기 때문이다. 그럼에도 사전 촬영은 중요하다. 그 과정이 없었더라면 현장에서 카메라를 어떻게 들어야 하는지, 베트남에서 카메라를 들었을 때 어떤 일이 벌어지는지, 현지 사람들은 어떻게 반응하는지, 현장의 이미지가 카메라에 어떻게 담기는지 알 수 없었을 테다.

2016년 2월과 3월 사이, 3주간 베트남을 방문했다. 베트남 중부 다낭 공항을 통해 들어가 호이안에 머물며 하미 마을과 퐁니·퐁넛 마을을 오가며 본격적으로 인물 촬영을 했다. 2017년과 2018년에는 촬영한 것을 바탕으로 상세한 구성안을 작성했고, 영화 제작비를 마련하기 위해 여러 기관에 제작 지원 신청을 하며 펀딩을 진행했다. 촬영 영상을 언제든 찾아볼 수 있도록 타임코드별로 기록하고 녹취했고, 관련 자료를 찾는 리서치 작업도 병행했다. 기획안과 구성안은 계속 바뀌고 있었다.

프로덕션을 마무리하고 촬영 감독이자 프로덕션 디자이너인 소진과 함께 편집을 진행했다. 머릿속으로는 A컷과 B컷을 붙이면 마스터피스가 탄생할 것 같았지만 편집 프로그램 안에서는 어떻게 해도 자연스럽게 연결되지 않는 일이 종종 벌어졌다. 그렇게 편집을 하고 러프컷을 만들었다. 영화를 함께 마무리하고 배급을 책임질 조소나 프로듀서까지 합류하니 이제 정말 '파이널의 파이널'에 다다른 기분이었다. 소나 프로듀서가 재편집을 권유했을 때, 나에게는 그럴 시간도, 체력도, 제작비도 없었다. 하지만 프로듀서의 생각은 확고했다. 너무도 절묘한 시점에 암스테르담 국제다큐멘터리 영화제에 출장 온 그의 등에 떠밀려 영화 학교 멘토이자 편집자인 메노에게 미팅을 요청하는 메일을 보냈다.

미팅은 효율적이고 실용적이었다. 모두가 사람들을 만나러 다니느라 바쁜 영화제 기간이기도 했고, 네덜란드 특유의 실용성이 발휘된 결과이기도 했다. 국내외로 잘 알려진 편집자이자 경력이 많은 메노는 무엇이 필요하냐고 단도직입적으로 물었다. 나는 유학을 시작한 지 얼마 되지 않은 데다 자신감도 부족하여 다소 수줍음 많은 '코리안' 모드였는데 소나 프로듀서는 거침없이 말했다.

"저희와 영화 〈기억의 전쟁〉 편집 작업 하시죠."

이렇게 당당해도 되나, '뜨악' 하고 있을 때 메노가 말했다.

"내년 상반기까지 일정이 꽉 차 있어서 새로운 작업을 받을 수는 없지만 컨설팅 정도는 할 수 있어요. 영화제 기간 끝나고 작업실에서 봐요."

며칠 뒤 편집본을 들고 갔다. 메노는 안 그래도 학교에서 워크숍할 때 보여줬던 영상이 어떻게 편집되어 있을지, '기억'이 영화라는 매체 안에서 어떻게 표현되어 있을지 궁금하다고 했다. 그는 앞뒤 재지 않고 편집본의 가능성과 한계를 말했다. 계속 편집기를 붙잡고 있었던 내게는 보이지 않던 부분이라 흥미로웠지만 막상 어디를 어떻게 만져야 하는지 알 수 없었다. 프로젝트 기간이 너무 길었고, 감독이 편집까지 맡았기에 객관적이고 새로운 시선을 갖기 어려웠다. 그는 편집 감독과 일해보기를 권했다.

“무엇이든 다 장단점이 있어요. 물론 이 영화를 기획하고 쭉 여기까지 끌어온 감독이 프로젝트에 대해 제일 잘 알고 있겠죠. 그게 문제예요. 감독은 이 컷을 보면 이게 어떤 상황에서 촬영된 건지, 이 인물이 누군지, 지나가는 건물이 무엇인지 매우 잘 알고 있죠. 그런데 관객은 몰라요. 이 인물도, 건물도, 상황도 말이에요. 그래서 편집자가 필요한 거예요. 감독도, 프로듀서도 아닌 제3의 시선에서 볼 수 있는 사람. 편집자가 일종의 첫 번째 관객이 되는 셈이죠. 그 새로운 눈으로 영화의 내러티브를 잡아내는 거예요.”

한국 다큐멘터리 영화 현장에서는 기획부터 촬영, 편집까지 감독이 다 하는 원맨 프로덕션 시스템이 일반적이었고 최근 들어서야 프로듀서, 편집 감독과 함께하는 분업 및 협업 시스템이 만들어지고 있었다. 메노는 상황과 소재에 따라 혼자 영화를 만들 수도 있지만 지속 가능성을 위해서는 협업이 필요하다고 했다.

“그럼 암스테르담에서 편집을 함께할 이가 필요하겠네요.”

고민이 시작되었다. 다행히 메노가 생각나는 사람이 한 명 있다고 했다.

#2 다시 카메라를 들다

영화는 아직 끝나지 않았다

조소나

2018년 3월, 다낭행 비행기에 올랐다. 하미 학살 50주년 위령제를 며칠 앞둔 날이었다. 새롭게 제작진에 합류한 나를 주인공에게 소개하고 싶다는 보라 감독의 마음 때문이었다. 베트남을 방문하는 건 처음이었다. 다낭 공항에 내리자마자 더운 열기가 훅 올라오면서 낯선 풍경이 눈앞에 펼쳐졌다. 그러나 이내 익숙한 글자들이 눈에 띄었다. '고구려 식당', '수원 갈비', '신라 국수'……. 수화물을 찾으러가는 길 중간중간 보이는 커다란 전광판에 한식당 광고가 빼곡했다. 여기가 인천 공항인지 베트남인지 헷갈릴 지경이었다.

공항을 나와 택시를 타고 감독이 기다리고 있는 숙소로 향했다. 택시 기사는 어디서 왔는지, 며칠을 묵을 것인지를 어눌한 한국어로 물었다. 해변에 빽빽하게 서 있는 리조트의 간판에는 어김없이 한국어가 박혀 있었다. 그러고 보니 부모님에게서 다낭과 호이안 여행을 다녀올 거라는 이야기를 들었던 기억이 났다. 요새 다낭 안 다녀온 사람이 어디 있냐고 다들 간다는 이야기도 들은 기억이 났다. 한국인이 넘쳐나는 이 휴양 도시 인근에 탄 아주머니와 럽 아저씨와 껌 아저씨가 살고 있다니. 보라 감독과 현지 통역을 맡아줄 유엔을 만났다. 유엔은 한국 기업 베트남 지사에서 통역사로 일을 하다가 미디어 관련 업종으로 이직을 준비하고 있다고 했다.

며칠 뒤 우리는 탄 아주머니 댁을 방문했다. 그 자리에는 평화기행에 참가한 사람들도 함께 있었다. 아주머니는 여덟 살 때 기억을 이야기하며 다시 눈물을 보였다. 사람들이 아주머니 곁으로 가 손을 잡고 "신로이"라고 말했다. 아주머니가 눈물을 흘릴 때마다 맨 앞자리에 앉아 있던 베트남 현지 기자가 요란하게 카메라 셔터를 눌렀다. 그 뒤에는 베트남 방송사의 카메라도 있었다. 평화기행 참가자 중 한 명이 아주머니를 안으며 눈물을 훔치자 카메라가 이들을 클로즈업 하느라 서로 자리다툼을 했다. 이 광경을 보며 카메라를 가져오지 않은 게 참 다행이라는 생각을 했다. 아주머니의 얼굴에서 피곤함이 느껴졌다.

기자들이 철수하고, 평화기행 참가자들도 다음 일정을 위해 떠날 채비를 시작했다. 나와 보라 감독은 좀 더 남아서 아주머니와 이야기를 하다 가기로 했다. 사람들을 만나느라 아주머니가 지쳤을 것이란 생각과 비극적인 사건의 당사자를 직접 만났다는 묘한 경외감에 행동 하나하나가 조심스러웠다. 분명 평화기행 참가자들도 나와 비슷한 생각을 했을 것이다. 어찌할 바를 몰라 우물쭈물하고 있는데, 눈물을 훔치던 아주머니가 내게 다가와 뭐라고 말했다. 중요한 이야기인가 싶어서 유엔을 급히 불렀다. 아주머니는 계속 손짓을 하며 나를 툭툭 쳤다. 손으로 뭔가를 표현하는데 정확히 이해할 수 없었다. 다급해 보였다. 유엔은 베트남 현지 미디어의 통역을 돕느라 정신이 없었다. 힘든 이야기를 꺼낸 뒤 몸이 안 좋아진 건가 싶어 덜컥 걱정이 되어 유엔을 큰 소리로 불렀다. 헐레벌떡 뛰어온 유엔은 뚱한 표정으로 말했다.

"아주머니가 아이스커피 마실 거냐고 하시는데요? 아주머니 남편분이 아이스커피 맛있게 잘 만드신대요."

모두가 떠나고 마당에서 아이스커피를 마셨다. 아주머니 말씀대로 커피는 맛있었다. 한편으로는 허탈했다. 역사적인 순간을 통과해온 피해자를 돕는다는 생각에 혼자 심취해 있던 것이 부끄럽기도, 또 우습기도 했다. 아주머니는 결혼은 했는지, 아이는 있는지, 부모님은 다 살아계신지 물었다. 사진을 보여드리며 얼마 전에 결혼했다고 하니 잘했다며 보라 감독은 결혼을 안 한다고 타박을 놓았다. 친정 엄마에게 매일같이 듣는 "아이를 낳아야 한다"는 말씀도 잊지 않았다. 본인의 손주들 자랑도 이어졌다. 이즈음 되니, 명절 고향집에 온 기분이었다. 다음에 올 때 신랑을 데리고 오겠다고 하니 환하게 웃으셨다.

두 시간 정도 그곳에 머무르며 탄 아주머니의 여러 얼굴을 보았다. 증언을 할 때의 얼굴과 평화기행 참가자를 다독일 때의 얼굴, 언론 인터뷰를 할 때의 얼굴, 커피 마시라고 권할 때의 얼굴, 나에게 가족과 결혼에 대해 물을 때의 얼굴. 그 많은 얼굴들이 모두 탄 아주머니였음에도 나는 증언을 할 때의 슬프고 참담한 얼굴에만 주목했다. 전쟁과 학살이라는 무거운 사건 앞에서 피해자 역시 일상을 사는 사람이라는 아주 평범한 진실을 쉽게 간과한 것이다.

그러나 돌이켜보면, 탄 아주머니는 오십 대 여성이다. 그에게 가족이 있고, 일상이 있고, 삶이 있다는 것은 잠시만 숨을 고르면 알 수 있는 일이다. 평화기행 참가자들 앞에서 보여준 그의 강렬한 모습으로 피해자의 이미지를, '내가' 이해하기 쉬운 방식으로 박제한 게 아닐까 생각했다. 결국 어떤 시선으로 바라볼 것인가의 문제였다. 화두는 아주머니에게 있지 않았다. 화두는 나에게, 그리고 우리의 시선에 있었다. 나도 모르게 작품의 시선에 대한 고민으로까지 생각이 번지고 있을 때 탄 아주머니가 말을 꺼냈다.

"나 이번에 서울을 또 가기로 했다."

다음 달 서울에서 있을 '베트남전쟁 시기 한국군에 의한 민간인 학살 진상규명을 위한 시민평화법정'에 원고로 참석하게 되었다는 것이다. 모의 법정이지만 원고로 참석한다니 이건 말 그대로 '영화' 같은 일이었다. 탄 아주머니의 뜻밖의 '도전'은 여기서 그치지 않았다.

"내일 하미 마을 위령제에 가보고 싶은데 너희 갈 때 같이 태워줄 수 있겠어?"

탄 아주머니는 퐁니·퐁넛 마을 출신이고, 럽 아저씨와 껌 아저씨는 하미 마을 사람이었다. 다른 마을에도 비슷한 일이 있었다는 것을 알고는 있으나 사실 주인공들은 한 번도 만난 적이 없다. 거리도 멀고 마땅히 방문할 일도 없기 때문이다.
탄 아주머니는 이번 한국행에 함께 가기로 한 다른 피해자분이 하미 마을 사람이라며 내일 있을 위령제에 가서 만나고 싶다고 했다. 보라 감독과 나는 놀랐다. 평화기행을 진행 중이던 한베평화재단 사람들도 그 소식을 듣고 놀라긴 마찬가지였다. 아침에 차로 함께 이동하기로 하고 아주머니 댁을 나왔다. 숙소로 돌아오는 발길이 무거웠다.

그날 밤 보라 감독과 오래도록 이야기를 나눴다. 나는 영화가 아직 끝나지 않았다고 힘주어 말했다. 촬영을 계속해야 할 것 같다고 의견을 전했다. 감독은 적잖이 당황했다. 촬영이 종료되었고 편집만 새로 하는 방향으로 논의를 하고 있던 때였다. 시민평화법정을 담는다고 할 때, 무엇이 새로울 수 있는지가 가장 큰 화두였다. 시민평화법정은 모의 법정이었기에 구속력이 있지도 않고 진실 규명이나 새로운 사실이 제시될 가능성도 크지 않았다.

"대체 그 장면을 담는 게 어떤 의미가 있을지 모르겠어요."

감독의 말에 나는 대답했다.

"인물이 변화하고 있어요. 다큐멘터리 영화에서 인물이 변화하는 것은 엄청난 기회예요."

인물이 스스로 판단을 하고 결정을 해서 나아가는 지금의 상황은 다큐멘터리 영화 감독들이 평생을 기다려도 잘 오지 않는 순간이라고 설득했다. 당장 내일 하미 마을을 가보겠다는 것만으로도 탄 아주머니에게 어떤 결심이 선 것 아니겠냐고 덧붙였다.

실제로 그랬다. 다큐멘터리 영화는 살아 있는 사람을 찍기 때문에 극영화와 같은 극적인 변화를 억지로 연출할 수도 없고, 변화 역시 더디고 느린 경우가 많다. 많은 부분, 인물의 변화를 포착하기란 쉽지 않다. 오랜 시간 천천히 인물과 호흡하며 인물이 변화할 것이라고 기대하는 사건을 예정하고 그 시기를 기다리거나 혹은 인물의 변화를 작가적 시선으로 표현해야 한다. 우리의 삶이 천천히 흐르듯 다큐멘터리 영화의 시간도 천천히 흐를 수밖에 없는 것이다. 때문에 어떤 식으로든 인물이 변화하는 순간은 작품에 있어 중요한 순간이자 쉽게 오지 않는 기회다. 탄 아주머니가 어떻게 결심을 하게 되었고 그 결과가 무엇일지 궁금하지 않느냐는 말에 감독은 한참 생각에 잠기더니 이내 입을 떼었다.

"찍으려면 내일 하미 마을 위령제부터 찍어야 할 텐데, 카메라가 없는데 어떡하죠?"

다행히 평화기행 참가자 중에 카메라를 가져온 사람이 있었다. 급하게 연락을 취해 위령제 때 빌려 쓰기로 했다. 낮에 만났던 베트남 방송사에도 전화를 했다. 하미 마을 위령제 촬영분을 공유받기로 합의했다. 번갯불에 콩 구워 먹듯, 우리는 갑작스럽게 프로덕션을 재개했다. 역시, 현실은 언제나 픽션보다 드라마틱하다.

다음 날, 하미 마을 위령제에 탄 아주머니와 함께 도착했다. 어제 아주머니 댁에서 만난 베트남 언론사와 평화기행 참가자들도 있었다. 통역을 맡은 유엔에게 오늘 촬영을 할 것이기에 옆에 꼭 붙어 있어야 한다고 당부했다. 마이크도, 삼각대도 없이 작은 캠코더 하나로 촬영이 시작됐다. 보라 감독은 탄 아주머니만 중심으로 찍겠다고 했다.

카메라로 아주머니가 자리에 앉는 모습을 찍고 있는데 멀리서 익숙한 얼굴이 보였다. 영화의 또 다른 주인공인 럽 아저씨였다. 하미 마을에 살고 있는 럽 아저씨는 며칠 전 방문 때 몸이 좋지 못하다며 올해 위령제는 참석하지 않을 것이라 했는데 어쩐 일인지 와계신 것이었다. 아내 분의 부축을 받아 자리에 앉은 럽 아저씨를 확인하고 보라 감독에게 이를 알렸다. 일이 되려고 하는구나! 무릎을 쳤다.

위령제가 시작되었다. 위령비를 중심으로 오른편에는 평화기행에 참여한 한국 사람들이, 왼편에는 마을 주민들이 자리에 앉았다. 탄 아주머니는 마을 주민이 아닌 평화기행 참가자들 쪽 맨 앞자리에 앉았다. 위령제를 찾은 한국 국회의원 옆에 앉은 아주머니의 모습에 마음이 복잡했다. 언론사는 그를 연신 찍었고, 우리 역시 아주머니를 찍었다. 제사가 시작됐다. 축문을 읽고, 명복을 비는 제의가 진행되었다. 아주머니는 연신 눈물을 훔쳤다. 이윽고 한국에서 보내온 조화를 헌화하는 차례가 되었다. 아주머니는 함께 헌화하고 싶다는 의사를 표현했다. 한국에서 보내온 조화 행렬 가운데 아주머니가 서 있었다. 기이한 풍경이었다.

행사 말미에 마을 대표의 발언이 있었다. 그간 마을 주민들이 겪은 고통과 아픔에 대한 내용이었다. 평화기행 참가자와 강우일 주교님이 추도사를 이어갔다. 평화기행 참가자들이 주민들 앞에 섰고 강우일 주교님의 '미안합니다'라는 말에 맞추어 마을 주민들을 향해 엎드려 사죄의 절을 올렸다. 그러자 카메라와 기자들이 앞다투어 위령제를 진행하는 단상 쪽으로 몰려들었다. 카메라와 삼각대로 순식간에 장벽이 만들어졌다. 사죄의 절을 올리는 한국 사람과 이를 찍느라 여념이 없는 카메라 장벽 뒤로 마을 주민이 있었다. 그들은 평화기행 참가자들의 모습을 조금이라도 보기 위해 의자 위로 올라서기 시작했다. 다들 고개를 옆으로 내밀거나 앞으로 나와 삼각대 사이사이로 시선을 옮겼다. 조금 요란한 제사였다.

나의 부모를 죽인 사람과 같은 동네에서 온 사람들이 추모식에

와 앉아 있다면 나는 어떤 기분일까. 극단적이지만 그런 생각이 들었다. 그들이 용서를 구하고 사죄를 올린다면 나는 그들의 사과를 받아들여야 할까. 카메라 사이를 기웃기웃하며 한국 사람들이 무릎을 꿇은 모습을 좇는 주민들의 시선을 보며 생각이 꼬리에 꼬리를 물었다.

실제로 학살의 구체적인 내용과 경과, 피해자의 신상과 규모는 여전히 미궁 속에 있다. 제대로 된 진상규명도 없고 그렇기에 공식적인 사과와 배상·보상의 절차도 없는 상황 속에서, 직접 당사자가 아닌 가해국에 속했을 뿐인, 사건과 무관한 사람들이 사죄를 하는 것이 마을 사람들에게 어떤 의미일지 궁금했다. 용서를 요구하기 때문에 반드시 용서를 해야 하는 것일까. 위령비를 덮고 있는 연꽃 그림을 보며 어쩌면 우리는 좀 더 증오받아야 하는 게 아닌가라는 생각을 떨치기 어려웠다.

위령제가 끝나고 탄 아주머니와 럽 아저씨 두 분을 서로에게 소개시켰다. 말이 채 끝나기도 전에 아저씨와 아주머니는 각자의 이야기를 하기 시작했다. 탄 아주머니는 본인이 곧 서울에 있는 모의 법정에 갈 것이라는 이야길 했고, 럽 아저씨는 전쟁이 끝나고 지뢰를 밟아 후유증이 생긴 이야길 이어갔다. 두 사람은 손을 붙잡고 한참을 그렇게 서 있었다.

예상치 못한 촬영을 마치고 나서 온몸에 진이 빠진 채로 숙소로 돌아왔다. 이번 베트남 방문에서 소기의 목적을 달성했다는 생각과 함께 앞으로의 날들이 꽤 걱정이 되었다. 네덜란드에 거주하고 있는 감독이 4월에 있을 시민평화법정 촬영을 할 수 있을지가 가장 큰 의문이었다. 이 프로덕션은 '네버엔딩 작업'이라며 한숨을 쉬는 보라 감독에게 "할 수 있어!"라는 말 외에 다른 말을 전하기 어려웠다. 탄 아주머니와 럽 아저씨와 껌 아저씨가 관객이 꽉 찬 극장에서 많은 사람들의 환호 속에 서 있는 모습을 상상해보면 그래도 힘낼 수 있지 않겠냐고 말하는 순간, 보라 감독도 나도 잠시 말을 멈췄다. 그 순간이면 충분할 거 같다고, 둘 다 엉엉 울며 그렇게 하자고 다짐했다.

"인물이 변화하고 있어요"

이길보라

2018년 3월, 베트남에 방문했다. 편집 일정을 앞둔 때였다. 영화를 만들어보겠다고 처음 베트남에 발을 디딘 2015년부터 지금까지 매년 2~3월이면 베트남을 찾았다. 그건 네덜란드에 살고 있어도 마찬가지였다. 적어도 매년 제사는 지키자고, 언제까지 그럴 수 있을지 모르겠지만 그렇게 주인공들과의 관계를 이어가자고 다짐했다. 암스테르담에서 홍콩과 하노이를 거쳐 다낭으로 향하는 비행기를 탔다. 한국에서 오는 소나 프로듀서는 저가 항공을 탔다. 예산이 빠듯했지만 후반 작업에 합류한 프로듀서에게 현장을 보여주고 싶었다. 영상으로만 보던 주인공을 직접 만나고 탄 아주머니가 해주는 밥을 먹고 함께 인사를 드리고 싶었다.

시작은 그랬다. 영화를 편집하고 있으니 주인공에게 영화 잘 만들고 있다고 안부 인사를 전할 것, 새로 합류한 프로듀서와 현장감을 공유할 것, 제작진이 베트남에서 마주했던 이야기를 프로듀서의 몸으로 직접 경험하게 할 것. 그런데 문제는 너무 잘 소화했다는 거다. 그로부터 한 달 후, 촬영 장비를 들고 다시 베트남으로 향하게 될 줄은 꿈에도 몰랐다.

소나 프로듀서와 탄 아주머니댁에 가니 마침 베트남 평화기행 팀도 와 있었다. 함께 일하게 된 제작진을 소개했다. 아주머니는 단번에 그의 등을 쓰다듬으며 반갑다고, 새롬과 소진은 잘 있는지 궁금해했다. 평화기행 참가자들이 탄 아주머니 댁 마당에 앉았다. 아주머니는 어렵게 1968년 2월 12일의 이야기를 꺼냈다. 과거의 기억을 끄집어내는 아주머니의 고통스러운 얼굴을 다시 봐야 한다는 것이 힘들어 거리를 두고 앉았다. 그런데 증언을 하는 아주머니의 목소리가 전과는 다르게 느껴졌다. 그 미묘한 차이에 나도 모르게 귀를 기울였다.

“이 이야기를 한국에서 할 거야. 올해 한국에서 법정이 열린대. 공식적인 것은 아니고 시민들과 변호사가 여는 건데 우리 가족을 어떻게 학살로 잃었는지 말할 거야. 가서 꼭 사과를 받을 거야.”

결연하고 단호했다. 고개를 들어 아주머니의 표정을 보았다. 이제까지 본 적 없는 얼굴이었다.

“내 가족들, 자식들과 며느리들이 응원해줬어. 하지만 다른 사람들은 가지 말라고 했지. 많은 한국 단체들이 찾아와서 만났는데 마을 사람들이 화를 냈어. 그들을 왜 만났냐고 내게 물었지. 한국 사람들이 우릴 죽였다는 분노에 찬 말들을 했고 내가 계속 그들을 만나는 걸 말렸어. 솔직히 말하면, 마을 사람들은 내가 한국 단체들을 만나는 게 그들이 돈을 주기 때문이라고 생각해. 너희들에게 솔직히 말할게. 돈을 받았던 적은 절대 없어. 선물 정도 받을 뿐이지. 내가 이 일을 하는 이유는 참전군인으로 하여금 퐁니·퐁넛 마을의 진실을 인정하게 하고 싶어서야. 그래서 이번에 한국에 또 가기로 했지. 한 번 더 가보려고. 이번에는 지난번처럼 무섭지 않을 것 같아. 이번에는 달라. 이미 한국에 다녀와봤고 탄 언니(하미 학살 생존자의 이름도 아주머니와 같은 ‘탄’이다)와 함께 가게 됐으니까. 이야기하면서 마음을 나눌 수 있는 사람이 있어 참 잘됐지. 탄 언니를 처음 만났을 때 언니가 무서워서 한국에 못 가겠다고 했어. 그때 내가 이렇게 말했어. 처음이 어려운데 나도 해냈으니 언니도 할 수 있어요. 함께 가요.”

당신의 증언이 갖는 의미를 힘주어 말하며 다른 피해자와도 연대하는 모습, 어쩌면 그는 중요한 분기점에 서 있는 것일지도 모른다. 그러나 섣불리 결론을 내리고 싶지 않았다. 그걸 인정한다는 건, 촬영을 더 해야 한다는 걸 뜻하기 때문이었다. 그때 소나 프로듀서가 말했다.

"이거 찍어야 해요. 주인공이 변하고 있어요. 다큐멘터리 영화를 하는 사람 중에 주인공이 변하는 순간을 찍을 수 있는 이가 얼마나 될까요? 제작진이 정말 빌고 빌어도 되지 않는 경우가 많은데 우리 영화는 지금 주인공이 일련의 경험을 통해 극적으로 변하고 있잖아요. 이걸 우리 영화의 내러티브로 가져와야 해요. 추가 촬영 합시다."

프로듀서는 당장 탄 아주머니의 변화를 찍어야 한다며 현지에서 카메라를 빌릴 수 있는 방법을 알아보았다. 방법이 아주 없는 건 아니었다. 베트남 중부에 살고 있는 영화 감독과 친분이 있는 방송사에서 장비를 빌릴 수 있었다. 게다가 평화기행 팀에는 핸디캠을 들고 온 지인도 있었다. 그러나 자신이 없었다. 이미 촬영을 마치고 편집을 하고 있는 상황에서 또 촬영을 해야 한다니. 게다가 한국에서 열릴 시민평화법정은 4월로 예정되어 있었는데 당장 다음 달이었으며 학기 중이었다. 이미 무리하여 시간과 비용을 내어 베트남으로 온 터였다. 베트남과 한국에서 열흘 넘게 이어질 여정을 소화하기에는 시간과 비용이 부족했다. 고민을 털어놓자 프로듀서가 말했다.

"그래요? 저는 프로듀서잖아요. 제가 감독님의 고민을 하나씩 해결해볼게요. 일단 주인공이 다른 행보를 보이려고 하고 있고 표정 자체가 달라졌다는 건 감독님도 동의하는 바죠? 자, 그럼 추가 촬영을 한다고 했을 때 걸리는 것. 기존에 잡아놓은 편집 일정은 편집자와 조정해서 미룹시다. 비용 문제는 제가 책임지고 알아볼게요. 당장 필요한 돈은 저와 감독님 사비로 지출하죠. 제가 책임질게요."

유려하고 전문적인 설득에 반쯤 넘어갔다.

"일정은 어쩌죠. 저 석사 졸업 꼭 하고 싶어요. 며칠 뒤에 네덜란드 돌아갔다가 다시 베트남 왔다가 한국 갔다가 다시 돌아가는 건 정말 불가능해요."

"그럼 이렇게 하죠. 감독님은 네덜란드 갔다가 다시 베트남으로 오고, 제가 촬영 감독님 설득해서 베트남 촬영과 한국 촬영 소화할 수 있도록 할게요. 감독님과 촬영 감독님이 베트남 촬영하고 저와 촬영 감독님이 팀 짜서 한국 촬영할게요. 연출 방향만 좀 잡아줘요."

대단했다. 나도 일을 벌이는 스타일인데 소나 프로듀서는 더했다. 예산이 확보된, 안정적인 상황도 아니었다. 영화가 더 나아질 수 있는 좋은 기회라며 순간을 포착해야 한다는 말에는 동의했지만 부담이 컸다. 제대로 된 인건비도 책정할 수 없는 상황에서 일을 벌이고 싶지 않았다. 그러나 프로듀서는 일하겠다고 했다. 그렇다면 나 역시 일해야 했다. 우리가 가진 최소한의 예산으로 실제 추가 촬영이 가능하게끔 촬영 계획을 짰다. 소진은 흔쾌히 함께하겠다고 했고 새롬은 추가 촬영은 함께하지 못하지만 아주머니가 한국에 오셨을 때 만나 뵐 것이라며 응원과 지지의 마음을 보냈다.

그렇게 '베트남전쟁 시기 한국군에 의한 민간인 학살 진상규명을 위한 시민평화법정' 추가 촬영이 시작되었다.

#3 어떻게 기억을 마주할 것인가

"나의 이야기를 들어달라"

조소나

2018년 4월 18일, 탄 아주머니가 인천 공항에 도착했다. 촬영에 많은 공을 들이고 싶었지만 보라 감독은 학사 일정 때문에 한국에 올 수 없었고, 곽소진 촬영 감독과 나 둘이서 촬영을 진행해야 했다. 작품의 처음부터 끝까지 함께한 촬영 감독이 있었기에 내릴 수 있는 결정이었지만 아무래도 연출자 없는 촬영은 모험인지라, 지인이자 작업을 응원해준 고두현 감독에게 부탁해 B캠 촬영과 장비 대여에 도움을 받았다.

사흘 뒤 시민평화법정 당일. 신문사는 물론이고 지상파, 종편 가릴 것 없이 온갖 방송사에서 취재하러 나왔다. 법정은 방청객으로 꽉 찼다. 아주머니는 다소 긴장한 모습이었다. 이윽고 재판이 시작됐다.

"원고 응우옌티탄 나와 계십니까?"

아주머니는 손을 들었다. 곧이어 원고 측 변호사와 대한민국 정부 측 변호사의 증거 조사가 시작됐다. 각각 준비한 자료와 영상을 설명했고, 증인 심문도 이어졌다. 재판은 꽤 긴 시간 지속되어 촬영 때문에 긴장한 나조차 졸음을 참기 어려웠다. 법정 한 구석에서 촬영본 백업을 하다가 탄 아주머니와 눈이 마주쳤다. 먼 산을 보듯 어딘가 시선을 고정하고 있는 아주머니와 공방을 이어가는 변호사들의 모습이 겹쳐 보였다. 간간이 통역을 통해 내용을 전달받는 듯했지만 아주머니의 표정은 어두웠고 굳어 있었다.

불현듯 이 법정이 누구의 법정인가라는 의문이 들었다. 모든 언어가 한국어로 진행되는, 한국의 법정이었다. 일반인에게도 법 용어는 생소한데, 한국어로 된 법 용어를 아주머니가 제대로 이해하긴 어려웠을 것이다. 그러나 그는 소송을 제기한 '원고'이고 민간인 학살 사건의 생존자였다. 공방이 오가는 속에서 고개를 끄덕이며 경청하는 방청객들 사이로 시선을 고정하고 굳은 얼굴을 한 아주머니가 있었다. 당신은 어떤 생각을 하고 있을까. 이 자리를 어떻게 받아들이고 있을까.

법정이 무의미했다거나 문제적이었다는 이야길 하고 싶은 것은 아니다. 2000년, 도쿄에서 일본의 시민단체들이 시민법정을 열어 일본군 '위안부' 문제를 사회화한 것처럼, 시민평화법정이 지난 과거의 문제를 수면 위로 끌어올리는 데 있어 의미 있는 시도였음에는 의심의 여지가 없다. 베트남전쟁 시기 한국군에 의한 민간인 학살 문제를 돌아보고 사회적 논의를 넓혀가기 위해 꼭 필요한 일이었다. 그럼에도 아주머니의 모습은 오래도록 뇌리에 남았다. 쓸쓸해 보였다. 가능하다면 영화 안에서 시민평화법정이 민간인 학살의 진상규명을 위한 공간이 아니라 아주머니의 변화와 결정이 이루어지는 '아주머니의 공간'이 될 수 있으면 좋겠다고 생각했다.

원고 진술 차례가 되었다. 아주머니는 자리에 앉아, 차분히 증언을 이어갔다. 그의 경험을 한마디 한마디 옮기던 통역사는 목이 메어 한동안 말을 잇지 못하기도 했다. 장내에 훌쩍이는 소리가 끊이지 않았다. 동시에 '허', '참나' 하는 등의 목소리도 들렸다.

시민평화법정에는 '국가유공자' 복장을 하고 온 분들도 계셨다. 참전군인으로 보이는 이도 여럿 있었다. 때문에 법정 시작부터 주최 측은 혹시 모를 상황에 대비하여 잔뜩 긴장하고 있었다. 재판이 진행되는 단상 앞쪽으로 안전요원이 서 있었고, 밖에는 경찰도 대기 중이었다. 2000년대 초반, 처음 이 문제를 다룬 언론사에 참전군인이 쳐들어가 건물 유리창과 집기를 크게 부순 일도 있었고, 탄 아주머니가 한국을 처음 방문한 2015년에는 아주머니의 숙소 근처에서 대대적인 시위가 있기도 했다고 들었다. 2015년 촬영분에 담긴 참전군인의 모습은 격렬했다. '우리가 죽이지 않았다', '당시 어린아이였던 사람들이 무엇을 제대로 기억하고 알겠냐', '한 명의 베트콩을 놓치더라도 백 명의 양민을 살리라는 작전 명령이 있었다' 등. 그러다 보니 나 역시 긴장을 늦추기 어려웠다.

진술이 끝나고 잠시 쉬는 시간이었다. 촬영분 백업을 하며 네덜란드에 있는 보라 감독과 연락을 주고받고 있는데 소진 감독이 보이지 않았다. 다른 것을 촬영 중인가 싶어 밖에 나가보았다. 소진 감독과 두현 감독은 '국가유공자' 차림의 어르신을 인터뷰하고 있었다. 슬며시 뒤로 가 인터뷰 내용을 들었다. 억울한 마음을 토로하는 듯 보였으나 정확한 내용은 파악하기 어려웠다. 본인은 후방 부대였고 참전 시기도 종전 즈음이었다고 하며 이렇게 싸잡아서 모두의 명예가 실추되는 것을 좌시할 수 없어 무슨 이야기를 하는지 듣기 위해 이곳에 왔다고 했다. 혹시라도 학살이 있었다면 조사를 해서 책임자를 가려야 한다는 말도 힘주어 덧붙였다.

"혹시라도 이런 일이 있었다고 가정한다고 해도, 피해자는 이렇게 언론에 이야기할 수 있지만 가해자는 나올 수 없지. 가해자가 설 곳은 없어."

젊은 날 나라를 위해 몸을 바쳤는데, 전우들 대부분이 나이 들어가고 고엽제 후유증으로 병들고 죽어가고 있다며 본인들에게 남은 것은 아무것도 없다는 이야기를 할 때는 조금 울먹이는 것도 같았다.

"50년 후에 이런 꼴을 볼 거였다면, 그때 전장에서 수류탄을 가져와서 나한테 터트릴 걸 하는 생각을 합니다."

허투루 하는 말이 아니었다. 그의 말은 무거웠다. 동시에 나의 마음도 무거워졌다. 학살의 순간을 떨리는 목소리로 전하던 탄 아주머니의 결연함과 전쟁 때 죽는 것이 차라리 명예로웠을 것 같다는 군인의 울먹임을 한 공간에서 만나게 될 것이라고는 상상하지 못했다.

언젠가 남편과 베트남전쟁에 대해 이야기한 적이 있다. 학사 장교 출신인 남편은 친구들과 이 이야기를 나눠본 적이 있다며 본인이라면 어떻게 했을까 고민해보았다고 한다. 남편은 꽤 단호하게 말했다.

"명령이라면 해야 한다고 생각하고, 내가 명령해야 하는 상황이라면……, 전우들을 먼저 생각할 것 같다."

어떻게 그럴 수 있냐며 처음에는 반문했지만 나라면 어땠을 것 같냐고 되묻는 그의 말에 쉽게 답하기 어려웠다. 그러나 그는 후에 책임을 지고 처벌을 받아야 한다면 마땅히 죗값을 치르겠다고 덧붙였다. 나는 가해자가 죗값을 치러도 피해자의 삶은 복원되지 않을 거라고, 전쟁이라는 특수한 상황이 피해를 정당화할 수는 없고, 잘못은 잘못이라는 점을 오래도록 이야기했다.

'자유월남'이 '베트남'이 되고 '참전용사'가 '참전군인'으로 바뀌는 동안, '반공'이 국시였던 시절에서 6·25전쟁의 '적국'이었던 중국으로 자유여행을 가는 시절로 변화하는 동안, 베트남전쟁에 대한 논의는 한 발짝도 나아가지 못했다. 베트남전쟁은 여전히 경부고속도로를 만들어준 경제성장의 원동력일 뿐이었다. 전쟁에서 어떤 일이 있었는지, 전쟁에서 돌아온 사람들의 삶은 어땠는지, 우리에게 그 시간은 무엇이었는지에 대한 논의가 부재했기 때문에, 그리고 전쟁이 근본적으로 삶에 무엇을 남겼는지 돌아보는 시간이 충분하지 않았기 때문에 50년이 넘는 시간 동안 피해자는 피해자대로 가해국인 우리는 우리대로 비극이 계속되고 있다는 생각에 이르렀다.

인터뷰를 마치며 그는 "국방부에서 '이렇다'라고 정해줬으면 좋겠다"고 했다. 차라리 국가가 명확하게 정리해주면 당신들도 편할 것 같다고 말이다. '국가가 정해달라'라는 말은 아이러니하게도 '그 이후 국가는 아무것도 하지 않았다'라는 말로 들렸다. 국가가 부재한 공간에, 남아 있는 개인이 결국 서로를 미워하고만 있는 것은 아닐까.

평화법정 둘째 날, 탄 아주머니는 최후 발언에서 대한민국 정부에는 당신의 이야기를 들어줄 것을, 학살에 가담한 참전군인에게는 당신에게 사과할 것을 요구했다. 이윽고 정부 측 변호인의 최후 변론이 있었다. 갑자기 장내에 있던 참전군인 한 명이 단상에 뛰어들었다. 법정 내내 경비를 서고 있던 주최 측이 참전군인을 제지했다. 그러나 예상과는 달리 그는 탄 아주머니가 있는 쪽으로 가지 않고 최후 변론을 준비하던 정부 측 변호인을 향해 호소했다.

"제발 우리 이야기도 들어주세요."

법정이 끝나고 돌아오는 길에 보라 감독과 촬영 소회를 나누며 말했다.

"우리가 영화 안에 얼마큼의 이야기를 담을 수 있을까요?"

과연, 얼마큼 할 수 있을까.

"아이들이 왜 미안해하는 거죠?"

이길보라

네덜란드에서 시민평화법정 촬영분을 받았다. 한국으로 향하는 준비 과정, 사전 인터뷰를 담은 베트남에서의 촬영분과 시민평화법정을 담은 한국에서의 촬영분을 합하니 분량이 어마어마했다. 그러나 어느 정도 뼈대를 갖춘 편집본이 있었다. 어떤 내용의 촬영분이 추가되어야 하는지 인지하고 진행한 촬영이었다. 편집자 패트릭 밍크스(Patrick Minks)와 나는 하드를 꽉 채운 분량의 시민평화법정 영상을 재생했는데 문제는 그가 한국어를 모르는 네덜란드인이라는 것이었다. 그렇다고 이틀이 넘게 촬영된 영상에 일일이 영어 자막을 올릴 수도 없고 편집 기간을 뒤로 미룰 수도 없었다.

베트남에서 진행했던 인터뷰의 경우 작은 용량으로 편집하여 웹드라이브에 올리면 베트남에 있는 통역사가 베트남어로 받아 적은 후 한국어로 번역하여 영상 위에 자막으로 올렸다. 두 시간 분량의 인터뷰에 자막을 올리는 작업도 충분히 복잡했는데 베트남과 한국을 거쳐 12일 동안 진행된 추가 촬영 분량을 전부 받아 적고 영어로 번역하는 건 불가능했다. 시민평화법정이 어떤 주체에 의해 어떤 의도로 기획되었는지 영상을 보며 실시간으로 통역했다. 그러나 법정 공방을 비롯해 역사적 배경을 설명하기에는 역부족이었다. 동시통역을 30분 정도 했을까, 미천한 영어 실력이 바닥을 드러내자 방향을 설정하고 필요한 부분만을 보고 선택할 수밖에 없다고 판단했다.

"영화에서 중요한 건 법정에서 이기고 지는 것이 아니라 탄 아주머니의 여정 그 자체에 있다고 생각해요. 그가 한국에 재방문하여 법정에 서서 증언할 것이라 했죠. 그 시도 자체에 주목하는 건 어떨까요?"

편집 감독은 고개를 끄덕였다. 그는 시민평화법정에서 흥미로운 건 바로 이것이라며 한 장면을 꼽았다. 법정 휴정 시간에 두 명의 탄 아주머니에게 인사하는 십 대 여성들의 모습이었다. 베트남에서 아주머니 댁을 방문한 적이 있다며 수줍게 다가와 정성스럽게 포장한 선물과 직접 쓴 편지를 전달하는 장면이었다.

"저희는 호평중학교에서 온 학생들이에요. 1월에 퐁니·퐁넛 마을에서 탄 아주머니를 만나 뵈었어요. 이거는 저희가 쓴 편지예요. 이게 퐁니 마을 탄 아주머니, 이건 하미 마을 탄 아주머니 거예요. 용기 내어 이렇게 한국까지 와주셔서 정말 감사해요. 저희가 앞으로 한국 시민들에게 이런 사건에 대해서 책임져야 한다는 걸 알리기 위해 노력할 테니까 마음 편하게 (베트남으로) 돌아가셨으면 좋겠어요."

탄 아주머니는 기억난다며 고맙다고 아이들의 볼을 어루만졌다. 편집 감독은 말했다.

"이거 봐요. 너무 이상하지 않아요? 베트남전쟁과 민간인 학살이 뭔데 이 학생들이 여기 와서 죄송하다고 인사하고 눈물을 흘리고 있는 거죠? 이 학살은 1960년대 후반에 벌어졌고 사실 이 십 대들은 전혀 관련이 없잖아요. 그런데 한국의 젊은 세대들은 죄책감을 느끼고, 자신의 일이라고 생각해요. 이 작업에서 흥미로운 건 한국 시민사회의 태도예요. 이건 평화기행에 참여하는 개개인의 잘못이 아니잖아요. 학살을 저지른 주체가 아닌 데도 개인이 죄책감을 느끼고 비용을 들여 제사에 참여하고 향불을 올려요. 비슷한 예가 아닐진 몰라도 네덜란드는 인도네시아를 식민지화했던 역사가 있죠. 네덜란드 사람이 갑자기 거기 가서 사죄와 속죄의 눈물을 흘리지는 않아요. 한국 사람들은 지금 그걸 하고 있는 거예요. 그것도 십 대들이 말이에요. 이 사람들은 왜 자기와 상관없는 학살에 책임을 느끼고 행동하는가. 저는 어떻게 기억할 것인가에 대한 실마리가 여기에 있을 수도 있다고 생각해요.”

완전히 새로운 시각이었다. 한 번도 이 전쟁을 기억하는 다양한 주체에 한국 시민사회를 포함할 생각을 하지 못했다. 당연하다고 생각했다. ‘한국인’, ‘한민족’이 지은 죄는 같은 민족으로서 죄스럽게 생각하여 되갚아야 한다고 말이다. 할아버지가 참전군인이라 더더욱 그렇게 느낀 것일까. 편집 감독은 전쟁과 학살을 기억하는 방식을 보여줄 거라면 지금 한국 사회가 만들어내고 있는 기억의 자세와 태도도 포함해야 한다고 말했다. 그렇게 시민평화법정은 또 하나의 기억의 주체 혹은 방식으로서 영화에 포함되었다. 나와는 다른 시각을 가지고 있는 네덜란드 편집 감독이 아니었더라면 발견하지 못했을 지점이었다.

그는 다시 한번 화면을 멈췄다.

“여기 이 장면. 무슨 말을 하고 있는 걸까요? 법정에 선 퐁니·퐁넛 마을 출신 응우옌티탄과 하미 마을 출신 응우옌티탄이 대화를 나누고 있는데요. 뭔가 중요한 이야기를 하고 있는 것 같아요.”

원고석에 앉은 두 탄 아주머니가 말을 주고받다 통역사인 응우옌응옥뚜옌에게 귓속말을 했다. 퐁니 마을 탄 아주머니가 최후 진술을 마친 후였다. 중요할 것 같다는 느낌이 들어 장면을 추출해 번역자에게 보냈다.

하미 탄: 박수도 안 쳤어요?

퐁니 탄: 안 쳤어요.

하미 탄: 너무 끔찍하네요.

퐁니 탄: 어떻게 저리 끔찍할까요. 내가 아까부터 계속 지켜봤는데 박수도 안 쳤어.

하미 탄: 참전군인의 사과를 받고 싶다고 했지요.

퐁니 탄: 네.

하미 탄: 나라면 그런 생각도 못했을 거예요 무서워서.

퐁니 탄: 나는 바로 말해버리죠. 말해보고 하는지 안 하는지 봐야죠. (통역사에게 귓속말로) 언니가 왜 나에게 참전군인의 사과를 원하냐고 말했느냐고 하네. 저 사람이 나올 건지 안 나올 건지 알고 싶으니 그렇게 말했어. 괜찮지? 그렇게 말해도 되지? 사과할지 안 할지 확인할 수 있잖아.

뚜옌: 맞아요, 맞아요!

퐁니 탄: 겁먹을 리가 없는데!

뚜옌: 네, 괜찮아요.

퐁니 탄: 왜 무서워해야 하나?

느낌이 적중했다.

"이거예요! 이게 시민평화법정의 핵심이자 마지막이 될 거예요. 중요한 건 법정에서 누가 이기고 지느냐가 아니라 응우옌티탄이 정말로 받고 싶었던 것이죠. 그가 한국에 온 이유, 이 자리에 선 이유, 그걸 보여줘야 해요."

편집 감독은 내 말에 고개를 끄덕이며 이어지는 영상을 붙였다. 탄 아주머니가 떨리는 몸으로 단상에 섰다. 관중을 향해 입을 열었다. 최후 진술이었다.

"저는 오늘 이 자리에 증인으로 섰습니다. 한국군은 퐁니·퐁넛의 주민 74명과 생존자, 유가족에게 너무도 아픈 상처를 남겼습니다. 이 진실을 한국 정부와 참전군인들이 인정해야만 저와 퐁니·퐁넛 마을 사람들의 고통과 상처가 누그러질 수 있을 것입니다. 마지막으로 원하는 것은 오늘 이 자리에 퐁니·

폼넛 학살을 저지른 참전군인이 와 있다면 지금 여기에 올라와 제 손을 잡고 사과하기를 바랍니다."

객석의 누구도 자리에서 일어서지 않았다. 여러 차례 한국을 방문하며 그가 꼭 받고 싶었던 건 사과였다. 손을 잡고 참회하는 참전군인으로부터의 진심 어린 사과. 그걸 요구하기까지 오랜 시간이 걸렸다. 아주머니는 어떠한 사과도 받지 못했다.

시민평화법정이 계속되는 내내 두 탄 아주머니는 원고석에서 내려오지 않았다. 피곤하고 지치면 대기실에서 쉬어도 된다고 했지만 둘은 당신의 재판이니 처음부터 끝까지 앉아 있겠다며 완강히 거절했다. 베트남어가 아니라 한국어로 진행되는 재판이었다. 사람들이 돌아가며 통역했지만 모든 내용을 옮기는 건 현실적으로 불가능했다. 육십이 넘은 나이로 타국에서 낯선 언어로 진행되는 재판 한가운데 앉아 있는 일은 엄청난 인내를 필요로 했다.

재판이 진행되는 동안 탄 아주머니는 종종 앞을 쳐다봤다. 눈빛에는 두려움과 망설임이 서려 있었다. 아주머니는 아래쪽을 바라보다 아주 잠깐 객석을 쳐다보고는 이내 시선을 돌려 다시 아래를 보았다. 그리고 다시 객석을 잠깐 쳐다보고는 눈을 돌렸다. 몇 번이고 반복했다. 이게 뭐지? 영상을 뒤로 돌렸다. 알고 보니 객석에 있는 누군가를 보고 싶은데 계속해서 응시하기 어려워 용기를 내서 쳐다봤다가 시선을 거두기를 반복했던 것이다. 그곳에는 참전군인이 있었다. 탄 아주머니는 그렇게 많은 사람이 있는 공간에서, 당신을 위한 재판이 열리는 순간에도 그를 똑바로 쳐다보는 것을 두려워했다. 그제야 그가 얼마나 큰 용기를 낸 것인지 알 수 있었다. 1968년 2월 12일, 퐁니·퐁넛 마을에 들어와 어머니와 형제, 마을 사람을 죽였을지도 모르는 그들을 향해, 오늘 이 자리에, 그 참전군인이 있다면 나의 손을 잡고 사과하라고, 나는 그것을 원한다고, 용기를 내어 말한 것이다.

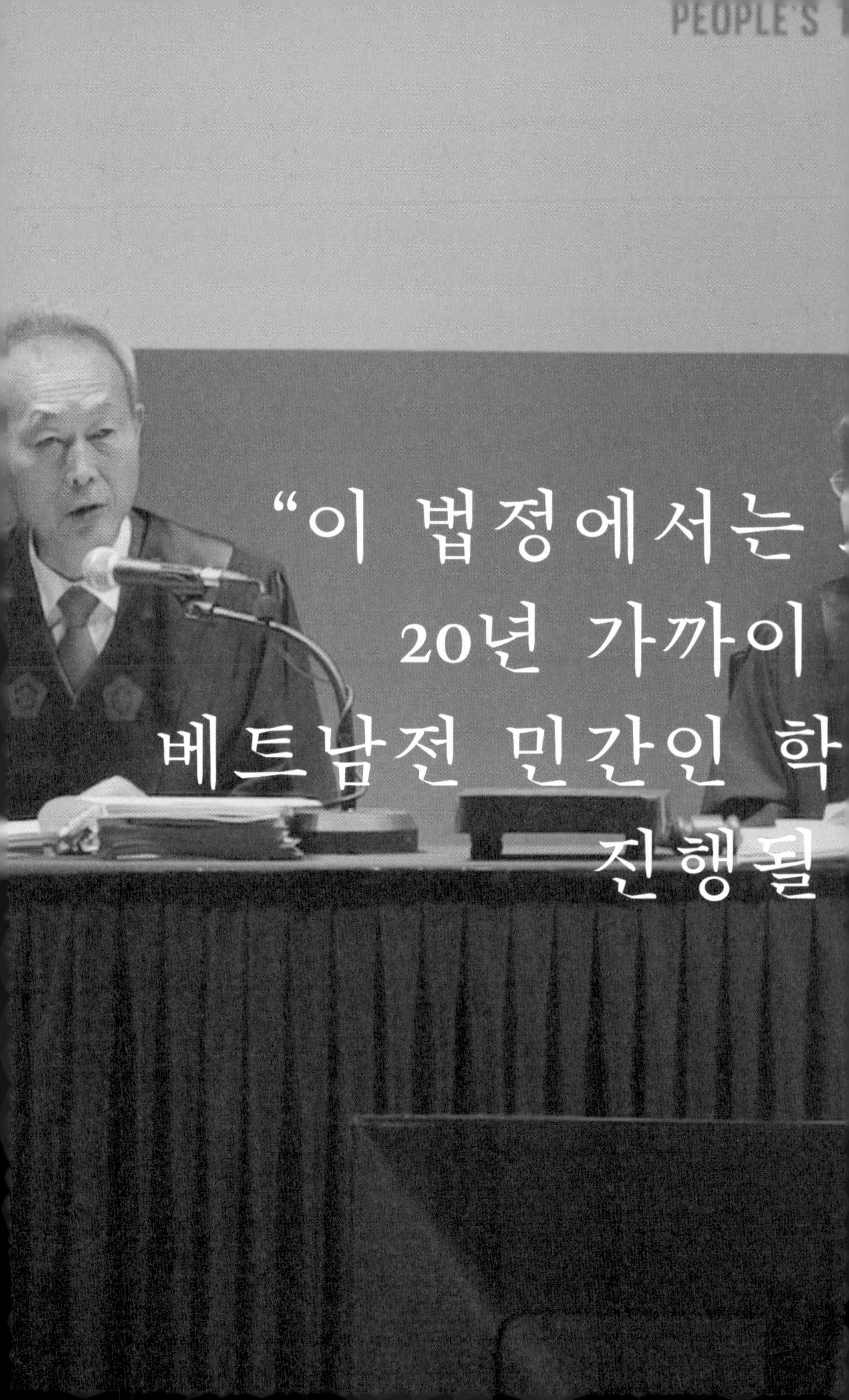

"이 법정에서는
20년 가까이
베트남전 민간인 학
진행될

NAL
간 한국 사회에서
론화되어왔던
문제에 대한 재판이
입니다”

"재판부는 더 이
과거의 불행
정직하게 직시하
마련하는

외면할 수 없는
이제부터라도
온당한 치유책을
이야말로"

“참전군

동의할 수 있는 참

것이라고

모두가
명예에 부응하는
습니다”

"1968년 2월 12

새벽부터 시장

오전 일고

한국군이 우리 마

총을 마구

에 저희 엄마는
ㅣ 나갔습니다.
덟 시경에
을로 들이닥쳤고
았습니다"

"그걸 본 이

방공호로 들어

방공호에

잠시 후 한국

들이닥

가 겁에 질려
라고 했습니다.
어 있는데
| 저희 집으로
습니다"

"한국군은

다가와서 수류탄을

손짓을

한국군이 수류탄을

이모는 저희에게

공호 입구로
여주며 나오라는
습니다.
질까 봐 무서웠던
가라고 했습니다"

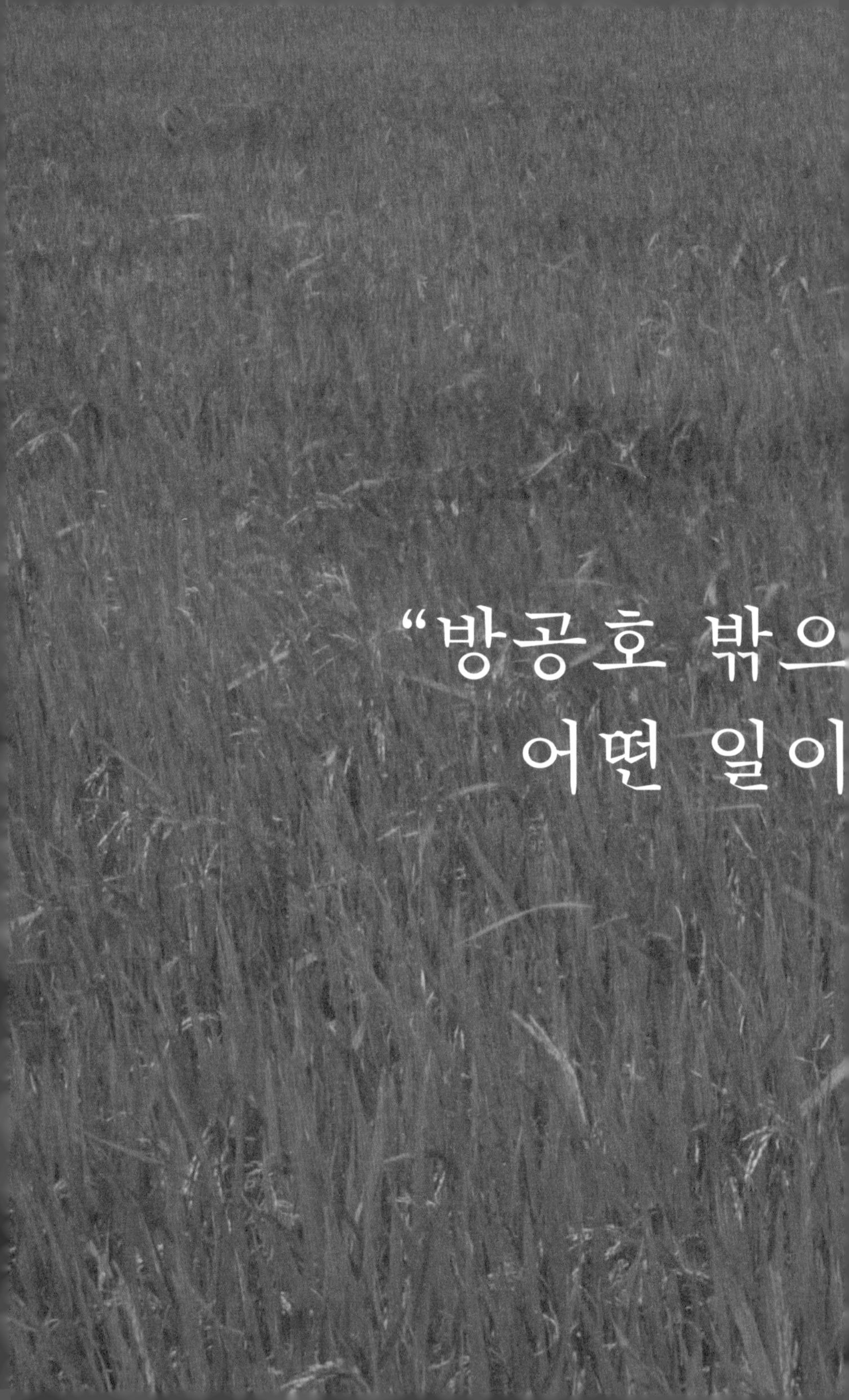

“방공호 밖으
어떤 일이

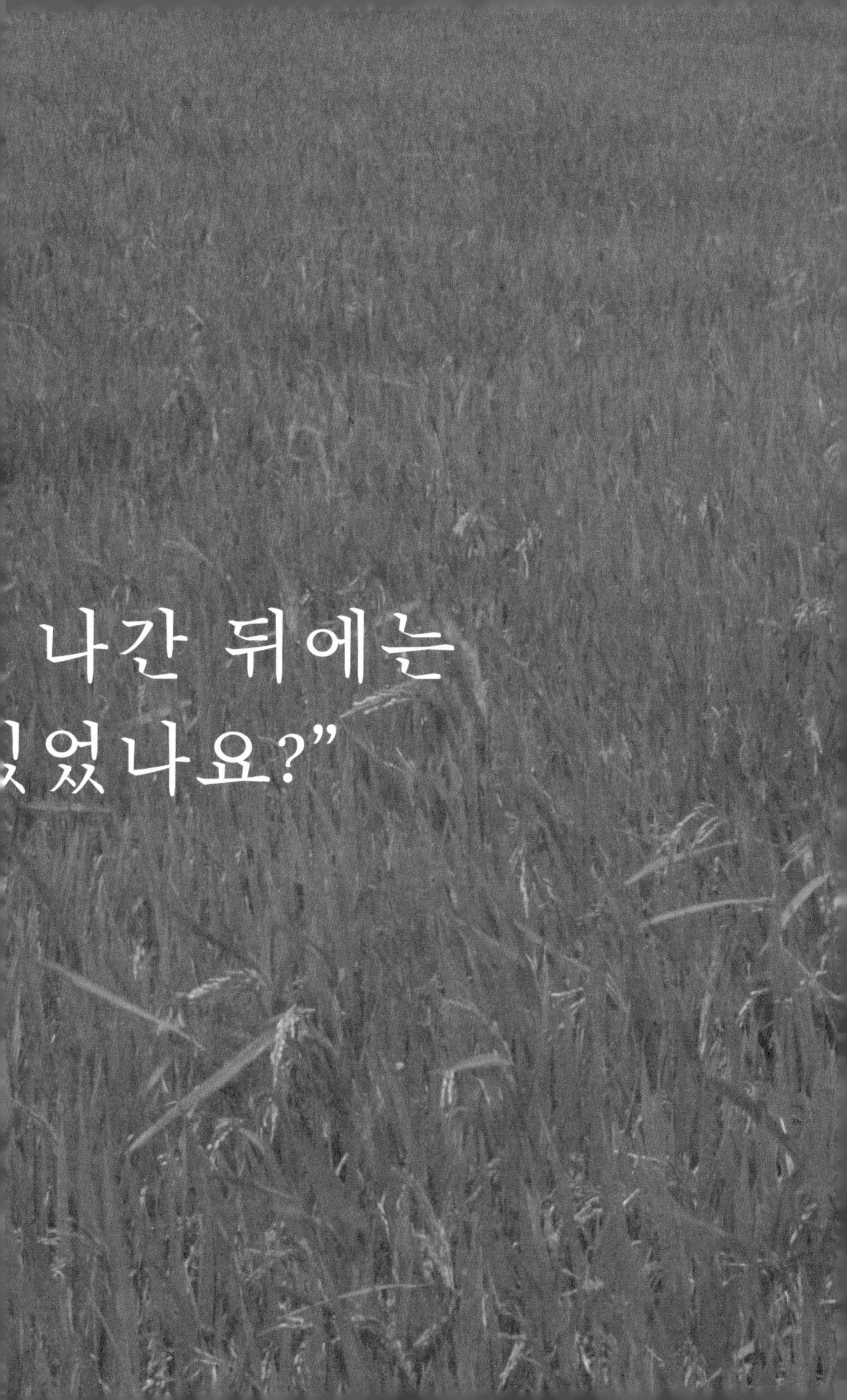
나간 뒤에는
었나요?”

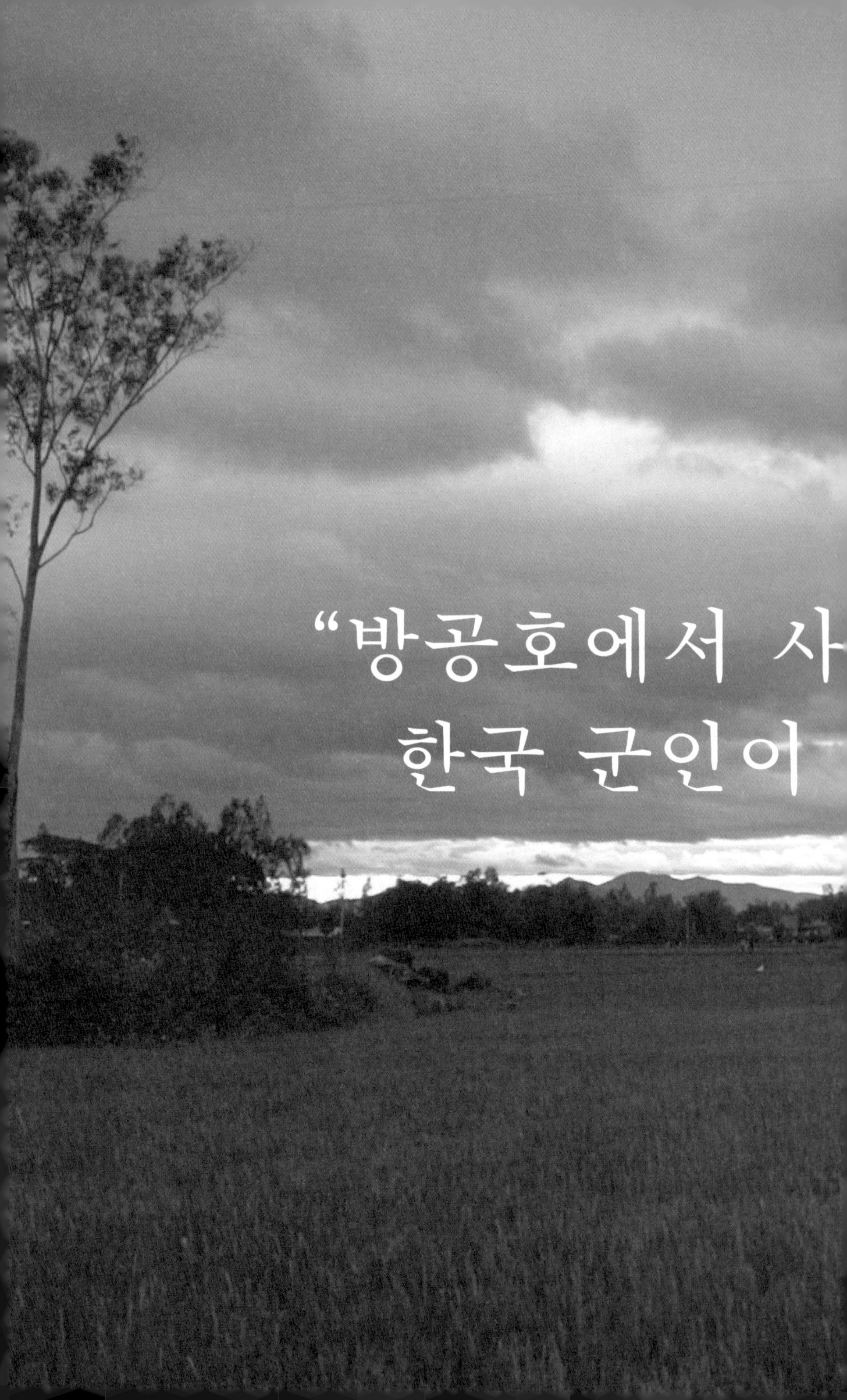
“방공호에서 사
한국 군인이

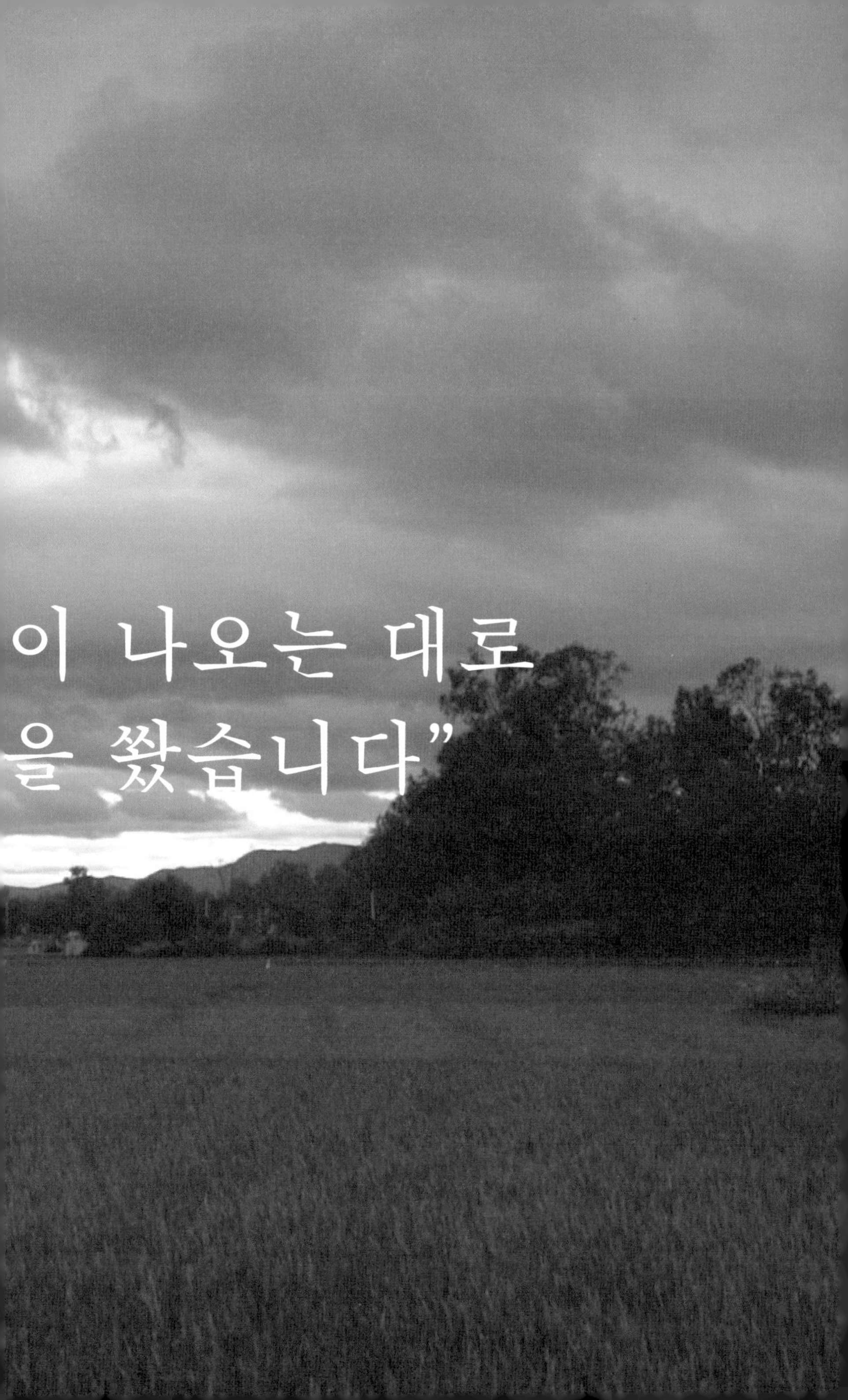
이 나오는 대로
을 쐈습니다”

4부

개봉

#1 기억의 문을 열다

새로운 여정의 시작

이길보라

부산국제영화제에서 만난 관객들

"감독님, 상영 후에 관객과의 대화 할 때 제작진 다 같이 무대에 서요."

영화 〈기억의 전쟁〉은 2018년 10월 부산국제영화제 와이드 앵글 부문에 초청되었다. 소나 프로듀서가 이 영화를 만든 사람을 관객에게 보여주고 싶다며, 무엇보다 제작진 모두가 무대에서 축하받고 격려받았으면 한다며 함께 나가자고 권했다.

편집 감독과 함께 봄, 여름 내내 영화를 편집하고 영화제에 출품했다. 경쟁 부문에 선정되었다는 소식을 듣고 후반 작업을 진행했다. 학기 중에 시간을 내어 최종 편집을 했다. 후반 작업은 여러 단계로 이루어진다. 컷 편집이 완료된 픽처락(picture lock) 버전이 나오면 음악 감독에게 넘긴다. 아이디어 회의를 거친 후 영화에 어울리는 음악을 만든다. 음악이 완성되면 후반 사운드 작업이 시작된다. 전체적으로 튀거나 어울리지 않는 소리를 조정하고 또 새로 만들기도 하는 작업이다. 시청각매체인 영화에서 사운드는 이미지만큼이나 중요하다. 사운드를 통해 전체 영화의 톤을 180도 바꿀 수 있다. 픽처락 버전은 색 보정실로도 보낸다. 영화의 최종 이미지를 다듬는 단계다. 이미지 샷을 확대하거나 축소하고 수평을 조정하고 색을 변경한다. 그렇게 이미지와 사운드 작업이 완료되면 이 둘을

결합하는 마스터링 작업이 이어진다. 영화관에서는 대부분 DCP라는 포맷으로 영화를 상영하므로 마스터링된 DCP 포맷의 영상을 최종 검수한다. 파일을 추출하다 자막을 빠뜨리는 등의 오류가 발생하는 경우가 있어 검수 작업을 할 때 방심은 금물이다. 자막 역시 최종 마스터링 전에 영상 파일에 올려야 한다. 국제영화제에서의 상영이기에 영문 자막이 필요했는데 〈기억의 전쟁〉은 베트남어와 베트남 홈 사인을 사용하는 이가 주인공이라 한글 자막도 필요했다. 여러 명의 번역자와 감수자의 손을 거쳐 최종 확인한 자막을 올린다. 꼼꼼한 검수는 필수다. 자막의 띄어쓰기부터 오타, 줄바꿈 오류 등이 계속해서 발견되기 때문이다. 영화 후반 작업은 정말이지 끈기로 하는 일이다. 예산이 넉넉한 프로덕션이라면 이 과정에 드는 수고를 여러 사람이 나눠질 수 있지만 규모가 작은 독립·예술 영화는 그러기 어렵다. 소수의 '매의 눈'에 기대는 수밖에. 그렇게 모두의 노고로 영화 〈기억의 전쟁〉을 완성했다.

관객이 우리 나이 또래 혹은 그보다 더 젊은 세대였으면 하고 바랐지만 베트남전쟁 시기 한국군에 의한 민간인 학살을 다룬 영화를 젊은 세대가 볼지는 의문이었다. 이십 대 초반으로 보이는 관객이 손을 들어 말했다.

"저는 영화를 보기 전에 한국군에 의한 민간인 학살이 있었다는 걸 알지 못했어요. 충격적이에요. 한국은 늘 피해자라고만 생각했어요. 한 번도 남의 나라를 침략한 적이 없는 민족이고 일본의 침략으로 큰 피해를 본 나라라고 인식했죠. 그런데 한국군도 베트남에서 민간인을 죽이고 여성들을 강간했네요."

그는 생각이 많아진다며 말을 줄였다. 의외였다. 이 사안이 한국 사회에 많이 알려져 있다고 생각했다. 영화는 예상과는 다른 파장을 일으키며 본연의 몫을 해냈다. 〈기억의 전쟁〉은 정치적 문제를 다룬 대담함과 우아한 접근법을 보여줬다는 평으로 부산국제영화제 와이드앵글 부문 비프메세나상 심사위원 특별언급을 받았다.

베트남 상영회

첫 상영에 영화 주인공을 초대하고 싶었지만 물리적, 시간적 여유가 없었다. 영화제 전까지 영화 검수 작업을 마무리하는 것만으로도 빠듯했다. 훗날 극장에서 개봉하게 되면 꼭 아주머니를 초청하리라 다짐했다.

그래서 2019년 베트남 방문의 목적은 정해져 있었다. 주인공에게 영화를 보여주는 것. 처음에는 마을 단위의 상영회를 생각했다. 영화에 나오는 주인공뿐 아니라 학살 피해자, 생존자들이 함께 영화를 봤으면 했다. 그러나 조심스러웠다. 그렇게 영화를 보려면 당의 공식 허가를 받아야 하는데 허가를 받지 못할 수도 있었다. 고심하다 주인공 가족들과 함께하는 소규모 내부 시사를 하기로 했다. 이야기를 들은 탄 아주머니가 당신 집에서 하는 것이 어떠냐며 집에 텔레비전도, 스피커도 있으니 연결해서 보자고 했다. 껌 아저씨와 럽 아저씨를 초대해도 괜찮은지 물으니 저녁식사는 당신이 준비하겠으니 걱정 붙들어 매라고 흔쾌히 말했다.

하미 마을로 향했다. 럽 아저씨는 깨끗한 셔츠를 입고 아주머니와 우리를 기다리고 있었다. 아주머니는 정장을 챙겨 입었는데 너무 멋지고 아름다워 나도 모르게 "뎁짜이(잘 생겼어요)!" 하고 소리쳤다. 아저씨는 입을 손으로 가리고 수줍게 웃었다.

다음 목적지는 껌 아저씨 집이었다. 농인이라 전화 통화를 할 수가 없어 며칠 전 방문하여 미리 얘기해둔 터였다. 그의 홈 사인과 나의 한국 수어, 제스처, 표정을 동원해 말했다.

"우리가 만든 영화, 텔레비전으로 보다, 상영해요. 내일 모레.

같이 가요. 시간은 여섯 시. 여섯 시에 여기로 차 타고 올게요. 그때 여기 기다리고 계세요."

몇 번이고 반복했다. 다소 어려운, 미래를 약속하는 문장이었다. 아저씨의 눈을 쳐다보며 이해했는지를 확인했고 그는 알겠다며 고개를 끄덕였다. 그러나 확신하기 어려워 집으로 향하는 내내 불안했다. 다행히 아저씨는 약속 시간에 집 앞에 서 있었다.

껌 아저씨가 차에 타자 럽 아저씨와 아주머니가 살짝 경계했다. 영화에 나오는 또 다른 주인공이라며 구글 번역기를 통해 설명했다.

"하미, 하미 마을에 계셨던 분이에요."

번역기 소리를 들을 수 없는 껌 아저씨가 영문을 모르겠다는 표정을 짓는 걸 보고, 껌 아저씨의 손을 잡아 럽 아저씨의 손에 가져다 댔다. 럽 아저씨는 손을 잡고 누구인지 물었다. 껌 아저씨는 수어로 이 사람이 누구냐고, 혹시 앞을 못 보는 사람이냐고 질문했다. 껌 아저씨에게 손을 움직여 말했다. 아주머니는 내가 손으로 하는 말을 알아듣고 럽 아저씨에게 상황을 설명했다. 럽 아저씨가 반가운 목소리로 말했다.

"기억 나. 어렸을 때 마을에 말을 못하는 아이가 하나 있었어. 그때 나는 볼 수 있었지. 기억 나."

껌 아저씨는 기억이 나지 않는다며 어색해했지만 럽 아저씨는 반갑다며 손을 세게 잡았다. 통역을 하다 말고 핸드폰 카메라를 켜 녹화했다. 영화에 쓰일 영상은 아니었지만 두 분이 영화를 매개로 새롭게 관계 맺는 상황이 어쩐지 뿌듯했다.

탄 아주머니 댁에 도착하자 어마어마한 잔칫상이 차려져 있었는데 말 그대로 '마을 잔치'였다. 퇴근 시간에 맞춰 내부 시사회에 초대한 이들이 하나둘씩 도착했다. 세 주인공이 만나는 역사적 순간이었다. 촬영할 마음으로 핸드폰을 들었다 내려놓았다. 오늘 나의 역할은 촬영자가 아니라 통역사였다.

“껌 아저씨. 이쪽은 여기 마을 학살에서 생존한 아주머니고요. 이 모든 음식을 준비해주셨어요. 이제 우리 여기서 밥 조금 먹고 영화 볼 거예요.”

내가 얼굴 표정과 손을 움직여 얘기하자 탄 아주머니가 무슨 상황인지 물었다. 통역사가 설명했다. 껌 아저씨는 들리지 않고 보라는 수어를 할 줄 안다고. 상황 파악을 한 아주머니는 한국에서 온, 베트남어라고는 전혀 모르는 내가 베트남 사람인 껌 아저씨와 소통하는 것이 흥미롭다며 저녁 내내 나와 껌 아저씨를 신기하게 바라봤다. 껌 아저씨 옆에 앉아 종이에 그림을 그리고 숫자와 영어를 쓰며 수어를 동원했다. 영화를 볼 때도 그랬다. 아저씨 옆에 앉아 귀로 들리는 모든 소리를 통역했다. 인터뷰 장면은 다소 어려웠는데 글자를 읽지 못하는 껌 아저씨에게 베트남어 자막은 제기능을 전혀 하지 못했기 때문이다.

럽 아저씨 옆에는 통역사가 앉아 영화에 나오는 시각적 요소를 베트남어로 옮기는 화면 해설을 했다. 탄 아주머니는 식구들과 둘러앉았다. 한국 군인이 떼로 나와 반대 집회를 하는 장면에서는 소스라치게 놀랐다. 텔레비전 화면으로 보는 것인데도 무서운 듯했다. 참전군인들이 당신의 얼굴이 그려진 현수막을 들고 시위하는 장면에서는 손을 들어 가리키기도 했다. 탄 아주머니 식구들과 손자, 손녀는 자리에 앉아 영화를 보며 어머니 혹은 할머니에게 말로만 듣던 풍경을 바라보았다.

세 주인공은 각자의 방식으로 영화를 감상했다. 내용도 내용이었지만 시청각매체인 영화의 한계를 어떻게 보완할 수 있을지 고민이 들었다. 시각장애인인 럽 아저씨에게는 베트남어로 된 화면 해설이, 껌 아저씨에게는 보다 정확한 시각 자료가, 탄 아주머니에게는 텔레비전으로 보는 자막이 예상보다 작아 보다 더 큰 크기의 베트남어 자막이 필요했다.

영화가 막을 내리자 우레와 같은 박수 소리가 터져 나왔다.

영화가 완성되었다고 민간인 학살 문제가 해결되거나 진상규명이 된 것은 아니었지만 길고 긴 여정을 함께해낸 모두에게 보내는 박수처럼 느껴졌다. 탄 아주머니, 럽 아저씨, 껌 아저씨가 차례로 나와 영화를 본 감상을 이야기했다. 주인공들은 각자의 언어로 영화에 등장했던 자신의 경험과 소회를 말했다. 럽 아저씨는 낯선 사람들 앞에서 살짝 수줍어했고 탄 아주머니는 영화가 완성되어 정말 다행이라고, 긴 시간 동안 고생 많았다며 격려의 말을 건넸다. 껌 아저씨는 고개를 끄덕이며 엄지를 치켜세웠다.

코로나와 다큐멘터리라는 장르 영화의 삶

조소나

2019년, 상반기 배급사와 계약을 맺고 배급 비용 마련을 위해 여러 개봉 지원 프로그램의 문을 두드렸다. 감사하게도 경기영상위원회에서 개봉 비용을 일부 지원 받았다. 그러나 실제 개봉을 진행하기에는 다소 부족했다. 머리를 맞대고 방법을 강구했다. 보라 감독은 “크라우드 펀딩 해요!”라며 자신감을 보였다. 과거 다른 프로젝트에서 크라우드 펀딩을 했다가 꽤 애를 먹었던 내 입장에서 달가운 선택지는 아니었지만, 감독의 경험을 믿기로 했다.

가장 큰 고민은 ‘리워드’였다. 보통 리워드는 핀뱃지, 엽서, 에코백 등 실물인 경우가 많다. 펀딩 참여자에게 손에 잡히는 리워드가 매력적이기도 하고, 펀딩을 하는 입장에선 홍보 효과도 있기 때문이다. 그러나 조금 다르게 하고 싶었다.

극영화와 달리 다큐멘터리 영화는 살아 있는 사람들의 이야기를 담는다는 특수성이 있다. 그렇기에 작품의 완성만큼이나 주인공이 작품을 좋아하고 기뻐하는 것이 제작진에게 가장 중요하다. 작품 완성 후에 나와 보라 감독이 따로 시간을 내어 세 분의 주인공과 마을 사람들을 모시고 상영회를 열고 하나하나 설명을 드린 것도 이런 이유에서였다. 크라우드 펀딩도 같은 맥락에서 생각해야 했다. 우리에게 기꺼이 이야기를 내어주고, 마을 위령제에 오는 것을 허락해준 마을 주민과 아직 세상에 잘 알려지지 않은 피해자들의 마음을 위로하는 것이 작품의 홍보에도 중요하다고 생각했다. 그 과정에 영화를 지지하고 응원하는 펀딩 후원자를 초대하고 싶었다. 베트남 현지의 피해 마을을 지원하면서 개봉 비용 마련 크라우드 펀딩을 할 수 있는 방향으로 가닥을 잡았다.

고민 끝에 우리는 한베평화재단의 도움을 받아 ‘위령제에 조화 보내기'를 리워드로 제공하기로 했다. 조화에 이름을 적는데, 펀딩 금액에 따라 조화에 올릴 이름의 개수를 정하는 식이었다. 마을분들이 한국 사람들의 이름이 적힌 조화를 가장 좋아한다는 한베평화재단의 조언을 참고했다. 〈기억의 전쟁〉 영화 개봉 비용 마련을 위한, 베트남전쟁 희생자에게 조화 보내기 프로젝트는 그렇게 시작되었다.

> "할아버지는 전쟁에 대해서는 아무런 이야기도 하지 않았다. 할머니는 그런 건 할아버지에게 물어보라 했다. 학교에선 베트남전쟁 참전으로 경제발전을 할 수 있었다고 배웠다. '양국이 불행한 역사를 겪었다'라고 대통령은 말했지만 그 불행한 역사가 구체적으로 무엇을 말하는지는 알 수 없었다."
>
> — 이길보라 감독, 텀블벅 크라우드 펀딩 스토리 중에서

베트남에 조화도 보내고 영화 〈기억의 전쟁〉 배급 비용을 마련하는 데 힘을 보태겠다는 이들의 마음이 모여 428명 후원자의 힘으로 12,768,845원이 조성됐다. 이들 덕분에 영화는 2020년 2월, 극장에서 개봉할 수 있었다.

영화 개봉 시기는 민간인 학살이 집중적으로 일어난 2월과 3월, 평화기행이나 다른 기념 행사가 있는 시기에 맞췄다. 한베평화재단, 베트남평화의료연대, 2018년 시민평화법정을 추진했던 민주사회를위한변호사모임(이하 민변) 등과 미팅을 갖고 2월과 3월 사이 각 단체와 영화 개봉시 함께할 수 있는 행사가 있을지 조율했다.

마침 민변에서 2020년 3월에 대한민국 정부를 상대로 하는 손해배상 청구 소송을 준비하고 있었다. 원고는 응우옌티탄. 영화가 손해배상 청구 소송에, 또 손해배상 청구 소송이 영화의 홍보에

도움이 될 수 있는 방향으로 함께 의논해나가자는 데 의견을 모았다. 개봉 시점에 맞추어 탄 아주머니를 한국에 초청하고, 영화 홍보와 소송 기자회견 등을 할 수 있도록 일정을 조율했다. 베트남전쟁 민간인 학살 문제를 다시 한번 한국 사회에 각인할 수 있는 기회라 생각해 촘촘하게 계획을 세웠다. 베트남 국영방송인 VTV에서도 아주머니의 한국행을 취재하겠다며 관심을 보였다. 신원보증서와 초청의뢰서 등 만반의 준비를 갖추고 비자를 신청했다. 개봉은 2월 27일, 아주머니의 내한은 3월 4일. '관객으로 가득 찬 극장에서 주인공을 소개하는 일'을 드디어 할 수 있게 되었다는 기대감에 온몸이 떨렸다.

2020년 2월 20일, 한베평화재단의 구수정 선생님으로부터 전화가 왔다.

"지금 이래서 이거 개봉할 수 있겠어요? 미뤄야 하는 거 아냐?"

2월 18일, 코로나19 집단 감염에 대한 우려가 고조되는 상황이었다. 개봉이 일주일 남은 시점에서 신천지발 집단 감염이 시작됐다. 우리뿐 아니라 상업 영화, 독립 영화 가릴 것 없이 모두가 비상이었다. 누군가는 개봉을 미룬다고 했고 누군가는 강행한다고 했다. 우리 역시 홍보를 위한 시사회와 보도자료, 언론 인터뷰 기사가 순차적으로 나가기로 되어 있었고 예매 창도 이미 열려 예매가 진행되고 있었다. 배급사는 정부의 대응을 조금 더 지켜보자고 했다. 베를린 국제영화제 일정으로 해외에 있었던 보라 감독 역시 걱정이 많았다.

구수정 선생님은 베트남 현지 상황이 매우 좋지 않다고 했다. 곧 비행편이 다 끊길 것이라는 이야기도 있었다. 아니나 다를까, 20일부터 다낭발 한국행 비행기가 전면 취소되기 시작했다. 배급사는 지금으로서는 다른 방법이 없다는 이야기를 했다. 개봉을 미룰 경우, 다음을 기약할 수 있을지 확신하기 어렵다는 거였다.

크라우드 펀딩으로 모은 개봉 비용을 이미 소진한 상태에서 개봉을 미루고 다음을 준비할 때, 그때는 또 어떻게 개봉할 수 있을지 나 역시 뾰족한 수가 없었다. 결국, 2월 27일 하루 확진자가 505명, 코로나19 국내 감염이 시작된 이후 최고치를 기록하던 그날, 〈기억의 전쟁〉은 개봉했다.

개봉일, 새롬 프로듀서와 함께 인디스페이스를 찾았다. 5년간 여러 부침을 겪으며 고생한 이 영화가 사람들에게 처음 보여지는 순간을 우리라도 환영하자는 마음이었다. 텅 빈 극장에 관객은 딱 우리 두 명이었다. 코로나 덕에 전세 내고 영화를 본다며 웃었다. 마치 영화 코멘터리를 하듯 새롬 프로듀서와 수다를 떨며 처음부터 끝까지 영화를 보았다. 탄 아주머니가, 럽 아저씨가, 껌 아저씨가 그 안에 있었다. 영화를 보고 나오며 새롬 프로듀서는 "우리가 이 영화를 지키자"고 했다. 그의 말이 고마웠다. 오래도록 잊지 못할 순간이었다. 후에 안 일이지만, 개봉일 오전에 배급사인 시네마달 식구들도 영화관을 찾았다고 한다. 주 극장이었던 인디스페이스도 휴관을 고민할 때 〈기억의 전쟁〉을 상영해야 한다고 휴관을 하지 않았다고 한다. 모두가 같은 마음이었을 것이다.

영화보다 더 영화 같은 일들이었다. 2017년 처음 작업에 돌입한 이후 약 2년의 시간이 흘렀고, 그사이 어렵게 촬영을 했으며, 수차례 편집을 거쳐 작품을 완성했다. 야속하게도 예상하지 못했던 감염병이라는 변수 앞에서 그간의 노력이 물거품이 되는 것 같았다. 영화의 주인공이 한국의 극장에서 뜨거운 박수를 받는 순간을 기대하며 달려왔기에 탄 아주머니를 한국에 모셔오지 못하게 된 점이 마음에 크게 남았다. 후에 듣기로는 탄 아주머니도 한국에 가고 싶다는 의견을 여러 차례 피력했다고 한다. 지금 이 시국에 어디를 가려고 하느냐는 가족의 만류에도 "영화를 개봉한다는 데 보러가야지" 하고 말씀하셨단 얘기에 가슴이 미어졌다.

얼마간의 시간이 흐르고 미뤄두었던 프로모션과 관객과의 대화 행사를 조심스레 진행했다. 방역 규칙을 따라 극장 내 소독과 발열 체크는 물론이고 좌석 간 거리두기를 자발적으로 시행하며 상영을 이어갔다. 어려운 상황임을 아는 지인들로부터 많은 도움을 받았다. “영화가 남아 있는 한, 사람들이 볼 수 있지 않을까”라는 말에 잠시 위로받았지만 무거운 마음은 그대로였다. 그러던 중 한 통의 메일을 받았다.

“안녕하세요! 호평중학교 평화동아리 사. 리. 스. 입니다!”

시민평화법정에 참석했던 학생들이라며 영화를 보고 싶은데 어디에서 언제까지 볼 수 있느냐는 내용이었다. 기쁜 마음으로 상영 중인 영화관과 방역 규칙을 이야기해주었다. 상영 후에 잠시 만나서 커피라도 한 잔 하고 싶단 말도 덧붙였다. 영화 편집 과정에서도 시민평화법정 장면에 등장하는 이들을 찾기 위해 백방으로 수소문했던 터라 반가움은 더 컸다.

2020년 3월 14일, 개봉하고 약 2주 만에 시작된 첫 프로모션 행사인 ‘관객과의 대화 행사’에 호평중학교 학생들이 왔다. 마스크로 중무장을 하고 온 그들의 모습이 반가워 얼싸안고 싶었으나 그럴 수 없었다. 팔꿈치 인사를 하고 나서 시민평화법정 이후 어떻게 지냈는지 물었다. 각자 고등학교에 진학했고 2020년 수능을 치를 준비를 하고 있다고 했다. 영화에 대한 감상과 시민평화법정 이야기를 나누는 그들의 모습은 밝고 활기찼다. 다음에 탄 아주머니가 한국에 오시면 그때 다시 만나자는 말을 하며 짧은 만남을 마쳤다. 언제든 기회가 되면 다시 만날 사람이 있다는 것이 주는 안도감에 나 역시 밝게 웃었다. 그래도 영화 개봉하길 잘 했다고, 저 학생들을 만나서 참 다행이라는 말을 감독과 나눴다.

“이 영화의 관객은 누구일까?”

프로듀서는 이 영화를 누구에게, 어떻게 보여주고 싶냐는 질문을 스스로에게 수백 번 묻는다. 〈기억의 전쟁〉을 제작하며 나는 으레 '젊은 세대들에게 영화를 보여주고 싶다'고 이야기하곤 했다. 막연하게 새로운 세대가 역사의 과오를 반면교사로 삼았으면 한다는 교과서적인 생각도 있었지만, 한국 사회에서 여전히 뜨거운 '베트남전쟁'에 대한 논의들이 상대적으로 심리적 거리가 먼 세대에게는 다르게 다가갈 수 있을 것이라는 기대감 때문이었다.

청소년, 청년들이 주축이 되어 베트남전쟁 시기 한국군에 의한 민간인 학살 문제를 해결하기 위해 만들어진 '연꽃아래'라는 단체가 있다. 이들이 민간인 피해자분과 참전군인들을 인터뷰해가며 기사를 쓰는 모습을 보고 기대감이 현실에 가까워지고 있다는 생각을 한다. 무언가를 제대로 보고 질문하기 위해, 먼저 필요한 건 그 사건과의 거리감일지도 모른다. 웃으면서 영화에 대한 감상을 이야기하고 시민평화법정의 기억을 떠올리는 학생들이 더 많아졌으면 좋겠다. 그리고 앞으로 그들을 어떻게 더 만날 수 있을지 프로듀서로서 고민한다.

얼마 전 〈기억의 전쟁〉을 활용한 청소년 교육 자료를 만들어보자고 보라 감독에게 제안을 했다. 감독은 이 프로덕션은 도대체 언제 끝나는 것이냐고 반문했다.

그러게, 다큐멘터리 영화가 살아 있는 사람의 삶을 담는 것처럼, 만들어진 다큐멘터리 영화는 계속 살아 있어야 하지 않겠냐고 소심하게 답해본다.

관객과의 만남

이길보라

모든 것이 다 좋았다. 개봉을 위한 언론 매체 인터뷰를 일주일에 걸쳐 진행했다. 언론사 사회부, 영화 잡지, 심지어 패션 잡지까지 다양한 매체가 영화에 관심을 보이고 있었다. 하루에 네다섯 개 인터뷰 일정을 진행하다 보면 진이 빠졌지만 설레었다. 극장에서 다 함께 영화를 볼 생각에 힘을 냈다.

코로나19, 그리고 영화 개봉

동시에 제작진과 배급사, 한베평화재단은 영화 개봉 시기에 맞춰 탄 아주머니를 초청할 준비를 했다. 베트남 사람이 한국을 여행하기 위해서는 비자가 필요하기에 초청 단체가 공식적으로 초청장과 기타 서류를 보내면 현지에서 베트남어로 번역하여 비자 신청을 해야 했다. 탄 아주머니가 한국에 오게 되면 어떤 일정을 어떻게 소화하고 누가 모실지 일정표를 짜고 그에 따른 역할을 분담하는 회의를 했다. 제작을 하며 관계를 쌓아왔던 단체들이 영화 홍보를 적극적으로 돕겠다고, 개봉하면 지역에서 상영회를 조직하겠다며 응원과 지지를 보냈다.

개봉 직전 영화를 먼저 보고 널리 알려줄 시사회도 열었다. 많은 이들이 객석을 채웠고 반응 또한 좋았다. 영화를 상영하겠다고 의사를 밝힌 영화관도 많았다. 이 정도면 예상했던 관객 수는 거뜬히 채우겠다고 생각했다. 그런데 코로나19가 급속하게 퍼질 줄은 몰랐다. 영화가 개봉하던 주, 대구·경북 지역을 중심으로 감염자 수가 폭발적으로 늘었다. 영화관은커녕 사람들은 집 밖을 나서지 않았다. 2020년 2월 27일에 개봉한 영화 〈기억의 전쟁〉은 그렇게 코로나19 영향을 직격으로 맞은 영화가 되었다.

개봉을 코앞에 둔 상황에서 프로듀서와 나는 개봉 일정을 미루기로 하고 배급사 대표에게 전화를 걸었다.

“저희는 이 영화 지금 개봉하고 싶지 않아요. 베트남에 있는 영화 주인공도 비행기가 끊겨 못 오시고, 예정된 행사 모두 취소될 텐데 이런 상황에선 개봉 못 합니다. 크라우드 펀딩으로 어렵게 개봉 비용도 마련했는데. 이건 정말 아니에요.”

배급사는 방법이 없다고 했다. 배급 비용을 전부 지출했고 개봉을 미룬다고 뾰족한 수가 생기지 않는다고 했다. 상황이 잠잠해지길 기다렸다 개봉하면 개봉을 미룬 수많은 영화들과 경쟁해야 할 텐데 그럼 상영관을 확보하기 어렵다고 말이다. 한숨밖에 나오지 않았다. 배급사는 대안이 있느냐고 물었다. 없었다. 개봉을 미루자고 힘주어 말했지만 다시 홍보와 배급을 진행할 비용, 돈이 없었다.

개봉 당일, 그래도 개봉일에 영화를 봐야 한다며 두 프로듀서가 손을 붙잡고 인디스페이스로 향했다. 그 시간 그곳에서 우리 영화를 본 사람은 딱 두 명, 두 프로듀서뿐이었다. 문을 닫은 극장이 많아 개봉관이 반 토막, 아니 3분의 1로 줄었고 상영 회차 역시 크게 줄었다. 많이 울었다. 개봉을 미룰 수 없어 울었고, 배급사 대표가 미워 울었다. 돈이 없는 1인 제작사여서 울었고, 돈이 없는 작은 배급사라 울었다. 큰 영화들과 경쟁할 수 없어 화가 났고, 영화관에 걸릴 영화들이 없는 상황에서도 CGV, 롯데시네마 등의 멀티플렉스 영화관에 우리 영화를 상영할 수 없어 화가 났다. 영화 〈기억의 전쟁〉은 작은 규모의 독립 영화였지만 홍보가 꽤 잘 되었고 시사회 반응도 좋았기에 다들 기대를 하던 터였다. 그런데 이렇게 코로나19가 터질 줄 몰랐고 속수무책으로 개봉하게 될 줄 더더욱 몰랐다.

개봉 3주차로 접어들 무렵 서울에서 행사를 천천히, 안전하게 열어보기로 했다. 극장, 배급사와 논의 후 방역 수칙을 만들어 관객과의 대화를 진행했다. 코로나19가 터진 후 처음으로 진행하는 행사였다. 누군가는 상황이 이런데 행사를 하냐며 우려의 목소리를 냈지만 영화를 그냥 버릴 순 없었다. 돈이 없어서, 작은 영화여서 지금 개봉할 수밖에 없는 영화, 우리가 지켜야 했다. 관객들은 〈기억의 전쟁〉과 함께하겠다며 마스크를 끼고 손을 소독하고 장갑을 끼고 자리를 띄어 앉아 영화를 관람했다. 고맙고 반가웠지만 포옹을 할 수도 손을 잡을 수도 없었다. 마스크 너머의 표정과 눈빛으로 연대와 감사의 마음을 주고받았다. 그렇게 열심히 완주해냈다. 어려운 상황에서도 극장을 찾은 관객, 약속대로 영화를 상영한 극장, 힘 보태겠다며 토크 세션에 게스트로 참여한 이들과 함께했다. 서로 위로하고 연대하며 속상하고 화나는 마음을 누그러뜨렸다. 이만큼 해낸 것만으로도 정말 잘한 거라며 서로를 다독였다.

영화를 개봉하는 일이 속상한 일이 될 줄 몰랐다고, 이제 뭘 어떻게 해야 할지 모르겠다고 하자 소진 감독은 이렇게 말했다.

"영화 개봉을 위해 텀블벅 프로젝트에 힘을 보태준 분들을 생각하며 힘내자. 나는 그들 이름으로 꽃이 전달된다는 게 가장 의미 있다고 생각해. 조화를 보낸다는 건 마음을 보내는 거니까 영화가 할 일을 개봉 전에 이미 어느 정도 한 거야."

그랬다. 개봉 실적은 말 그대로 실적이었다. 많은 관객이 영화를 보는 것도 중요했지만 우리가 해온 것은 '영화 만들기'를 통한 연대였다. 영화 이전에 주인공들과의 만남이 있었고 영화 이후에 베트남에 조화를 보내는 프로젝트가 있었다. 영화의 실적도 중요했지만 영화를 매개로 메시지를 전달하고 베트남과 한국의 사람들을 잇는 것도 중요했다. 누군가는 말했다. 이 영화는 코로나19로 사람들이 영화관을 찾지 않을 때 여러 부대 행사를 안전하게 기획하고 진행함으로써 극장을 지켰던 영화라고. 그 영화를 처음부터 끝까지 지켜보고 함께한 제작진, 배급사, 극장,

관객이 있었다. 코로나19로 장기 휴관을 마치고 개관하는 몇몇 극장은 몇 개월 전에 개봉한 이 영화를 개봉작으로 결정하여 상영을 진행하기도 했다.

무엇보다 탄 아주머니의 말이 있었다. 중국에서 시작된 코로나19 바이러스가 한국에 급속히 퍼지자 가족들은 한국 방문 일정을 만류했다. 얼마 전에 댕기열에 걸려 그렇게 고생하고 다시 한국에 가는 건 말도 안 되는 일이라고. 가족들의 걱정에도 아주머니는 말했다.

"한국에 가야지. 가서 영화를 만드느라 몇 년간 고생했던 우리 제작진을 축하하고 격려할 거야. 한국에 가서 관객을 만나 인사해야지. 이 영화를 밀어주고 지지할 거야."

그 말에 용기를 얻었다. 상황이 심각해져 한국으로 오는 비행기가 모두 끊기고 국경이 닫힐 때에도 탄 아주머니는 약속을 지키겠다고 완강히 고집했다. 당신의 그 마음으로 다시 한번 힘을 냈다.

다양한 방식으로 관객을 만나며

시민평화법정을 연다는 기사를 통해 이 학살 문제를 알게 되었어요. 글로 쓰고 싶어 자료를 찾아봤습니다. 신문기사, 논문 등을 찾아봤는데 제가 접할 수 있는 자료는 대부분 '참전용사'에 관한 내용이었어요. 한국에서 쓰인 것이다 보니 그럴 수밖에 없겠다 싶었죠. 참전군인의 트라우마에 대해 쓴 논문을 읽다 보니 저희 외할아버지가 생각났어요. 그리 친하지 않아 전쟁 얘기를 들어본 적은 없지만, 외할아버지도 참전군인이었거든요.

자료를 찾아보긴 했지만 제 눈에 들어오고 또 들리는 건 럽 아저씨의 말이었어요. 할아버지가 한 일은 할아버지가,

아버지가 한 일은 아버지가 책임져야 한다는 것. 그걸 보며 자기 위안을 했어요. 아, 내 잘못은 아니구나, 내가 해야 하는 일이 아니구나. 하지만 여전히 찝찝했죠.

그런데 탄 아주머니는 이렇게 말씀하시잖아요. 아니라고, 한국이 증오스럽다고, 내 가족을 다 죽였는데 어찌 증오스럽지 않을 수 있냐고, 나는 사과 받아내겠다고. 그 말을 들으며 제 자신을 돌아보게 되었어요. 아, 이들은 이렇게 얘기하는데 나는 보고 싶은 것만 보고, 듣고 싶은 것만 들으려 했구나. 영화에서 그런 것을 직설적으로 말해주어 좋았어요. 법정의 결과가 어떻든 탄 아주머니가 듣고 싶었던 그 한마디를 주목하고 전달하는 것에 집중하는 영화라서요.

— 이십 대 여성 관객, 2020년 7월 밥풀꽃에서의 상영회

영화는 여러 공간에서 다양한 방식으로 관객을 만났다. 개봉 3주차부터 안전을 최우선으로 하여 여러 분야에서 활동하는 게스트와 함께 관객과의 대화 행사를 진행했다. 정의기억연대 전 이사장이자 현 국회의원 윤미향, 한베평화재단의 상임 이사이자 이 영화의 시작부터 끝까지 지켜본 구수정, 문화평론가 손희정, 팟캐스트 '영혼의 노숙자'를 진행하고 있는 셀럽맷, 이슬아 작가, 여성주의 연구 활동가 권김현영, 강유가람 감독, 민변의 임재성 변호사, 이승민 영화평론가, 여성학자이자 평화학 연구자 정희진과 제작진이 열 차례 넘게 부대 행사를 진행했다. 두 번, 세 번 영화를 연속해서 n차 관람하는 관객도 있었고 극장에 오긴 어렵더라도 영화를 응원하는 마음으로 티켓만 구매하는 일명 '영혼 보내기'를 하는 관객도 있었다. 안전을 위해 관객의 질문은 카카오톡 오픈 채팅방을 통해 받았다. 극장 스크린으로 참여 방법과 큐알 코드를 띄웠고 오픈 채팅방에서 질문과 감상 소감, 의견을 나눴다. 채팅방에서 관객끼리 설전을 벌이는 일도 생겼는데 영화와 관련한

사안을 논하는 과정에서 종종 벌어지는 일이었다. 더 많은 논의의 자리들이 필요했다.

여성학자 정희진 선생님과 함께한 관객과의 대화 때였다. 오픈 채팅방에 질문 하나가 올라왔다.

"어떻게 기억할 것인가라는 질문을 가지고 영화를 만드셨다고 했는데 그럼 어떻게 기억해야 하는 걸까요?"

영화가 관객을 향해 던진 질문을, 관객이 다시 '여기'에 던졌다. 어쩌면 우리는 명확한 답을 묻는 일에 익숙해져 있는 게 아닐까. 정희진 선생님은 말했다.

"정확한 답은 없어요. 나치 독일 전범 이후에 독일은 국제군사재판을 하고 박물관을 세우고 과거를 제대로 기억하기 위한 교육을 하죠. 그러나 그게 백 퍼센트 옳다고 할 수 없어요. 객관적으로 옳은 기억이란 존재하지 않아요."

나는 이어 말했다.

"그 질문에 대한 답을 찾아가는 과정이 제겐 영화를 만드는 과정이었어요. 우리가 해야 하는 건 학살에 대해 반응하는 2015년의, 2020년의 한국 사회를 바라보며 어떻게 기억할 것인지에 대한 질문을 계속해서 던지는 것이 아닐까요? 치열하게 말이에요. 앉은 자리에서만이 아니라 행동으로도 해야겠죠. 영화를 보고, 책을 읽고, 토론하고, 베트남에 조화를 보내고, 영화를 함께 볼 수 있는 상영회를 조직하면서 말이에요."

어쩌면 우리는 매일 전쟁을 겪고 있는지도

저는 광주 출신이에요. 5·18 광주 민주화운동 세대는 아니지만 어렸을 때부터 민주화운동에 대한 이야기를 많이 들었어요. '문화'라고 해야 할까요. 이런 것을 지켜야 한다, 싸워야 한다는 것을 듣고 자랐어요. 그런데 종종 반감이 들 때가 있어요.

어른들이 너는 광주에서 태어났기 때문에 이렇게 해야 해 하고 강요했달까요. 스스로 생각하고 사유하고 행동할 수 있게 교육하는 게 아니라 강요한다는 느낌을 종종 받았어요. 광주 사람이니까 마땅히 이런 걸 해야 한다, 역사를 교육받고 행동거지를 요구받는 거예요. 스스로 생각하고 결정할 수 있는 시간이 없었어요. 나는 어떤 방식으로 기억하고 활동하고 생각해야 하나, 이게 제 화두였는데 영화를 보며 광주가 많이 떠올랐어요. 5·18은 광주에서 한국인이 한국인을 학살한 사건이잖아요. 영화에서는 한국인이 베트남인을 학살하죠. 이게 뭐가 다른가. 똑같이 인간이 인간을 죽인 거죠. 학살이라는 건 인간이 인간을 존중하지 않아서 벌어진 일인데 세계 곳곳에서 폭력적인 일들이 벌어지고 있고 또 나도 그 폭력이라는 걸 행할 수 있는 거잖아요. 그래서 '폭력'이라는 단어가 계속 머릿속에 남아 있어요. 여전히 어떻게 받아들이고 생각하고 조심할 수 있을까, 어떻게 기억해나갈 수 있을까 고민이에요.

— 이십 대 여성 관객, 2020년 7월 밥풀꽃에서의 상영회

2020년 7월, 밥풀꽃이라는 비건 식당에서 〈기억의 전쟁〉 공동체 상영이 있었다. 영화를 본 이십 대 여성들이 직접 기획한 상영이었다. 시작은 이랬다. 서울 혜화에 위치한 인문사회서점 풀무질에서 공동체 상영이 있었다. 이십 대로 보이는 여성 두 명이 다가와 사진 한 장 찍고 싶다며 수줍게 말했다. 예전부터 팬이었다고 계속해서 지켜보고 있었는데 영화를 이제야 챙겨보게 되었다며 잘 봤다고 인사를 전했다. 일주일 후, 경기도 고양시 마을학교에서 공동체 상영이 있었다. 그때 그 관객이 친구들의 손을 잡고 또 영화를 보러 왔다. 아니, 지난주에 영화 봤으면서 또 봐요? 그는 영화가 너무 좋다며 친구들과 함께 상영회를 조직해보겠다고 했다. 그렇게 이십 대 여성들이 직접 기획하고 진행한 영화

〈기억의 전쟁〉 상영회 및 관객과의 대화 ‘어쩌면 우리는 매일 전쟁을 겪고 있는지도’가 열렸다. 상영회에 온 이십 대 관객 한 명이 말했다.

“오늘 영화 보러 대전에서 반차 내고 올라왔는데요. 제가 활동하고 있는 단체에서도 이 영화 함께 볼 수 있도록 기획해보려 해요.”

관객은 그렇게 자신의 자리에서 상영회를 열었다. 십시일반으로 후원금과 참가비를 모아 상영료를 내고 제작진을 초청했다.

영화는 상영 시기의 사회적 맥락과 상영 장소, 관객에 따라 새로운 담론을 형성했다. 한창 일본군 ‘위안부’ 피해자인 이용수님이 한국정신대문제대책협의회(이하 정대협)와 정의기억연대의 운동 방식에 문제 제기를 했을 때였다. 한 관객은 영화를 보며 우리가 특정 피해자의 모습을 원하고 또 요구하고 있는 것은 아닌지 묻게 된다고 했다. 박원순 전 서울시장의 자살 이후에 있었던 상영회에서 어떤 관객은 피해자의 말을 온전히 귀 기울여 듣는다는 것에 대해 생각하게 된다고 했다. 영화는 베트남전쟁 당시 있었던 한국군에 의한 민간인 학살을 다루고 있지만 상영 맥락과 시기에 따라 예상하지 못했던 담론을 촉발했다.

#2 끝나지 않은 기억의 전쟁

이길보라

2018년 10월 부산국제영화제에서 첫 상영을 하고, 2020년 2월 극장 개봉을 하기까지 1년이 조금 넘는 시간 동안 배급사를 만나고, 배급 계약을 맺고, 배급에 따르는 비용을 마련해 홍보 및 마케팅 전략을 짰다. 그 사이 영화는 다시 재편집, 아니 재재편집에 들어갔다.

영화의 오프닝 장면이 최대 화두였다. 한국에서의 상영을 염두에 두고 탄 아주머니와 한국 '위안부' 피해자가 일본 대사관 앞에서 집회하는 장면을 오프닝으로 결정했지만 이 장면이 영화 〈기억의 전쟁〉의 시작으로 옳은지 의문이었다. 그러던 중 배급사와 프로듀서가 개봉 버전으로 편집하기를 권했다. 2017년, 소나 프로듀서가 재편집을 권하고 편집 지옥에 빠져들었던 기억이 떠오르며 아찔해졌다. 그래도 해야 했다.

네덜란드에서 석사과정 마지막 학기를 마무리하고 있었던 나는 한국에 있는 편집 감독과 시차를 맞춰 영상통화를 했다. 오프닝은 어떻게 바꿀 것인지, 편집 감독이 이해한 영화는 어떤 것인지, 영화가 어떻게 마무리되면 좋을지 의견을 주고받았다. 김나리 편집 감독과는 영화의 가능성을 발견하는 일을 함께했는데 기존 편집본의 장점과 아쉬운 점을 짚으며 완전히 새로운 오프닝 시퀀스를 시도해보았다. 김형남 편집 감독은 영화의 호흡을 완전히 바꿨다. 극장에서 관객이 보기에는 다소 지루하다고 느낄 수 있는 느린 호흡의 편집을 빠르게 쳐내고 영화의 내러티브를 강화했다.

컷 편집을 마치고 다시 한번 '픽처락' 버전을 내놓던 날, 영화의 마지막에 뜨는 정보 자막을 수정했다.

2018년 7월, 중앙정보부(국정원의 전신)가 1969년에 퐁니 학살을 조사한 문건을 가지고 있다는 것이 밝혀졌다. 2019년 4월, 응우옌티탄은 다른 피해자 102명과 함께 '베트남전쟁 시기 한국군에 의한 민간인 학살'에 관한 진상 조사 및 공식 사과, 피해 회복을 위한 조치를 이행할 것을 대한민국 청와대에 청원했다. 한국 정부는 "민간인 학살 관련 내용이 확인되지 않으며, 사실 확인을 위해서는 베트남 당국과의 공동조사가 선행되어야 하나 여건이 조성되지 못하고 있는 상황"이라고 답변했다. 응우옌티탄은 대한민국 정부를 상대로 국가 손해배상 청구 소송을 준비하고 있다.

피해자들의 의지를 청와대에 전달하다

2019년 3월, 베트남 중부에서는 대한민국 청와대에 청원서를 보내기 위해 서명을 받는 작업이 한창이었다. 영화를 보여드리기 위해 갔던 짧은 일정 중에 짬을 내어 합류했다. 우리 프로젝트는 아니었지만 한베평화재단의 일이었고, 동시에 피해자의 숙원이었다. 구수정 선생님은 한국군에 의한 민간인 학살 피해가 있었던 마을을 돌아다니며 대한민국 청와대에 진상 조사를 요구하는 청원을 받았다. 조건은 까다로웠는데 '피해자의 조건'에 부합하지 않으면 서명할 수 없었다. 게다가 청원 작업은 비밀리에 이루어져야 했다. 청원서에 서명을 하는 것 자체가 베트남 당국이 허가하지 않은, 비공식적인 일이기 때문이었다.

베트남은 '과거를 닫고 미래로 나아가자'는 정책을 펴고 있다. 베트남전쟁과 학살에 대해서도 같은 자세다. 사회주의 국가인 베트남에서 모든 인민은 당의 정책을 따라야 한다. 민간인 학살 피해자라도 예외는 아니다. 인민이 한국 정부에 직접 진상 조사를 요구하는 청원을 하는 것은 당국의 정책에 반하며, 따라서 위험 부담이 큰 일이다.

구수정 선생님은 베트남 사람과 함께 한국 사람이 자주 왕래하는 학살 피해 마을을 방문했다. 그간 쌓아왔던 신뢰가 있어 한국 사람이 왔다고 신고당할 위험이 적기 때문이었다. 청원을 받는 일은 생각처럼 간단하지 않았다. 미리 약속을 하고 방문할 수 있는 것이 아니어서 때로는 빈집에서 일을 하러 나간 피해자를 기다리거나 집집마다 돌아다니며 수소문을 해야 했다. 당사자를 만나면 어떤 내용의 청원인지 상세히 설명했다. 피해자가 하겠다고 의사 표명을 하면 정확히 어떤 학살 피해가 있었는지 이야기를 듣고 녹화하거나 녹음했다. 학살 당시에 누가 죽었고 누가 살아남았는지 듣고 나면 법이 요구하는 피해자의 조건에 부합하는지 아닌지가 드러났는데 '적합한' 피해자인 경우도 있었고, 그렇지 않은 때도 있었다. 피해 사실이 너무나도 명확한데 피해자들이 다 죽고 촌수가 먼 친척만 살아남아 조건에 '부적합'한 일도 있었다.

한국 정부에 보내는 서명을 받는다는 소식을 듣고, 온일을 제쳐두고 한나절을 오토바이를 타고 달려와 증언을 한 사람도 있었다. 학살이 일어난 지 50여 년 만에 드디어 한국 정부로부터 공식적인 사과를 받는구나, 죽기 전에 학살에 대한 의혹과 의문을 풀 수 있겠구나 하는 기대감을 안고 달려온 것이다. 베트남 당국의 입장과 다른 의견을 내놓는 일은 사회주의 국가에서 쉽지 않다. 그럼에도 그들은 자신의 목숨과 가족의 안위를 걸고서라도 한국 정부로부터 사과를 받겠다고, 진상규명을 요구하겠다고 했다. 응우옌티탄과 102명의 청원자 목록은 그렇게 만들어졌다.

규정에 따르면 청원을 접수한 후 90일 이내에 답변을 내놓아야 하지만 청와대는 90일을 훨씬 넘겨 미온적 답변을 내놓았다. 국방부 보유 자료에서는 한국군에 의한 민간인 학살 관련 내용이 확인되지 않고, 따라서 진상을 파악하기 위해서는 베트남 당국과의 공동 조사가 필요하다는 내용이었다. 치졸했다. 국방부 자료에 전쟁

범죄에 해당하는 민간인 학살 사건이 그대로 기술되어 있을 리 없다. 무엇보다 국정원에 그 자료가 보관되어 있다. 1969년, 퐁니·퐁넛 마을 학살 관련자를 조사하고 남긴 문건 말이다. 문건에 대해서는 이미 민변이 정보공개청구를 했고 법원이 문건을 공개하라고 판결했다. 국정원은 3년째 베트남전 민간인 학살 사건 조사 자료 '목록'조차 공개하고 있지 않다.

응우옌티탄과 102명의 얼굴들을 모욕하는 답변이었다. 청원서에 떨리는 손으로 자신의 모든 것을 걸고 서명한 이들이 있다. 이제는 한국 정부가 사과하려나 보다, 이제는 말하려나 보다, 90일을 넘게 초조하게 기다렸다. 한국은 네이버나 페이스북 로그인 등으로 간편하게 전자 청원을 할 수 있지만 베트남은 그렇지 않다. 어렵고 복잡한 절차를 거쳐 작성한 청원서에 미진한 답변을 한 것이다. 소식을 들은 탄 아주머니는 크게 화를 냈다. 다른 청원자들은 낙담하거나 실망했다. 서명을 하던 얼굴들이 떠올랐다. 글자를 잘 몰라 한 자 한 자 적어 내려가던 그 손. 영화의 말미에 그 경과를 남겼다. 글자 뒤에 그 얼굴들이 있었다.

원고 응우옌티탄, 피고 대한민국 정부

2020년 4월 21일, 응우옌티탄은 베트남전쟁 시기 민간인 학살 사건에 관한 손해배상 청구 소장을 접수했다. 베트남전 당시 한국군에 의한 민간인 학살 피해자가 한국 정부를 상대로 소송을 제기한 것은 처음이다. 영화 개봉 일정으로 탄 아주머니가 한국에 오면 직접 소장을 접수하고 기자회견을 열 계획이었지만 그럴 수 없어 '베트남전쟁 민간인 학살 진상규명을 위한 티에프(TF)'는 코로나19로 소장을 직접 접수하지 못한 탄 아주머니를 대신하여 '민간인 학살에 책임이 있는 대한민국 정부는 3천만 원을 지급하라'는 손해배상 청구 소송을 서울중앙지법에 냈다. 기자회견 후 연대 발언이 이어졌다. 발언자 중 하나로 함께했다.

안녕하세요. 저는 베트남전 당시 한국군에 의한 민간인 학살을 둘러싼 서로 다른 기억을 다루는 영화 〈기억의 전쟁〉을 만든 감독 이길보라입니다.

이 영화의 주인공은 오늘 대한민국 국가를 상대로 손해배상 청구 소장을 접수하는 퐁니·퐁넛 마을 학살 생존자 응우옌티탄입니다.

저는 법의 언어를 잘 모릅니다. 어떤 것은 증거가 되고 어떤 것은 되지 않는지 잘 알지 못합니다. 저는 얼굴과 이야기를 마주하는 일을 합니다. 그래서 오늘 연대 발언으로 제가 만난 얼굴, 얼굴들에 대한 이야기를 하려 합니다.

응우옌티탄, 탄 아주머니의 많은 얼굴을 기억합니다. 그가 경직된 표정으로 처음 한국에 왔을 때, 참전군인의 반대 집회가 너무 무섭다고 제 손을 꼭 잡았을 때, 2018년 민변과 한국 시민사회가 기획한 시민평화법정에 증인으로 서달라고 했을 때 그러겠노라고, 내가 가서 이번에는 꼭 사과를 받을 것이라 단호하게 말했을 때, 시민평화법정에 서서 방청객으로 온 참전군인을 힐끔힐끔 아주 어렵게 바라보았을 때, 시민평화법정에서 마지막으로 하고 싶은 말이 있느냐고 하자 떨리는 목소리로 여기 우리 마을에서 학살을 저질렀던 군인이 있다면 지금 내 손을 잡고 사과하라고 용기 있고 단호하게 말했던 순간, 그 얼굴들.

영화를 만들던 5년간, 탄 아주머니의 얼굴은 시시각각 변했습니다. 다소 수동적으로 자신의 피해 사실을 말하던 얼굴이 다른 이와 연대하고 행동하는, 나아가 한국 사람에게 먼저 손을 내밀고 발언하는 얼굴이 되었습니다.

여전히 기억합니다. 탄 아주머니가 밥 한 끼 먹고 가라고, 저의 할아버지가 베트남전 참전군인임을 알고도 밥 한 술 뜨고 가라고 했을 때. 그때 탄 아주머니의 얼굴에서 어쩌면 이

전쟁과 학살을 전쟁 3세대로서, 어떻게 기억해야 할 것인지에 대한 답을 찾을 수 있을 것이라 확신했던 순간을 말입니다. 그렇게 탄 아주머니가 내어준 마음으로 5년간 영화를 만들 수 있었고, "어떻게 기억할 것인가"라는 질문을 영화를 통해 한국 사회와 공유할 수 있었습니다.

어떤 관객은 물었습니다. 그럼 우리가 어떻게 하면 되냐고, 정확한 해결 방식은 뭐냐고. 명확하고 확실한 해결 방안은, 기억의 방식은 없습니다. 다만 그 얼굴을 마주하는 것, 그 얼굴에 응답하는 것, 그 얼굴이 말하고자 했을 때 마음을 다해 듣고 기억하고 전달하는 것, 그것이 제가 탄 아주머니의 얼굴을 마주하며 배운 것입니다.

기억해주십시오. 소장은 문자 언어로 기록되었지만 이들은 얼굴을 가지고 생을 살아가는 이들입니다. 오늘은 응우옌티탄이라는, 베트남전 당시 벌어졌던 다른 민간인 학살과 견주어 보았을 때 비교적 증거를 많이 가지고 있는 민간인 학살 생존자가 대한민국 정부를 상대로 손해배상 청구 소송을 합니다. 그러나 이 뒤에는 수많은 얼굴이 있습니다. 법의 언어로는 자격이 없어 소장을 낼 수도 없는 수많은 억울한 얼굴과 마음이 있습니다. 부디 법원이, 한국 사회가 문자 언어 너머의 수많은 얼굴을 기억하고 마주하기를 바랍니다. 제가 만났던 그 존귀한 얼굴, 기억하는 이의 얼굴을 통해 어떻게 기억해야 하는지 질문을 던지고 답을 함께 찾아나가길 바랍니다. 저는 오늘 이 자리에서 그 얼굴들과 연대하겠습니다.

민변은 기자회견 중에 실시간 영상 통화로 베트남의 탄 아주머니를 연결했다. 기자들과의 질의응답이 이어졌다. 제작진, 배급사 시네마달, 한베평화재단, 베트남평화의료연대, 성미산 학교 학생들이 피켓을 들고 서 있었다. 질의응답이 끝나자마자 변호사가 화면을 돌렸다. 탄 아주머니 얼굴이 보였다. 너무나도 반가운 그 얼굴. 아주머니는 우리를 보고 환하게 웃었다. 반갑다며 손을 흔들었다. 멀리 있어도 꼭 함께 있는 것 같았다. 아주머니는 이렇게 말했다.

> 민간인 학살에 대한 한국 정부의 인정만이 피해자의 고통을 덜 수 있습니다. 저를 비롯한 많은 피해자의 명예가 회복되길 바랍니다.

영화 제작은 끝났지만 응우옌티탄의 여정은, 그와 함께하는 우리의 여정은 끝나지 않았다. 영화를 만드는 일, 영화 제작을 하면서 이루고 싶었던 것이 아직 남았다. 영화가 등장인물의, 주인공의 삶에 조금이라도 영향을 미치는 것. 당신의 그 환대의 마음으로 계속해서 함께 나아가는 것. 당신과 나의 여정은 끝나지 않았다.

#3 여성 촬영자, 시선의 방향과 사각지대*

곽소진

자기소개를 해야 할 때면 나는 촬영 감독이나 작가가 아닌 촬영자(Camera person)라고 이야기하는 것을 선호한다. 이 타이틀이 가진 수행적이고 단순한 느낌이 좋다. 그러나 작업을 하며 이 이름 속에 그저 단순하고 편안하게 안착할 수는 없다는 사실을 느낀다. 아무리 그렇게 되고 싶다고 하더라도 촬영자라는 단순한 이름 뒤에서 담백하게 존재하기 어렵다는 뜻이다. 카메라를 들 때에 나는 누군가의 눈길을 잡아끈다. 내가 여성이라는 사실에 놀라움을 표현하는 사람들과 만나야 하는 일은 아마 앞으로도 많을 것이다. 카메라를 잡을 때마다 찾아오는 이 낯선 느낌은 촬영을 할 때마다 파인더 뒤에 있는 나의 육체를 필연적으로 인식해야 한다는 사실을 일러주곤 한다. 놀랍게도 나는 여성 촬영자이기 때문에 선택되지 않는 만큼 같은 이유로 선택된다. 나에게 작업을 의뢰하는 메일들은 종종 이렇게 시작된다.

> "이 프로덕션은 여성 촬영 감독을 찾고 있습니다."
> "여성 촬영자와 함께 작업하고 싶어 이렇게 연락드립니다."

* 근래 들어 여성 영화인들이 새롭게 주목받는 것은 매우 기쁘고 고무적인 일이지만, 다큐멘터리 영화 산업의 구조 속에서 보다 더 자세히 다루어져야 할 이야기들이 남아 있다고 느꼈다. 이 생각은 〈기억의 전쟁〉 홍보 과정에서 더 깊어졌는데, 이 영화가 젊은 여성 제작진이 베트남전쟁을 다루었다는 점에서 조명을 받았기 때문이다. 이는 비(非)남성의 시선으로 써내려간 전쟁과 기억의 이야기라는 영화의 초기 기획 의도와 일치하는 것이기는 했지만 영화 개봉 이후 촬영 감독으로서 '여성의 시선'이라는 수사에 대해 다시금 생각해보는 계기가 되기도 했다. 고민 끝에 이 글을 책의 말미에 덧붙인다.

이들의 제안에는 여성으로서의 내 몸에 대한 정치적인 선택과 활용이 내포되어 있다. 현재 나는 이러한 작업 기회에 큰 의미를 두고 있지 않다. 작업에 참여하는 모든 사람을 여성 제작진으로 구성하겠다는 말이 영화의 훌륭함을 보장하는 것은 아니기 때문이다. 나에게 중요하게 여겨지는 것은 이러한 조건과 상황 속에서 실제로 내 몸이 어떻게 사용되고, 관계하는지를 더 기능적으로 파악하는 일이다.

렌즈 앞의 몸과 렌즈 뒤의 몸

지금껏 나는 트라우마 상태에 있는 인물, 성노동자, 성소수자, 정신질환자, 난민, 장애인, 여성 등 남성주의 체제의 직접적인 공격을 받아왔거나, 시스템 밖에 있는 인물들과의 촬영에 자주 선택되어왔다. 이러한 촬영에 내가 선택되는 이유를 자세히 들여다보면 내 몸이 단순히 촬영자의 역할만을 하고 있는 것이 아니라는 사실이 명확해진다. 이 말은 결국 카메라 뒤에 있는 인물의 성별과 몸의 형태가 카메라 앞의 대상에게 영향을 미친다는 이야기이다. 영화의 주인공과 많은 이야기를 나누는 감독과는 달리 예외적인 경우가 아닌 이상 카메라 뒤의 촬영자가 카메라 앞으로 나와 주인공과 깊숙하게 교류할 기회는 적다. 카메라는 거리를 필요로 하는 장치이기 때문이다. 영화가 화면 속의 주인공을 이미지로 포착하는 것처럼 노골적이지는 않으나 카메라를 든 사람 역시 하나의 인상이 되어 렌즈 앞의 사람과 관계한다. 이는 결국 촬영되는 이미지에 다시 영향을 미친다.

여성 촬영자의 입장에서 여성의 시선이 남성의 시선과 무엇이 다르냐는 질문을 받을 때에는 뭐라고 대답해야 할지 잘 모르겠다. 이 질문을 받는 여성 촬영자는 여성 촬영자를 대표하는 것이 아니라 자기 자신을 대표할 수밖에 없으며 자신의 구체적인 경험을 진술하는 것 말고는 다른 방법이 없다. 질문에 대한 대답을 자기소개로 대체해야 한다는 사실은 나의 언어가 과연 객관의 영역 내에 위치할 수 있는지에 대한 의문을 남긴다. 자신이 비(非)남성이라는 사실을 '증명'하기 위해 우리는 무엇을 보여주어야 하는 것일까? 그리고 그것을 입증한다고 한들, 여성의 시선을 이해하는 데 정말로 도움이 될 수 있는 것일까?

한편 여성 촬영자가 남성 촬영자보다 더 윤리적인 시선을 가지고 있을 것이라는 기대를 품은 말은 선량한 의도와는 별개로 여성 촬영자의 존재가 한국 다큐멘터리 영화계에서 아직 충분히 진지하게 받아들여지고 있지 않다는 사실을 인지하게 한다. 아래에 여성 촬영자가 받는 기대들을 열거해보자.

> "여성 촬영자는 남성 촬영자보다 더 윤리적이다" "돌봄 노동에 익숙한 여성 촬영자는 인터뷰어의 사소한 불편함과 어려움을 놓치지 않는다." "여성 촬영자는 영화 주인공들과의 라포 형성 과정에서 보다 더 헌신적인 태도를 보인다." "여성 촬영자는 제작진이 놓칠 수도 있는 젠더 관점을 기꺼이 바로 잡아준다" "여성 촬영자는 남성 촬영자보다 상냥해서 현장 분위기를 따뜻하게 만들어준다" "여성 촬영자는 약자의 마음을 안다" "여성 촬영자는 '곤조'를 덜 부려 같이 일하기 편하다" "여성 촬영자는 기분 나빠하지 않고 자신에 대한 피드백을 더 잘 수용한다" "여성 촬영자는 대안적 작업 방식에 대해 끊임없이 고민한다" "여성 촬영자는 보다 더 수평적으로 일한다"

위의 문장들은 내가 실제로 들은 말이다. 다른 작업자들과 충분히 교류하고 있지 않아서 그럴 수도 있겠지만 이런 말들이 돌 정도로 '실제로' 여성 촬영자와 일해본 사람이 많은지부터 의심스럽다.

더 다양한 몸에 대한 성찰

여성 촬영자를 둘러싼 기대는 다큐멘터리 영화의 작동 구조와 결합해 복잡하고 제대로 분별하기 어려운 상황을 만들어낸다. 현재 내게 가장 어렵게 느껴지는 문제는 (이는 이 글을 쓰는 이유이기도 한데) 여성 촬영자의 몸이 다큐멘터리 영화 촬영이 결코 피해갈 수 없는 관음성과 폭력성을 상쇄하는 것처럼 여겨지는 경우가 많다는 것이다. 이는 여성 시위 참가자가 여성 경찰의 손에 연행되는 것과 본질적으로 다르지 않다. 시위대는 여성 경찰을 요구함으로써 시위대를 고립시키는 절차를 더 복잡하게 만들고, 시간을 끌 수 있고, 시위대의 존엄을 상기시킬 수 있으나 공권력이 여성의 신체를 가지고 있다고 하여 우리의 팔다리가 들어 올려진 채 연행되고 있다는 사실이 달라지는 것은 아니다.

여성 촬영자를 고용하는 것만으로 정치적 윤리성을 획득할 수 있다는 믿음 앞에서 내가 갖는 감정은 양가적이다. 첫 번째로는 그것이 다큐멘터리 영화 촬영에서 실제로 더 윤리적인 선택이라는 것이고, 두 번째로는 그러한 방식으로 윤리적 정당성을 선점하는 것이 우리가 더 고려해야 하는 사항들을 성급하게 가리고 있는 것은 아닌지에 대한 불안감이다.

다큐멘터리 영화 촬영은 관객을 위한 객관적인 시선을 확보해보려는 노력과 매우 인간적인 감정에 기초한 반응이 오가는 일이라고 생각한다. 그리고 후자에 의해 전자의 시도는 매번 실패하곤 한다. 눈앞에 벌어지고 있는 상황 속에서 순간적으로 무엇에 반응하고, 시선의 방향이 어디로 향하는가와 관련된 부분은 논리적 선택이라기보다는 무의식의 영역에 가깝다. 결국 촬영자 개인의 삶의 역사가 현장에서의 선택을 좌우하기도 한다는 것이다. 감독이 카메라를 들고 뛰어가 뭐라도 찍어오라고 하는 상황이 아닌 이상, 촬영자는 고심하고 노력하여 프레임을 선택한다. 이 노력의 결과는 사건에 대한 이미지적인 입장이 된다.

내 삶의 서사를 구성하는 많은 영역에서 내가 동아시아인이자 한국인이며, 이십 대 여성이자 탈학교 청소년 출신이고 예술 대학을 나왔으며, 고양이를 키우고 아이가 없다는 사실은 경험을 확장하거나 제한하는 중요한 조건이다. 촬영자로 일할 때 이로 인해 더 많이 보이는 것이 있고, 쉽게 보이지 않는 것이 있다. 어떤 상황은 나에게 그것을 해석할 수 있는 능력이 없기 때문에 보이지 않고, 그렇게 화면 밖으로 밀려난다. 어떤 상황에서 나는 그다음에 무슨 일이 벌어질지에 대해 '알고 있고' 그것을 준비한다. 이러한 의미에서 다양한 젠더·출신·계급의 작업자들이 유입되는 것은 매우 중요하다. 촬영자라는 직업군 내에 비슷한 출신 배경을 가진 시스젠더 남성의 비율이 높은 것이 위험한 이유가 여기에 있다. 다큐멘터리 영화 촬영의 윤리성은 무엇보다 다양성에 대한 사유와 맞닿아 있다. 우리는 여전히 그리고 계속해서 더 다양한 관점의, 다양한 이야기를 만나야 한다.

사랑과 위협이라는 딜레마

그러나 여성 촬영자의 역할에 대한 자기소개를 계속 이어나가보자면, 위의 입장만으로는 충분하지 않다. 오늘날 우리 삶의 다양성을 웅변하는 기능은 다큐멘터리 영화가 아닌 소셜미디어와 유튜브가 재빠르게 대신하고 있기 때문이다. 다큐멘터리 영화 산업의 크기와 다큐멘터리 영화가 동시대에 미치는 영향력을 염두에 둔다면 다양성의 자리를 만들어내는 것에 집중하는 것만으로는 영화를 만드는 데 쓰이는 노동력과 작업에 대한 관심, 정부 지원, 피칭, 영화제, 감독의 영향력, 영화를 만드는 사람들 간의 끊임없는 교류와 경쟁을 설명하기에 충분하지 않다. 이러한 상황 속에서 관객과 영화 배급사의 관심이 소재와 대상에 대한 다양성을 넘어 제작진의 다양성과 당사자성으로 이어지는 모습은 다큐멘터리 영화라는 장르의 정당성을 더 공고히 하려는 다소 단순한 행보처럼 보이기도 한다.

그렇다면 어떤 이야기가 더 필요할까? 어떤 쪽이 더 윤리적이며, 더 다큐멘터리 영화적인 방향일까? 매우 혼란스러운 상황 속에서 적어도 내가 할 수 있는 일 중 하나는 여성 촬영자로서 느끼는 감각에 대해, 그것이 기능하는 구조에 대해 구체적으로 서술하는 것이다. 여성 작업자는 영화 안에서 자신의 몸이 사용되는 내부적인 작동 방식과 딜레마를 보다 더 적극적으로 노출시켜야 한다. 스스로가 믿음직스러워 보이거나, 정당해 보이지 않을 위험을 무릅쓰고 말이다.

여성 촬영자가 카메라를 다루며 느끼는 것이 카메라라는 도구와 자신의 역할에 대한 온전한 통제의 감각은 아닌 듯하다. 여성 촬영자의 육체는 카메라라는 기계 장치의 내부 구조 속에 자주 흡수되기 때문이다. 나에게 카메라의 렌즈가 어디에 어떻게 향하느냐 만큼 중요하게 느껴지는 것은 렌즈 뒤에 서 있는 몸과 렌즈 앞의 몸 사이에 형성되는 '무대적인 공간'이다. 이 공간에서 내 몸은 하나의 위험 요소가 되는 동시에 카메라의 기능을 보다 확장하는 역할을 한다. 이를 무대적인 공간이라고 표현하는 이유는 촬영자인 내가 카메라 뒤의 보이지 않는 영역에 안정적으로 고정되어 있지 않다는 감각 때문이다. 카메라 앞의 대상과 나의 관계는 자주 유동적이고 취약한 형태를 띤다.

영화 〈기억의 전쟁〉에는 영화의 주인공이 카메라를 들고 있는 촬영자의 존재를 관객이 알아차릴 만큼 인식하는 장면이 두 번 나온다. 하나는 탄 아주머니의 손자가 나에게로 걸어오는 장면이다. 서투른 걸음마를 하는 아이의 움직임을 따라 탄 아주머니와 그의 남편이 함께 카메라 뒤에 있는 나를 가리키며 웃는다. 또 하나의 장면은 농인 껌 아저씨의 증언 중에 나온다. 그는 '한국군이 돈을 주고 베트남의 젊은 여자들과 성관계를 했다'는 뜻을 전달하기 위해 카메라 뒤의 나를 손가락으로 지목하며 말한다.

"이렇게 생긴 애들 안고 뽀뽀하고. 정말 심했어. 구두 닦을 때, 걔 같은 애들. 다 봤어. 돈 이만큼 주고 예쁜 애들을 안고 성관계를 했어."

내가 촬영하는 사람들은 카메라 뒤에 선 나에게 다가와 프레임이 만들어내는 거리감을 흔들어놓는다. 자신의 불편함을 노골적으로 드러내거나 반대로 카메라 너머에 있는 나를 향한 애정과 기쁨을 숨기지 않는다. 이 과정에서 촬영자라는 나의 역할을 일관되게 통제하는 것은 거의 불가능하다. 이러한 사랑과 위협은 상황에 따라 불리하게 작동할 수도 있으나, 고정된 시선의 주체와 그 안에서 형성되는 관계를 끊임없이 흔들어놓는다는 점에서 새로운 가능성을 제시하기도 한다.

이와 같은 관계가 다른 방식으로 작동할 때도 있다. 지금껏 나의 몸은 다큐멘터리 영화 촬영에서 종종 발생하는, 허가를 받지 않은 촬영에 유리하게 사용되어왔다. 공공장소나 촬영의 제약이 있는 곳에서 내가 카메라를 들 때 사람들은 남성 촬영자를 제지하는 것만큼 나를 가로막지 않는다. 내가 '전문가'처럼 보이지 않기 때문이다. 나는 관광객이나 어린 학생, 길거리의 풍경에 매혹된 아마추어 촬영인으로 자주 오해받는다. 충분한 영향력을 가지고 있는 것처럼 보이지 않기 때문에 사람들은 카메라를 든 나를 자유롭게 내버려둔다. 이러한 인식은 생각보다 훨씬 강해서 지금껏 나는 관공서, 경찰서, 시위 현장, 사적인 기념행사 촬영에서 비교적 쉽게 촬영을 이어나갈 수 있었다.

이는 개인적인 공간에 진입할 때에도 마찬가지다. 다큐멘터리 영화의 주인공들은 여성 촬영자의 카메라 앞에서 더 무방비하다. 이러한 느슨한 경계심은 여성 촬영자가 더 내밀한 이미지들(집 안, 소품들, 침대, 사진첩, 편지와 소도구, 정리가 되어 있지 않은 방, 작은 메모)에 쉽게 접근할 수 있도록 한다. 이는 기존의 남성 촬영자가 접근하기에 까다로운 영역으로, 여성 촬영자는 바로 이러한 부분에서 더 경쟁력을 가지고 있고, 자신의 기량을 보여줄 수 있다.

다시, 여성의 시선이란 무엇인가?

그런데 여성 촬영자의 이러한 편리성은 나에게 또 다른 불안감을 준다. 이는 어쩌면 또 다른 종류의 눈속임이 아닐까? 지금껏 내가 촬영한 이미지는 진정으로 주인공과의 연대감 속에서 수집될 수 있었던 것일까? 여성 촬영자의 몸이 작동하는 방식은 정말로 교묘해서 촬영자 자신마저 혼란스러운 상황에 빠지게 한다. 카메라를 마구 들이밀고, 플래시를 터트리는 선정적이고 경쟁적인 카메라는 그 모습 그대로 명백한 비판의 대상이 되지만, 보다 더 은밀하게 작동하는 여성 촬영자의 방식은 그 옳고 그름을 가리기에 어려운 상황에 놓여 있다. 다큐멘터리 영화 현장에서 인터뷰의 대상이 불편함을 덜 느낀다고 한다면 그것은 더 윤리적인 것인가?

다큐멘터리 영화 촬영에서의 적절한 거리감과 대안적 차원에서의 시선, 새로운 연대의 가능성을 우리는 어디에서 확신할 수 있을까? 이에 대한 매뉴얼은 과연 만들어질 수 있는 것일까? 다큐멘터리 영화를 따라다니는 이러한 질문에 대답하는 것은 정말 어렵고, 변하지 않을 확신을 갖는 것은 거의 불가능하기 때문에 결국 만든 이들의 선함, 감독에 대한 소문과 비평가들의 동의, 매우 가시적이며 명백해 보이는 제작진의 성별을 내세우게 되는 것인지도 모르겠다. (그러나 한편 젠더라는 것은 그 무엇보다 정의 내리기 어렵고, 유동적인 것이 아닌가?) 동시대의 다양한 작품에 대하여 창작자의 '윤리성'을 내세우는 경향은 점점 강화되고 있는 것 같다. 창작자 사이에서 서로의 윤리적 정당성을 옹호하는 일을 그만두는 것은 무엇보다 가장 어려운 일처럼 느껴진다. 이 모든 불확실성 가운데에서 그것이 가장 확실해 보이기 때문이다.

여성 촬영자에 대한 관심만큼, 우리의 몸을 둘러싸고 벌어지는 일에 대한 더 많은 이야기가 필요하다. 촬영자와 다큐멘터리 영화를 제작하는 사람들과 영화 속 주인공과 우리는 더 많은 이야기를 나눠야 한다. 이미지 작업자를 쉽게 안정시키는 눈에 보이는 확실한 것들로부터 벗어나기 위해서 말이다. 나는 내 몸에 맞지 않는 장비로 인한 목과 어깨의 만성적인 통증에 대해, 나의 불안에 대해, 내가 모르는 다른 촬영자들이 가진 다양한 고민에 대해, '촬영자'라는 고정된 역할을 넘어 카메라 뒤의 몸을 함께 노출시키는 이 촬영이 가지고 있을 가능성에 대해 보다 더 많이 이야기하고 싶고, 또 그만큼 듣고 싶다. 나는 내가 새로운 몸이라는 사실을 알고 있다. 그러나 아직 새로운 시선이 되지 못했다는 것도 알고 있다.

우리는 아직 여성의 시선이 무엇인지 모른다. 다큐멘터리 영화적인 시선이 무엇인지에 대해 모르고 있는 것처럼 말이다.

부록

응우옌티탄 인터뷰

개봉을 앞두고 영화의 주인공을 한국에 초대해 영화를 보고 이야기를 나누는 상상을 했다. 그러나 코로나19로 그 꿈은 아쉽게도 접어야 했다. 관객과 극장에서 이야기를 나눌 수 없었기에 지면을 통해서라도 아쉬움을 달래고자 아주머니에게 인터뷰를 부탁했다. 전화로 진행된 인터뷰는 팜티칸리(Pham Thị Khánh Ly)가 진행했고, 권현우 선생님이 번역을 맡았다.

처음 만났을 때 아주머니의 "밥 먹고 가라"는 한마디가 기억에 깊이 남았습니다. 저에게 그런 말을 했을 때 어떤 마음이셨나요?

너희는 그때 퐁니·퐁넛 마을 촬영을 마치고 하미 마을로 갈 참이었지. 보아하니 다들 식전이었고 너희를 조금이나마 붙잡아두고 이야기를 더 나누고 싶었어. 다들 베트남어를 할 줄 몰라 손짓 발짓으로 이야기를 했는데 그게 오히려 친숙하게 느껴졌지. 그러다 보니 너희들이 더 귀하게 느껴졌던 것인지도 몰라. 나는 너희들이 작은 시사 다큐멘터리를 만든다고 생각했는데, 이렇게 큰 작업이 될 줄은 몰랐지. 영상을 만들어서 관심 있는 사람들에게 보여주는 정도이겠거니 생각했어. 아무튼 헤어지면 다시 만나기 어려울 것 같아 조금이라도 집에 앉혀두고 배불리 먹여 보내고 싶더라고. 만약 그대로 떠나보내면 내 마음이 참 아쉬울 거고 그만큼 생각도 많이 날 것 같았어. 너희들이 밥을 다 먹고 떠나니 정말로 마음이 조금 가벼워졌고 한편으로는 든든하기도 하더라고. 나중에 기회가 되면 또 한 번 음식을 가득 차려주고 싶어. 오붓하게 둘러앉아 밥을 먹고 있는 걸 보고 있으면 내가 참 행복하기도 하고.

아주머니가 주인공인 영화를 만든다고 했을 때 어떤 기분이었나요? 불편하지는 않으셨나요?

정말 깜짝 놀랐지. 난 그냥 농부일 뿐이야. '출연'이나 '촬영' 같은 건 정말 모르는 일이지. 나를 주인공으로 영화를 만든다고 했을 때 그래서 조금 망설였어. 하지만 곧바로 동의했지. 왜냐하면 학살과 전쟁을 입증하기 위해 내가 할 수 있는 일이라면 무엇이든 돕고 싶었으니까. 아마 짧은 영상이라고 생각해서 많이 걱정하지 않았던 것 같아. 너희들에게 학살에 관한 영화 촬영 제안을 받았을 때 전혀 불편하지는 않았어. 오히려 뿌듯하고 정말 기뻤지. 너희들과 영화를 찍는다고 하자 우리 가족 모두가 나를 응원해주었지. 증언을 위해 다른 활동을 이어가는 것도 지지해주었고.

3년 반 동안 영화를 만들면서 아주머니를 여러 차례 인터뷰했어요. 하지만 아주머니는 이전에도 수차례 여러 매체에 증언을 해오셨지요. 그걸 다시 물어보는 저희가 원망스럽거나 증언하는 게 힘들지는 않으셨나요?

퐁니·퐁넛 마을에서 일어난 일은 나 자신의 상실과

고통이기도 해. 그래서 더욱, 역사적 진실을 규명하는 데 도움이 된다면 나는 어떤 일이든 최선을 다할 거야. 정말 많은 사람들과 수차례 인터뷰를 했고 수없이 증언을 했지만 지금도 학살을 증언할 때 조금도 주저함이 없고 그것이 폐라고도 생각하지 않아. 나로서는 정말 수차례 같은 이야기를 반복하는 것이지만 지금도 증언할 때면 늘 처음처럼 가슴이 복받치고 눈물을 참을 수 없지. 그건 증언 자체가 힘들어서라기보다는 너무 억울해 목이 메어서야. 학살에 관한 이야기를 명확하고 분명하게 들려주려면 그러한 감정을 억눌러야 한다고도 생각해. 하지만 그 진실이 너무도 고통스럽고 내 가슴 속에 여전히 살아 있기 때문에 도무지 감출 수 없는 감정이 있지. 그럴 땐 소리 내어 우는 수밖에. 사람들에게 증언을 할 때마다 알게 되는 것이 있어. 그렇게 이야기를 할 때마다 내 마음이 조금 더 편안해지고 가벼워진다는 것 말이야.

한국에 여러 차례 방문하셨지요. 처음 방문했을 때와 마지막 2018년 시민평화법정에 참여하기 위해 방문했을 때 아주머니의 마음가짐이나 한국에 대한 생각이 달라진 점이 있을까요?

2015년에 응우옌떤런 아저씨와 처음 한국에 갔을 때가 지금도 생생해. 그때 나는 비행기 타는 것을 포함해 모든 일이 무서웠고 낯설었지. 어린 시절부터 그때까지 꽝남성이나 다낭을 벗어난 적이 없었거든. 그저 먹고 살기 위해 논밭을 일구고 집안일을 하는 평범한 농민이자 여성이었으니까. 한국에는 구수정 선생 말고는 아는 사람도 없는 데다, 그때만 해도 한국 사람, 특히 한국

PHẦN MỘ
NG. THỊ CHƯ
PHẦN MỘ
NG. THỊ TRỌNG
PHÁI NHÌ
CHI 3

NGUYEN ĐUC TAN
ĐIỆN AN - PHONG NHỊ
PHẦN MỘ
Chị
PHAN THỊ NGƯ
SINH NĂM : 1935
(1968)

남자는 무서워 쳐다보지도 못했을 때야. 그렇게 무서운 게 많은데도 꼭 가야겠다는 결심을 했던 게 지금 생각해봐도 참 이해가 안 가. 한국이라는 나라가 어떤지 꼭 한번 봐야겠다, 뭐든 싸워야 할 것이 있다면 싸우자, 그런 마음이었던 것 같아. 어쨌든 한국 초청을 거절하고 집에만 있을 수가 없었어. 잠자리에 누워서 정말 여러 번 생각을 했는데 아마도 퐁니 ·퐁넛 학살 희생자 74명의 영령이, 내 가족의 혼령이 내가 한국에 가도록 해준 것이 아닌가 싶어. 시민평화법정에 참석하려고 한국에 갔을 때 내 마음은 2015년과 비교하면 상상할 수 없을 정도로 많이 달라져 있었지. 한국과 친해졌다는 느낌이 들었고, 예전처럼 두렵지도 않았어. 많은 한국 친구들이 생겼기 때문일지도 모르지. 이제는 한국이 내 두 번째 고향 같아.

한국에 방문하셨을 때 참전군인들과 마주치기도 하셨지요. 처음에 아주머니는 그 사람들이 아주머니를 지지하러 나온 사람들일 거라 생각했단 이야기를 들었어요. 시민평화법정에서 "단상 위에 올라와 나에게 사과하라"라고도 말씀하셨지요. 만약 아주머니에게 사과하는 사람이 있었다면 그에게 어떤 이야기를 하고 싶었나요?

시민평화법정에서 "여기로 올라와 내 손을 잡고 사과해주세요"라고 말했을 때, 나는 정말 누군가 단상 위로 올라온다면 그 사람을 기꺼이 용서할 마음의 준비가 되어 있었어. 하지만 먼저 이렇게 물었겠지. "베트남전쟁에 참전했을 때 퐁니·퐁넛 마을의 수많은 무고한 사람들을 도대체 왜 죽인 거죠?" 그리고 더 많은 것들을 이야기하고 싶었는데 지금은 잘 기억이 나지 않아. 다만 그때 정말 가슴이 두근거렸어. 누군가 용기를 내서 단상에 올라와 사과를 했다면 나는 손을 잡아줬을 거고, 그 사람을 용서했을 거야.

2019년에 아주머니 댁에서 럽, 껌 아저씨와 함께 〈기억의 전쟁〉 시사회를 했었지요. 영화를 보고 어떤 생각이 드셨나요? 아쉬운 점은 없었는지 궁금해요.

어린 나이에 이렇게 좋은 영화를 만든 너희들을 칭찬하고 싶었어. 영화가 깊은 진실과 의미를 담고 있다 생각했지. 그런데 내가 나이가 많고, 눈도 나쁘고, 귀도 밝지가 않아서 그런지 영화의 내용이 계속 이어지지 않고 여러 부분으로 나뉘어 있다는 인상을 받았어. 영화의 모든 내용을 이해하지는 못했지. 가능하다면 나중에 영화를 저장해놓고 집에서 여러 차례 다시 돌려보고 싶어. 영화에 담긴 모든 의미를 다 이해하고 싶거든.

지난 번 다낭의 극장에서 비공개 상영을 했을 때 아주머니가 많이 긴장하셨던 것으로 기억해요. 이 영화가 베트남에서 상영이 된다면 기분이 어떨 것 같으세요?

〈기억의 전쟁〉이 베트남에서 상영되기를 정말 절실히 바라. 그리고 다낭에서는 그렇게 떨지 않았어. 영화를 상영해야 한다는 깊은 믿음이 있었기 때문이지. 나는 이 영화가 베트남에서 꼭 상영되어야 한다고 생각해. 베트남 사람들이 영화를 보고 학살에 대해 관심을 가졌으면 좋겠어.

한국 정부를 상대로 손해배상 청구 소송을 준비하고 있어요. 이번 소송이 아주머니에게 어떤 의미가 있을까요?

이 소송은 나 개인에게 특별히 이익을 가져다주는 건 아니야. 그렇지만 내가 정말 바라던 일이지. 만약 승소한다면 베트남 피해자들의 명예가 회복될 테니까. 전에 피해자 103명의 청원서를 손에 들고 청와대를 찾았을 때, 나는 이게 내 마지막 희망이라고 생각했어. 하지만 결과적으로 온당한 성과를 거두지 못했지. 모든 노력이 수포로 돌아갔다 생각했어. 하지만 한국의 친구들과 변호사들이 포기하지 않은 덕분에 손해배상 청구 소송을 준비할 수 있었지. 나는 이 소송을 통해 한국 정부가 저번과는 달리 진실된 대답을 하기를 바라. 한국 정부가 학살이 있었다는 것을 인정하고 역사의 진실에 다가서기를 정말 간절히 바라.

한국 사람들 중에는 베트남전 학살 문제를 전혀 모르거나 그 문제가 이미 해결되었다고 생각하는 이들이 있어요. 한편으로 시민평화법정에서 만난 중학생들처럼 (그 중학생들이 〈기억의 전쟁〉 상영 때 고등학생이 되어 찾아오기도 했습니다!) 2세대, 3세대 중에 자기가 속한 국가의 과오를 잊지 않으려 노력하는 학생들도 있고요. 이들에게 전하고 싶은 메시지가 있을까요?

그때의 중학교 학생들에게 정말 진심으로 고맙다는 말을 전하고 싶어. 베트남 농민인 내가 진실을 찾아가는 여정에 동행해주었으니까. 영화를 보러 와주었다니 그것 역시 고맙고. 이렇게 말하고 싶어. 지금, 그리고 훗날 성장한 뒤에도 내가 한국에서 진실과 정의를 요구하는 투쟁에 나섰을 때 계속해서 나를 응원해주면 좋겠다고, 친구와 지인들에게 한국군이 베트남에서 저지른 학살에 관한 이야기를 계속 전달해주면 좋겠다고, 다음번에 한국을 찾게 되면 다시 만나 더 많은 이야기를 나누기를 바란다고 말이야.

앞으로 아주머니의 계획이 궁금해요. 코로나19가 잠잠해지면 한국에 오실 수 있겠지요? 한국에 오면 가장 먼저 무엇을 하고 싶으신가요?

이거 하나는 확실해. 만약 초청을 받는다면 앞으로도 계속 한국에 갈 거야. 바쁘거나 건강이 좋지 않을 수도 있지만 나는 반드시 갈 거야. 그때 〈기억의 전쟁〉 관객과도 만날 수 있으면 좋겠지. 이 영화를 보고 베트남전쟁과 한국군 민간인 학살에 대해 알게 된 사람들과 함께 평화의 메시지를 나누고 싶어. 소송을 진행 중인 변호사들도 만나야지. 그들과 이야기를 나누며 소송과 관련해 더 많은 것을 이해하고 싶어. 청원서가 받아들여지지 않고 희망을 접어야만 했을 때, 변호사 친구들이 계속해서 희망의 불씨를 이어갔잖아. 그들을 만나 감사의 인사를 전할 거야. 그리고 물론, 너희를 만나야지. 너희들이 영화에 담은 구슬땀과 노력을 칭찬해줄 거야. 내게 아름다운 기억을 만들어줘서 고마워, 한국의 친구들.

모두가 각자의 기억을 이야기할 때

응우옌응옥뚜옌(통역사)

2018년 4월 21일 오후, 서울 마포 문화비축기지 T2 공연장. 하미 마을에서 온 응우옌티탄 아주머니가 증언대에 섰다.

> "학살에 희생된 135명의 영혼이 저를 인도했기에 이 자리에 설 수 있었습니다. 저는 135명의 희생자 때문에 한국행을 결심했습니다."

아주머니가 베트남어로 말을 했고, 통역사로서 그 말을 한국어로 옮기는 게 내 일이었다. 그러나 목이 메어 입을 떼기가 힘들었다. 하루 종일 무거운 말들을 얼마나 많이 옮겨야 했는지 모른다. 하지만 목을 짓누르는 답답함에서 벗어나려면 무슨 말이든 내뱉어야 한다는 것도 알았다. 아주머니가 방금 한 말을 그대로 한국어로 통역하면 되는 일이었다.

아니, 사실 그건 아주머니의 말이 아니었다. 탄 아주머니의 증언은 당신의 말마따나 하미 마을 희생자 135명의 바람을 대신한 것이었다. 나는 탄 아주머니의 말을 옮기는 게 아니었다. 학살에 억울하게 죽은 사람들, 그로 인해 큰 상실감에 시달려야 했던 베트남 피해자들의 말을 옮기는 것이었다. 그런 생각을 하자 그렇지 않아도 갑갑했던 목이 더 메였다. 목소리를 내려고 목울대에 힘을 주는데 말보다 울음이 먼저 터질 것 같았다. 조금 시선을 돌려 무대 아래 있는 사람들을 살펴봤다. 모두가 나를 기다리고 있었다. 무대 위아래를 막론하고 그날 그 시간 서울 마포 문화비축기지 T2 공연장 안에 있던 사람들의 시선은 모두 나를 향해 있었다. 힘을 짜내서

울먹이는 말로 통역을 이어갔다. 탄 아주머니를 위해서. 학살에 희생당한 사람들을 위해서. 통역사의 말을 기다리는 사람들을 위해서. 그리고 무엇보다 쓰디쓴 목구멍을 애써 삭이고 있던 나 자신을 위해서.

베트남어와 한국어 사이에서

감정을 통제하는 데 실패한 나는 좋은 통역사가 아니었다. 그러나 그때 그 공간에서 감정을 추스르는 일은 불가능했다. 하미 마을과 퐁니 마을에서 온 두 원고의 증언을 들은 많은 이들이 나와 같은 마음으로 눈물을 흘리고 있었다. 물론 각자가 우는 이유는 달랐을 것이다. 그날 모인 사람들은 적어도 베트남전쟁 시기 한국군에 의한 민간인 학살 문제에 처음부터 관심이 많았거나 오랫동안 이 사안에 관해 활동해왔던 이들이었다. 그들에게 이날의 법정은 그동안의 자신을 되돌아보는 시간이기도 했다. 말하자면 시민평화법정은 마치 참석한 사람들이 자기 자신을 비추어보는 양심의 거울과 같았다. 나도 마찬가지였다.

퐁니 마을에서 온 탄 아주머니를 처음 만난 건 2004년 여름이었다. 그해 여름, 퐁니 마을에서는 위령비 준공식이 있었다. 야유나무 옆에 세워진 위령비 준공식에는 '나와 우리'라는 한국 단체와 내가 소속된 베트남 사회단체 '굿윌(Goodwill)', 디엔반시, 디엔안구 인민위원회가 함께했다. 참석한 많은 한국인들 앞에서 탄 아주머니는 한쪽 옷자락을 들어 올려 학살 때 입은 상처를 보여주었다. 그는 억울한 목소리로 울먹이며 한국 정부에 사죄와 배상을 요구했다. 아주머니를 다시 만난 것은 그로부터 시간이 제법 흐른 2010년 여름이었다. 구수정 선생과 김남일 작가, 이재갑 사진작가와 함께 탄 아주머니를 촬영하고 인터뷰하기 위해서였다. 그 두 번의 만남에서 나는 통역사는 아니었고 일행 중 한 명이었다. 아주머니와 가까워진 것은 2013년 초 한겨레신문의 고경태 기자의 취재 작업에 통역사로 동석하면서부터였다. 아주머니는 나를 알아보지 못하고 낯설어했지만 일주일 동안 취재가 진행되며 차차 마음의 문을 열었다. 2015년 4월, 아주머니와 꽈년에서 온 응우옌떤런 아저씨가 처음으로 방한했을 때 나는 한국에서 박사과정을 밟던 중이라 두 분이 묵고 있던 숙소로 찾아갔다. 아주머니의 표정이 밝아지는 것을 보며 우리가 이제는 얼굴만 봐도 반가운 사이가 되었구나 생각했다. 아주머니와 나 사이에 친밀함이 쌓일수록 내가 통역을 했을 때 아주머니가 더 씩씩하게 발언을 하는 것 같았다. 마찬가지로 통역을 하는 내 말에도 자신감이 생겼다. 우리는 그렇게 베트남전쟁 민간인 학살 문제로 만났고, 함께 가는 과정에서 신뢰를 쌓았다.

증언하는 사람과 부정하는 사람들

런 아저씨와 탄 아주머니의 첫 방한 계획을 들었을 때 걱정이 앞섰다. 학살 생존자로서 한국을 방문하는 건 좋은 일이다. 하지만 한국에 다녀오고 난 후의 생활이 염려되었다. 베트남전쟁 당시 학살 문제를 공론화하는 것이 마을 안에서 괜한 오해와 시비를 낳을 수 있기 때문이다. 일부이긴 하지만 돈을 받고 증언을 하는 거라고 음해하는 사람도 있었고, 다른 생존자도 있는데 왜 당신이 나서느냐는 눈길을 보내는 사람도 있었다. 방한 전에 시장에서 쌀종이를 파는 아주머니를 만났을 때 "한국에 꼭 가세요. 제가 있으니 걱정하지 마세요"라고 격려의 말을 전했지만 아주머니의 걱정스러운 표정을 보며 아주머니 역시 나와 같은 고민을 하고 있구나 생각했다.

결국 아주머니는 큰맘을 먹고 한국 땅에 발을 디뎠다. 그리고 무사히, 아니 훌륭하게 당신 인생의 첫 방한 일정을 마무리했다. 한국에서 머물렀던 시간 동안 런 아저씨와 탄 아주머니의 모습은 누구보다 멋있었다. 둘은 국회에서 발언하고, '위안부' 할머니들을 만나 이야기를 나누고, 광화문에서 세월호 참사 희생자를 추모했다. 그러면서 처음으로 '피해자와의 연대'의 의미를 되새기게 되었다. 아저씨와 아주머니가 마을에 있는 다른 생존자에게 선물을 챙겨주고 싶다고 말했을 때 매우 기뻤다. 더 이상 걱정을 안 해도 될 것 같았다. 런 아저씨와 탄 아주머니는 베트남전쟁 민간인 학살 문제가 본인의 이야기일 뿐 아니라 다른 희생자와 함께 만들어가는 이야기라는 것, 또 다른 문제와도 연결된 이야기라는 것을 알아가고 있었다.

2018년 4월 22일, 탄 아주머니는 시민평화법정에서 증언하기 위해 두 번째로 한국을 찾았다. 이름이 같은 하미 마을 응우옌티탄 아주머니와 함께였다. 둘은 마지막 증언을 하기 위해 증언대에 섰다. 나는 그들 뒤에서 마이크를 잡고 통역했다. 퐁니 마을 탄 아주머니는 그날 참석한 참전군인을 향해, 퐁니·퐁넛 학살을 저지른 참전군인이 와 있다면 단상에 올라와 자신의 손을 잡고 사과하기를 바란다고 말했다. 하미 마을 탄 아주머니는 마을에 세운 위령비에 학살 사건의 진상을 담은 비문을 새겼고 연꽃무늬 대리석으로 덮어두었다고 말하며, 빨리 그 대리석을 열어 역사의 진실이 햇볕 아래 드러나길 바란다고 말했다. 오랫동안 한국인을 보기만 해도 무서워하던 아주머니들이 어느새 이러한 단호한 발언을, 그것도 법정에서 할 수 있다니 놀라웠다. 내 가슴이 벅찼다.

안타깝게도 어떤 참전군인도 무대 위로 올라오지 않았다. 2015년 첫 방한 때도 아주머니의 소원은 참전군인과 만나 손을 잡고 화해의 말을 나누는 것이었다. 그러나 참전군인 수백 명이 런 아저씨와 탄 아주머니가 머문 호텔 앞에 모여 생존자의 증언은 거짓말이라고 주장하는 시위를 열었다. 나는 분노했으나 둘은 흥분하지 않고 말없이 시위하는 참전군인을 바라보았다. 그 모습이 더 참담했다. 한국과 베트남 간의 화해의 길이 아직 멀었다는 생각이 들었다.

집단의 기억과 개인의 기억은 다르다

2017년 가을, 한국 참전군인과 직접 만날 기회가 있었다. 베트남의 국립방송국 VTV에서 한국의 아리랑TV와 합작하여 한국 참전군인에 관한 다큐멘터리 프로그램을 제작했다. 베트남전쟁 민간인 학살 생존자가 한국 참전군인을 비롯해 한국인에게 편지를 보내는 형식이었다. 아리랑TV 팀은 베트남에 가서 생존자를 만나 영상 메시지를 담고, VTV가 이를 받아 한국에 가서 한국의 참전 군인에게 베트남 생존자의 영상 메시지를 전달했다. 나는 VTV 팀의 작업에 통역사로 일했다. 덕분에 처음으로 참전군인의 집단적 이야기가 아닌 개인적 이야기를 듣게 되었다. 특히 제주도에서 만났던 참전군인 김수철 할아버지의 이야기에 큰 감동을 받았다. 그는 젊은 시절 '해외나 나가보자' 하는 가벼운 마음으로 참전을 했다. 그러나 전장에 발을 디딘 순간 자신이 헛된 꿈을 꾸었다는 걸 깨달았다. 그는 전쟁 후에 베트남이 그리워도 감히 여행을 떠날 수 없었다고, 베트남 사람을 안고 용서해달라고 빌고 싶은데 거절을 당할까 봐 무서워서 갈 생각조차 못한다고 했다. 그는 2년의 복무 기간 동안 적을 죽인 적은 없었지만 총을 들고 베트남에 간 것 자체가 잘못이라고 했다. 자신을 대신해 베트남 사람에게 미안하다는 말을 전해달라고도 했다. 김수철 할아버지를 만난 날, 나는 처음으로 한국 참전군인을 위해 울었다.

그밖에도 몇 명의 참전군인을 만나고 나서야 나는 이해했다. 집단으로서의 참전군인과 개인으로서의 참전군인의 감정과 말이 다를 수 있다는 것 말이다. 베트남 생존자의 증언을 반박하겠다는 일념으로 잔뜩 흥분해 시위하는 참전군인의 모습이 꼭 그들 각자의 모습인 것은 아니다. 적어도 내가 만났던 사람들은 자신의 이야기를 털어놓았고 이는 한국 참전군인에 대한 내 생각을 바꾸어 놓았다. 나는 좀 더 과감하게 한국과 베트남 간의 화해가 가능할 수도 있겠다는 생각을 갖게 되었다. 너무 낭만적인가? 그래도 나는 그 꿈을 포기하고 싶지 않다.

영화 〈기억의 전쟁〉은 아프고 무거운 역사를 다루지만 묘한 온기를 품고 있다. 등장인물은 슬픈 기억을 되짚으면서도 카메라를 향해 따뜻한 목소리로 이야기하듯 증언한다. 참혹하게 죽은 이를 기리는 제사상인데도 어딘가 평온함이 감돈다. 특히 럽 아저씨 집의 창문 창살 너머로 현관 앞에 차린 제사상을 찍은 장면이 기억에 남는다. 베트남 사람들에게 90년대 추억을 상기시키는 장면이기 때문이다. 어린 시절 본 것만 같은 창살과 익숙한 음식으로 빼곡한 제사상, 설날이 되면 집집마다 장식용으로 놓았던 금귤나무 등, 슬프지만 아늑한 분위기가 내려앉은 그 장면이 〈기억의 전쟁〉에 대한 내 인상을 요약한다. 나는 이미 촬영한 영상 속에 등장하는 베트남어를 한국어로 번역하는 일을 맡았기에 제작진이 현지에서 작업하는 모습을 쭉 지켜본 건 아니다. 하지만 하미 마을의 럽 아저씨나 퐁니 마을의 탄 아주머니를 만나면 제작진이 어떻게 두 분과 작업을 했는지 알 것 같다. 둘은 친구의 자식이나 조카에 대해 이야기하듯 제작진의 베트남 이름을 친근하게 부르며 안부를 묻는다. 영화 속에 조금이라도 따뜻함이 있다면 그건 이처럼 제작진과 생존자가 서로를 대하는 마음에서 비롯된 것일 테다.

이와 대립되는 것이 〈기억의 전쟁〉 안에서 한국 참전군인의 기억을 다루는 부분이다. 그들의 기억은 요란하고 분노로 가득한 시위 장면으로 그려진다. 그 부분은 솔직히 아쉽다. 〈기억의 전쟁〉에서 베트남 생존자는 각자 자신의 이야기, 개인의 이야기를 하지만 한국의 참전군인은 집단의 목소리로만 존재한다. 그러나 앞에서도 말했듯 집단의 이야기는 구성원 개인의 이야기를 대표하지 않는다. 만약 영화에 참전군인의 개인적 이야기를 담을 수 있다면 베트남전쟁 민간인 학살을 둘러싼 기억의 대칭 축이 제대로 형성되고 '기억의 전쟁'이 내포하는 의미가 더 명확해질 것이다.

대립하고 있는 것처럼 보이지만 베트남 생존자든 한국 참전군인이든 그들이 바라는 것은 하나다. 자신들의 희생을 사회가 알아주는 것이다. 그들은 국가 폭력의 피해자다. 피해자의 피해 사실을 국가가 인정한 뒤에야 그들의 존엄과 명예가 회복될 것이다. 두 피해자가 화해의 길을 걷는 것은 그다음의 일이다.

영화 〈기억의 전쟁〉이 촉발한 사회운동의 윤리: 한국 사회의 '저항'과 '양심' 담론을 생각한다

정희진(여성학 연구자, 문학박사)

문이 열리고 내면의 모순이 드러나면 양립할 수 없는 것들이 충돌하기 때문에 정치적으로 올바른 발언을 하기는커녕, 나 자신에게조차 말이 되게 설명할 수 없다.

— 애나 번스, 『밀크맨』, 홍한별 옮김, 창비, 2019, p. 167.

이해하려면 이십 년이 걸리고 간이 망가지는 것들.

— 이르사 데일리워드, 『뼈』, 김선형 옮김, 문학동네, 2019, p. 120.

"무엇을 썼는가?"보다 더 중요한 질문은 "누가 썼는가?"이다. "누가 썼는가?" 못지않게 중요한 것은 "누가 듣는가?"이다.

— 가야트리 차크라보르티 스피박, 「서발턴은 말할 수 있는가」(스피박 외, 『서발턴은 말할 수 있는가』, 태혜숙 옮김, 그린비, 2013)

1. 불편한 글

미리 말해두자면, 이 글은 많은 이들에게 다소 혹은 매우 불편한 글이 될 것이다. 불편한 글일수록 잘 써야 하는데, 그렇지 못한 나는 부끄럽고 부끄러울 뿐이다. "살아남아 소외된 존재의 환기, 복원 그리고 각인"(영화평론가 김소미)이라는 〈기억의 전쟁〉에 대한 정확한 평가에 동의한다. 그러므로 일반적인 상찬은 생략한다.

이 작품은 여성주의 감독의 시대적 성취이다. 이길보라 감독의 〈기억의 전쟁〉은 공수창 감독의 〈알 포인트(R-Point)〉(2004)와 함께, 베트남전을 소재로 한 한국 영화의 전환점이라 할 만하다. 〈기억의 전쟁〉이 '민주 정부 이후 한국 사회의 양심과 책임'의 상징을 넘어, 새로운 논쟁의 시작이 되기를 희망한다. 그러나 이 희망의 실천은 제작진만의 역할이 아니다.

모든 텍스트가 그렇지만, 특히 〈기억의 전쟁〉은 다양한 목소리의 개입과 논쟁이 필수적이다. 작품'보다' 텍스트 안팎을 넘나드는 컨텍스트(con/text)가 더 중요하게 작용하는 경우가 있다. 우리 사회에는 '베트남'에 대한 역사적 축적이 거의 없다. '베트남'은 한국 현대사에서 일본, 북한, 미국 이후 최초로 등장한 한국 사회의 중요한 외부가 되어가고 있다.

베트남전에 대한 문제의식은 참전 경험이 있는 남성 작가들의 문학 작품으로 시작되었다. 입시용 논술 만화까지 등장했고, "미 제국주의의 야욕을 구조적으로 파헤친 걸작"이라는 평을 받은 황석영의 『무기의 그늘』, 결은 좀 다르지만 박영한의 『머나먼 쏭바강』, 안정효의 『하얀 전쟁』은 전쟁의 고통과 고뇌를 비판적으로 다룬다. 1990년대부터 김남일, 방현석 등 소설가들과 구수정, 김현아, 고경태, 박태균 등 지식인들이 베트남전의 의미를 문제제기 해왔다. 한국 사회는 이들의 선구적 작업에 빚지고 있다.

나는 위에 적은 모든 이들에게 경의를 표한다. 4·3이나 5·18, 군 '위안부' 문제 등 한국 현대사의 격통을 인식하는 일은 언제나 자기 자신에 대한 도전이다. 더구나 '우리'가 유례없는(?) 가해자였던 베트남전의 실상에 다가가는 작업은, 외세에 대한 피해의식에 시달려왔던 '우리'에게 또 다른 도전이고 누구나 이 과정에서 길을 잃기 쉬운 법이다.

내게 〈기억의 전쟁〉에서 가장 인상적인 장면은 한국군의 만행을 증언하는 여성이 "증언의 대가로 돈을 받지 않았다"고 강조하는 대목이다. 그러고 나서 그는 다소 '주눅 든' 목소리로 "(하지만) 작은 선물은 받았어요"라고 말한다. 이 영화에 대한 나의 모든 감정과 판단은 여기에서 멈추었다. 이 장면이 실마리가 되어 평소 한국의 사회운동, 군 '위안부'에 대한 나의 생각이 한꺼번에 밀려들면서 어지러웠다. 현기증과 분노로 생각은 '일시 정지' 상태였고, 그다음 분량은 두 번째 관람에서 마저 보았다. 물론, 여기서 분노는 작품에 대한 것이 아니라 '우리'를 상기하면서 나온 것이다.

어떤 면에서, 이 글은 순전히 이 장면에 대한 이야기이다. 작품에서 이 문제는 중요하게 다루어지지 않고, 감독의 입장도 드러나 있지 않다. 하지만 나는 이 장면이 이길보라 감독처럼 베트남과 한국, 한국과 일본과의 관계를 고민하는 이들에게 가장 화두가 되어야 할 중요한 지점이라고 생각한다. 내게 〈기억의 전쟁〉은 국제관계뿐 아니라 현 집권세력(촛불, 민주화, 586……)과 이후 한국 사회를 생각하는 데 매우 중요한 작품으로 다가왔다. 이 작품은 'K-민주화'를 상징하는 영상물이 될 것인가?

한국 사회에서 가해자로서 일본의 위상과 베트남 사회에서 가해자로서 한국의 위상은 형식, 시기, 관계 면에서 당연히 다르다. '공식적인' 식민 지배(전자)와 미국의 용병으로서 참전(후자)에서부터, 여성 섹슈얼리티까지 그러하다. 한국군의 현지 여성에 대한 성폭력은 한국과 베트남 관계에서 본격적으로 논의되지 않고 있다. 1970년대 이후 일본인의 한국에서의 '기생 관광'과 한국인의 베트남에서의 '섹스 투어'가 각국 경제에 미친 영향은 비슷할지 모르겠지만 말이다.

'굳이' 한 가지 숙고해야 할 점이 있다면, 미국 당국이 한국군의 유별한 가학 행위와 만행으로 골치를 앓았다는 사실이다. 아군으로서 통제되지 않는 한국군은 미군에게 '도움이 되지 않았다.' 나는 개인적으로 몇몇 한국군 참전군인의 '증언(과장된 무용담)'을 들었는데, 미국의 밀라이 학살(My Lai Massacre, thảm sát Mỹ Lai) 못지않았다. 이러한 잔인한 한국의 남성성을 무엇으로 설명해야 할까. 경제력이나 지식 등의 '고급 자원' 없는 종속적 남성성, 식민지 남성성의 폭력성?

2. 베트남에 대한 우리의 생각

내가 처음 베트남전에 대해 알게 된 시기는 대학생 때였다. '일부 집단의 필독서' 중 하나였던 『사이공의 흰옷』과 앞서 말한 『무기의 그늘』이 계기였다. 1980년대에는 옮긴이의 이름이 없는 '편집실' 번역본이 많았다. 짜깁기 번역이 흔했으므로, 책 제목부터 젠더화된 『사이공의 흰옷』을 제대로 이해했을 리 없다. 당시에는 보편적인 관점에서, 혁명의 모델로서 베트남에 대한 이야기로 읽었다. 추상적인 관념으로 타자화되고 낭만화된 먼 나라 이야기였다. 저가 항공이 없었던 30년 전 이야기이다. 지금 한국에서 코리안드림을 꿈꾸는 베트남 이주노동자나 한국 남성과 결혼한 여성의 삶과는 연결시킬 수 없는 미지의 세계였다.

그다음으로 읽은 텍스트는 소위 '아시아 담론'이 유행할 때, 일본인 학자의 권유로 접한 바오닌(Bảo Ninh)의 장편 소설 『전쟁의 슬픔』이었다. 2018년 현재 전 세계 15개국 이상의 언어로 번역, 출간되었고 많은 문학상을 수상했다. 이 작품은 참전했던 베트남 지식인의 시각에서 본 전쟁 경험이다. 처음에는 베트남어에서 프랑스어로 다시 한국어로 중역된 작품을 읽을 수밖에 없었지만, 지금은 베트남어에서 한국어로 바로 번역된 책이 출간되어 있다. 그만큼 베트남은 '가까워졌다.' 이 작품은 내가 여러 번 읽은 '소설(나는 이 작품의 장르를 정의할 수 없다)'이다. 그 구체성과 당사자성에 충격과 감동을 받았다. 아니, 감동이라는 상투어는 창피하다. 새로운 세계였다.

바오닌은 베트남 정부의 공식 입장에 어울리는 사람은 아니지만, 베트남 문학을 세계적으로 알린 대표적인 작가로서 존경받고 때론 영웅시된다. 한국의 민족문학 계열 작가들에게는 특히 그러하다. 그러나 나는 그가 오랫동안 우울증과 알코올중독, 허무주의로 고통받고 있음을 안다. 그렇지 않다면 오히려 '비정상'이 아닐까. 작가나 평화운동가의 입장은 정부나 사회의 주류 담론과 갈등할 수밖에 없다. 그렇지 않은 당대의 한국 사회가 내겐 이상할 뿐이다.

『전쟁의 슬픔』에는 기억 투쟁이라든가, 양심, 혁명의 환희 같은 이야기가 없다. 제목 그대로, 회복할 수 없는 슬픔이 한없이 흐른다. 글을 타고 사상과 감정이 흐르는 것이다. 책 내용 중에는 원숭이를 죽이고 그 껍질 속에서 원숭이로 살면서 전쟁을 피한 '정글 원숭이 인간' 이야기가 나온다. 이 책을 읽다 보면 '세계사를 바꾼' 미국을 이긴 베트남전에 대한 일반적인 평가가, 얼마나 하나마나한 그리고 비윤리적인 이야기인지 절감하게 된다. 평온한 '선진국' 대학의 국제정치학 강의실에서 타인의 고통을 데이터 삼아 떠드는 것이다.

이 소설을 읽으며 전쟁을 경험한 인간의 조건에 대해 생각하지 않을 수 없는데, 나는 '인간의 조건'이라고 써놓고 멈칫한다. 미국인의 시각에서 그리고 그들과 동일시하는 대개 한국인의 입장에서, 우리는 베트남인을 '같은 인간'이라고 생각하는가. 끔찍한 질문이지만, 우선 나에게 묻는다.

나중에 여성주의 국제정치학을 공부하면서 나는 국제관계사에서 우리에게는 익숙지 않은 '베트남'의 다양한 중요성과 위대함을 알게 되었다. 그들'도' 한자를 사용하는 한중일에 이은 세계 4대 한자 문화권이라는 사실, 또한 지정학적으로 중국을 머리에 이고 있는 상황에서 중국에 지혜롭게 대처한 강대국과 약소국 관계의 모범적인 사례라는 역사적 배경도 알게 되었다. 베트남 내부에도 수많은 소수 민족이 있지만, 어쨌든 베트남은 '우수한 문명국'이다. 그리고 결국 그들은 미국을 물리쳤다.

3. 누구의 목소리? 누구를 위한 목소리?

〈기억의 전쟁〉은 누구의 목소리인가. 우리를 반성하는 작품인가. 그들을 위한 작품인가. 이 텍스트에 등장하는 기억과 증언은 무조건 진실인가. 그들의 말은 맥락을 동반하고 있는가. 일본에 대해서는 저항하고 베트남에 대해서는 반성하는, 산업화와 민주화에 동시에 성공한 우리들의 이야기인가.

제작진의 의도는 그렇지 않았겠지만, "일본에게 사과받기 위해서는, 우리 역시 베트남에 사과해야 한다"는 한국 사회의 무의식이 반영되어 있지 않았을까. 나는 이 작품이 '한국인의 양심'의 증거로 간주되면 안 된다고 생각한다. 그런 면에서 〈알 포인트〉는 그들이 아니라 우리를 설명하는 성찰적인 텍스트임이 분명하다. 〈알 포인트〉는 베트남을 대상화하지 않으면서, 참전 남성의 이중적 상황(피해자와 우월의식)에 직면한다. 이 영화의 주인공들은 타자를 경유해서 자신을 설명하지 않는다. 이 작품은 베트남이나 미국과 무관하게, 즉 외부를 핑계 삼지 않으면서 한국 남성 자신의 공포와 인간성 파괴와 자기 도착(倒錯)이라는 전쟁의 보편적 의미를 탐구한다.

구한말의 공포와 혼란, 식민지, 분단과 전쟁으로 이어진 한국 현대사를 지배하는 주된(main) 문화는 피해의식이다. 이 피해의식은 다양한 모습으로 한국 사회를 변주해왔다. 서구를 따라잡아야 한다는 추격 발전(catch-up developement)의 원동력이었으며, 경계의 고정, 즉 극단의 반공·반일·반미 의식의 근원이었다. 공동체 내부의 독재 정권에 대한 피해자로서 자각은 민주화 운동의 출발이기도 했다. 즉 부국강병과 정상 국가 건설은 진보와 보수를 불문한 강박이었고, 기후 위기로 지구가 몰락할 이 상황에서도 그러하다. 팬데믹 시대에도 근대 국가의 꿈을 꾸고 있는 것이다.

최근 'K-'로 상징되는 문화적, 경제적 아류 제국주의는 사실상 피해의식의 양면이다. 게다가 신자유주의 시대를 지배하는 문화정치는 피해의식이다. 각자도생의 생활환경에서 우리는 끊임없이 자기 양심과 협상하며 일상을 산다. 살아남기 위해서는 누구나 정도와 자책감의 차이가 있을 뿐, 나쁜 행동을 피할 수 없는 시대이다(MB 시대는 지도자의 뻔뻔스러운 캐릭터와 함께 그 극단을 보여주었다. 이를 영상화한 작품이 〈부산행〉(2016)이 아닐까). 신자유주의 시대의 유일한 윤리적 주체가 '피해자'인 이유다. 모두가 "내가 피해자"라고 주장한다. 누가 피해자인지에 대한 논쟁은 없고, 피해자의 목소리는 무조건 옳다고 간주된다.

한일 관계에서 우리가 영원히 윤리적일 수 있는 이유도 군 '위안부'가 존재하기 때문이다. 해석하기조차 두려운 관련 운동가의 말 "우리에게는 일본을 압박할 레버리지, 군 '위안부'가 있다." 이 말은 무엇을 의미하는가. 군 '위안부' 피해자, 그들과 함께한 운동가, 관련 연구자는 '실제'와 무관하게 대의를 위한 윤리적 존재들로 간주된다. 정의와 기억을 독점해왔고, 이 와중에 '윤미향 사태'는 필연적이었다. 그래서 명백한 사실조차 보수 언론의 음모로 간주될 뿐, 누구도 연구하거나 취재하지 않는다. '일본'보다 시민사회가 더 두려운 것이다.

내 생각에 〈기억의 전쟁〉에서 가장 탈맥락적인 장면은, 베트남 증언자가 수요집회에서 군 '위안부'와 만나는 장면이다. 서울시 소재 일본 대사관 앞의 수요집회, '나눔의 집' 방문, 소녀상 설치 운동 등은 지난 30년간 일본을 향한 저항의 상징으로, 다크 투어리즘으로, 학생들의 스펙 쌓기, 최근에는 후원금 횡령 혐의로까지 그 의미가 '발전'해왔다. 나에게도 1992년부터 여성단체 상근자로서, 이후로는 외국인 지인이 한국을 방문할 때 함께하는 필수 '관광' 코스였다.

한국과 일본 관계에서 한국의 위치와 한국과 베트남 관계에서 한국의 위치는 완전히 다름에도 불구하고, 이 장면은 베트남 측 증언자와 군 '위안부'의 만남으로, (무조건적으로) 양심과 저항의 연대처럼 언뜻 자연스러워 보인다. 하지만, 베트남인들에게 우리의 피해가 무슨 의미가 있을까. 그저, '한국의 양심'을 두 나라에서 동시에 실천하고 있다고 생각하는 한국 시민사회의 단면을 전시하는 방식이 아닐까. 가해국으로서 사과하고, 피해국으로서 저항하고.

실제로 〈기억의 전쟁〉에 등장하는 인물 중에는 두 사안에 모두 '열심인' 이들이 등장한다. 내가 참을 수 없었던 사실은 (차마 여기 상세히 쓸 수 없지만) 연구비 횡령이나 표절, 입장이 다른 연구자 해임, 논문 게재 과정에서의 불법적 개입, 특정인의 입국 금지, 성폭력 등 온갖 범죄 행위를 버젓이 하고 있는 이들이 사회운동으로 자신의 비리를 '세탁'하고 있으며 이에 대해 누구도 말할 수 없다는 현실이다. 조중동을 핑계로, 시민사회의 '보안법'과 검열이 작동하고 있다. 시민사회와 문재인 정부의 몇몇 인사들은 기득권층을 넘어 부패와 (문화평론가 신현준의 표현대로) '축재 집단'이 되었다. 문제는 이러한 현실을 은폐하기 위해 운동의 대의를 동원한다는 점이다.

한국 군 '위안부' 운동의 '성공'은 피해자를 선별하고 그들의 목소리를 규제하는 규범적인 피해자 양산, 그리고 부패로 연결되었고, 이는 이용수님의 '폭로'로 이어졌다. 그러나 동시에 곧바로 이용수님은 정의기억연대에 의탁할 수밖에 없었다. 그가 할 수 있는 선택은 많지 않다.

다시 수요집회 장면으로 가보자. 구한말, 군 '위안부'와 독도 등 한일관계의 역사는 복잡하다. 아니, 일본은 우리의 그늘진 근대였다. 반면 베트남에서 현재 한국은 '아직은' 경제 협력과 '케이팝', '박항서'이다. 베트남 측 증언 여성의 입장에서, 수요집회는 자신의 문제와 무관한 가해국의 행동에 동참한 것일 뿐이다. 이 상황이 국가 단위를 넘어선 피해 여성들의 트랜스내셔널 연대라면 의미가 있지만, 피해 사안(참전 및 만행과 조직적 전시 성폭력)이 다르고 투쟁의 역사가 다르다.

아주 유연하게 말한다면, 이제 군 '위안부' 관련 운동가와 연구자들은 양심과 윤리 그리고 연구 지원금이라는 실제적인 권력을 획득했다. 그러나 군 '위안부' 운동의 비리와 운동 방식에 대한 시민사회의 옹호는 완강하다. "난민 반대, 박근혜 수호"를 주장하는 페미니즘이 대세인 시대다. 더 이상, 집회의 자유가 전혀 없었던, 그리하여 광장의 민주화가 의미를 갖던 시대는 지났다. 한국 사회의 거버넌스는 복잡해졌지만 여전히 사회운동은 성역으로, 비판받지 않는다.

이러한 환경에서 〈기억의 전쟁〉은 안전한 텍스트가 된다. 작품 전반에 걸쳐 불편한 장면이 거의 없고, 자연스럽다. 저항을 멈추지 않는 군 '위안부' 운동, 베트남에 대해서는 양심을 실천하는 한국의 지식인과 시민사회 인사들…… 이 텍스트에는 경합하거나 모순되는 장면이 거의 등장하지 않는다. 하지만, '가해자로서 우리'를 그린 〈기억의 전쟁〉의 가능성과 확장성은 한국의 군 '위안부' 운동과 현재 시민사회에 대한 연구와 논쟁 없이는 불가능하다.

군 '위안부' 운동의 논란은, 이 운동이 전적으로 외부(일본과 전 세계)를 향하는 데 집중하고 있다는 점이다. 군 '위안부' 운동이 피해자 민족주의를 강화하는 데 일조하지 않으려면, 한국 사회 내부에서 이 문제를 다루는 방식에 대한 운동이어야 한다. 그러나 현실은 내부에 대한 논의는 검열 수준으로 닫혀 있다. 한국의 대학에서 군 '위안부'와 관련된 박사학위 논문은, 피해자에 대한 재현, 임상 치료, 예술 작품 분석, '외국인 저자'를 제외하면 단 3편이다. 그리고 기존의 군 '위안부' 운동의 입장에서 크게 벗어나지 않는다. 다양한 접근 방식의 논의가 축적되지 않은 상태에서, '원한'이 일본만을 향할 때 우리는 독도 문제와 '위안부', 강제 징용 이슈를 따로 논의할 역량을 갖추지 못한다. 피해자가 성장하기 어려운 이유는 여기에 있다. 오리엔탈리즘은

옥시덴탈리즘에 의해 유지되는데, 한일 관계가 바로 그러하다. ‘피해자 한국’은 일본을 계속 강대국으로 혹은 ‘조롱거리’로 삼으면서, 자기 성찰을 할 기회를 잃고 있다.

그렇다면, 〈기억의 전쟁〉의 목소리는 누구를 향하고 있는가. 베트남 사회인가, 한국 사회인가. 한국 사회라면, 누구인가. 나는 이것이 분명치 않다고 느꼈다. 그리하여 자칫, ‘자기만족적’ 텍스트가 되지 않을까 걱정스럽다. 사실, 〈기억의 전쟁〉은 누구도 쉽게 비판하기 어렵다. 그 이유 중의 하나는 ‘장애 문제를 다루어온 페미니스트 여성 감독’이라는 정치적 올바름을 가진 ‘이길보라’의 포지션 때문이다. 흠잡을 데 없지만 논쟁적이지도 않는 이유다.

4. 기억과 연대는 반드시 정의인가

‘우리를 반성하는’ 이길보라의 〈기억의 전쟁〉과 ‘자신에 대해 말하는’ 바오닌의 『전쟁의 슬픔』은 어떻게 만날 것인가. 작가의 나이 차는 38년이고, 작품의 나이 차는 30년이다. 물론 여기서 나이는 숫자에 불과한 것이 아니라 상상할 수 없는 경험의 절벽이다. 두 작품의 주된 청중은 누구인가. 두 작품은 만날 수 있을까. 나는 만날 수 없다고 본다.

그리고 이 사실을 인정하는 데서부터 이 영화에 대한 토론이 이루어져야 한다고 생각한다. 이는 이길보라 감독의 포지션을 묻는 동시에, 이 작품을 둘러싼 수많은 입장들이 ‘기억의 전쟁’에 개입해야 한다는 뜻이다. 그렇지 않으면 이 작품은 안타깝게도, 그저 평범한(plain) 좋은 작품에 그칠 것이다.

이 작품을 선의의 한국인 관람객들이 아닌, 다음과 같은 사람들이 같이 보고 토론한다면 어떨까. 베트남 정부, 베트남전쟁을 겪은 허무주의자, 만행을 증언하는 경험자, 양심적 일본인, 극우 일본인, 일본인 페미니스트, 자이니치(在日) 페미니스트…… 그리고 한국의 여성운동가와 평화운동가, 한국의 극우 민족주의자들과 좌파 민족주의 세력, 이들과 다른 입장을 가진 이들(예를 들어, 박유하 교수나 정대협의 운동 방식에 문제제기하는 또 다른 많은 페미니스트들)은 이 영화를 어떻게 볼 것인가.

우리는 자국의 식민 지배를 참회하는 일본의 양심적 시민과 비슷한 사람들인가. 한일 관계는 베트남-한국 관계와 어떻게 다른가. 이 작품에 등장하는 베트남인 증인들은 그 사회에서 한국의 군 '위안부' 같은 시민권 혹은 위상을 갖는가. 한국 정부와 베트남 정부가 갈등하는 시점이 오면, 이들은 그 사회에서 어떤 경험을 하게 될까.

나는 한국과 베트남 관계에서 평화정치학을 실천할 나를 포함한 후발 세대가 '정대협 사태', '나눔의 집'의 경우가 되지 않기를 바란다. 사회운동 주변의 많은 이들은 알고 있다. "군 '위안부'를 내세워 축재했다"는 '댓글'이나 페이스북의 내용들이 진실이라는 것을. 그러나 말하지 못한다는 것을. '위안부' 운동은 민족 담론이라는 거대한 바다에서 작은 종이 쪽배였다. 민족주의와 페미니즘의 갈등이라는 구도는, 여성도 민족의 성원이므로 그 자체로 민족주의적 언설이자 넌센스이다. 작은 배는 격랑에 휩쓸리며 여기까지 왔다. 초기에는 한일 우익들의 '수치심' 언설에 시달리다가, 지금 좌파 혹은 자주적 민족주의 정권 아래서 군 '위안부' 운동은 자랑스러운 역사가 되었고, 이를 주도하는 이들은 힘을 얻었다.

이 글 서두에 인용한 이야기는 나의 고통을 대변한다. 〈기억의 전쟁〉은 곧 기억과 사회를 둘러싼 정치이다. 내가 생각하는 페미니즘은 기존의 정치적 대립 구도는 누구의 경험을 기준으로 한 것인가에 대한 질문이다. 페미니즘은 진상규명이나 진실보다는 누가 협상 자리에 앉아 있지 않은지, 누구의 관심사가 명확히 표현되지 않고 있는지, 누구의 이득이 표명되지 않고 있는지, 그리고 누구의 진실이 발언되거나 인정되지 않고 있는지, 우리가 놓치고 있는 진실을 찾아내려고 한다.

서두로 돌아가서, 여성 증언자가 자신은 돈을 받지 않았다는 '외침'은 무엇을 의미하는가. 일반적인 연구에서 필요한 인터뷰나 현지조사에서도 정보 제공자(informant)의 시간과 노동에 대해 사례를 한다. 여성 폭력 피해 여성이나 성산업에 종사하는 여성들을 인터뷰한 나의 경우, 사례를 하거나 그들에게 필요한 다른 정보나 상담을 제공한다. 호혜적 관계가 되려고 노력한다. 나 역시 그들에게 도움이 되고 싶은 욕망, 좋은 사람이고 싶은 욕망이 있다. 하지만 나의 시간과 지식, 경험을 제공받는 것을 당연하게 여기는 이들을 만나면 불쾌하다.

베트남전의 한국인 학살을 겪고, 이를 증언한 이들은 돈을 받으면 안 되는가. 선물이든 돈이든 사례하지 않는다면, 이중 착취가 아닌가. 그들이 왜 한국인의 양심과 진상규명을 위해 자발적으로 협력해야 하는가. 돈을 받으면 순수한 증언이 아닌가. 이후 한국인의 만행이 베트남 사회에서 중요한 정치적 문제가 되었을 때, 증언들은 여러가지 요소에 의해 달라질 수 있다. 돈, 선물을 넘어 사회적 압력, 한국인과의 친분 관계…… 이것은 나쁜 현상이 아니라 필연적인 논쟁거리다. 증언사가 실증주의의 기록만큼이나 난제인 이유다.

한국의 군 '위안부' 운동은 이 문제를 직시하지 못했을 뿐만 아니라 '다른 목소리'를 허용하지 않았다. 다른 목소리, 예를 들어 "나는 일본군보다 한국 남성의 가정폭력을 더 참을 수 없었다" 등의 이야기가 쏟아진다 해도 일본군에 의해 조직된 전쟁 전략으로서 인권 침해를 당한, 성노예라는 군 '위안부' 문제의 본질은 사라지지 않는다. 문제는 군 '위안부' 운동이 아니라 운동이 증인을 통제할 수밖에 없었던 한국의 가부장제 구조이다. 그 과정에서 운동가들은 고통받았고 나중에는 타협했다. 나는 그들을 비난할 생각이 전혀 없다.

다만, 한국 사회가 일본에게 요구하는 것은 무엇인가, 그 요구를 통해 알 수 있는 한국 사회의 성격(피해자의 인정 욕구)이 무엇인가를 우리가 공유해야 한다는 것이다.

2002년 미군 장갑차 사건에서 일부 민족주의 운동가 집단은 피해자 가족에게 미군 당국으로부터 보상금을 받지 못하게 했다. 일명 고노 담화[1993년 8월, 고노 요헤이(河野洋平) 당시 관방장관이 '위안부'의 강제성을 인정하고 한 사과 성명]와 일본의 민관 합동이 마련한 소위 국민기금('여성을 위한 아시아 평화 국민기금') 수령을 둘러싸고 정대협, 피해 할머니, 일본 담당부, 한국 외교부 간에 격렬한 갈등이 있었다는 사실은 비밀이 아니다. 이용수님의 기자회견의 오래된 전제이기도 하다. 그의 회견이 간단치 않은 이유다.

한국 사회(정대협)는 "돈을 받으면, 순결한 민족의 피해자가 아니라 매춘 여성이 된다"고 피해 여성들을 억압했고, 극히 일부 이에 문제제기하는 연구자나 운동가는 매장당했다. 그리고 이후 연구는 발전하지 못했다. 운동가의 명예를 위해 피해자를 담보 삼는 반인권적 행위이며, 이런 시각의 운동이 오늘 날 군 '위안부' 운동의 타락을 낳았다. 그것도 성역화되어 아무도 말할 수 없는.

내가 생각하는 기억의 연대는 우리의 잘못을 기억하자는 강박이 아니다. 매우 당파적인 일이라고 생각한다. 필요한 것은 각자의 자리를 알고, 차이를 인정하는 기억의 경합이다. 사건이 나의 일상이 아닌 이상, 기억 투쟁은 가능하지 않다. 세월호 유족에게는 기억 투쟁이 필요하지 않은 이유와 마찬가지이다. 그들은 오히려 기억으로부터 벗어나고 싶을지도 모른다.

프랑스 통치(1884~1945) 초기, 프랑스 관리들은 베트남에 쥐가 많은 것에 놀랐다. 쥐를 퇴치하기 위해 쥐꼬리를 모아오면 작은 금액을 지불한다는 정책을 폈다. 시간이 지나자 베트남 사람들은 돈을 벌기 위해 쥐를 기르기 시작했다. 아는 이야기를 쓰다 보니 불가피하게 '진짜 실화'인 프랑스와 베트남의 사례를 들었지만, 이 이야기는 인간의 사회상에 대해 말한다.

쥐 퇴치는 위생이 아니라 당사자들의 필요(돈)에 의한 것이었기에 실패했다. 대개의 인간은 필요에 따라 행동한다. 그 필요에 윤리는 포함되지 않는 경우가 많다. 기억 투쟁이 어려운 이유다. 타자를 향한 양심적인 행위라기보다, 나(한국 사회)의 필요에 의한 것이어야 가능하다. 한국 사회는 베트남 참전과 만행에 대해 스스로 사과할 필요성과 이해관계를 갖고 있는가.

호미 바바의 말을 빌자면, 기억(re-member)은 사지(四肢)가 재조합되는 환골탈태의 과정이다. 기억과 용서는 이토록 힘든 일이다. 베트남에 대한 사과. '그들'을 위해서가 아니라 우리 사회가 다른 사회로 변해야 할 절실한 이유가 있는가.

서두의 인용문처럼, 문이 열리고 내면의 모순이 드러나면 양립할 수 없는 것들이 충돌하기 때문에 정치적으로 올바른 발언을 하기는커녕 나 자신에게조차 말이 되게 설명할 수 없다. 상황에 개입된 사람들은 대부분 자신을 보호하기 위해 진심을 말하지 않는다. 그리고 누군가 그 진심을 읽으려고 할 경우 상대가 원하는 "가장 위쪽 상태"만 드러내고 진짜 생각은 의식의 저편에 감춰버린다. 이 영화의 영문 제목은 "Untold"인데, CODA 정체성을 가진 감독의 세계와 말을 빼앗긴 여성화된 타자의 세계가 만나는 이중의 의미가 있는 듯하다. 그들의 목소리가 내게 격렬한 이명(耳鳴)을 경험케 했다. 이 작품이 가장 위쪽의 상태만 드러냈다고 평가받기를 바라는 사람은 없을 것이다.

거듭 말하지만, 나는 〈기억의 전쟁〉이 '착한 작품'이 아니라 한국 사회에 도전하는 텍스트가 되기를 바란다. 많은 이들이 이 작품을 보고 자기 위치성에 근거하여 대화를 나누어야 한다고 생각한다. 내가 가장 두려운 것은 감독의 의도와 무관하게, 이 작품이 한국인의 양심의 증거가 되는 것이다. 말하기 시작했다는 것은 상상할 수 없는 미지의 세계가 폭발을 기다리고 있다는 의미다. 우리가 무엇을 몰랐던가를 아는 실마리를 잡았기 때문이다. 〈기억의 전쟁〉이 그 실마리다. 두려운 실마리다.

참고 문헌

책

강준만, 『한국 현대사 산책 1970년대편』, 인물과사상사, 2002
강준만, 『한국 현대사 산책 1980년대편』, 인물과사상사, 2003
강준만, 『한국 현대사 산책 1960년대편』, 인물과사상사, 2004
고경태, 『1968년 2월 12일』, 한겨레출판, 2015
권귀숙, 『기억의 정치』, 문학과지성사, 2006
권인숙, 『대한민국은 군대다』, 청년사, 2005
권헌익, 『학살, 그 이후』, 아카이브, 2012
권헌익, 『베트남 전쟁의 유령들』, 산지니, 2016
김동춘, 『전쟁과 사회』, 돌베개, 2006
김은실, 「4·3 홀어멍의 "말하기"와 몸의 정치」, 《한국문화인류학》, 49-3: 313~359, 2016
김현아, 『전쟁의 기억 기억의 전쟁』, 책갈피, 2002
김현아, 『전쟁과 여성』, 여름 언덕, 2004 (개정판 『그녀에게 전쟁』, 슬로비, 2018)
박태균, 『베트남 전쟁』, 한겨레출판, 2015
비교역사문화연구소, 『기억과 전쟁』, 전진성, 이재원 엮음, 휴머니스트, 2009
수전 손택, 『사진에 관하여』, 이재원 옮김, 이후, 2005
스베틀라나 알렉시예비치, 『전쟁은 여자의 얼굴을 하지 않았다』, 박은정 옮김, 문학동네, 2015
아론 라자르, 『사과에 대하여』, 윤창현 옮김, 바다출판사, 2020
이삼성, 『20세기 문명과 야만』, 한길사, 1998

임흥순, 『이런 전쟁』, 아침미디어, 2009
윤충로, 『베트남 전쟁의 한국 사회사』, 푸른역사, 2015
조르주 디디 위베르만, 『어둠에서 벗어나기』, 이나라 옮김, 만일, 2016
조르주 디디 위베르만, 『모든 것을 무릅쓴 이미지들』, 오윤성 옮김, 레베카, 2017
프리모 레비, 『가라앉은 자와 구조된 자』, 이소영 옮김, 돌베개, 2014
히토 슈타이얼, 『진실의 색: 미술 분야의 다큐멘터리즘』, 안규철 옮김, 워크룸 프레스, 2019

비디오

이마리오, 〈미친 시간〉, 2003
정지영, 〈하얀 전쟁〉, 1992
Joshua Oppenheimer, 〈Act of Killing〉, 2013
Joshua Oppenheimer, 〈The Look of Silence〉, 2014
Oliver Stone, 〈Platoon〉, 1986
Isabelle Tollenaere, 〈Battles〉, 2015

기타

한베평화재단 홈페이지 www.kovietpeace.org

기억의 전쟁

초판 발행 2021년 2월 26일

지은이 이길보라 곽소진 서새롬 조소나
펴낸이 김정순
편집 신원제 허영수
디자인 전용완
마케팅 양혜림 이지혜

펴낸곳 (주)북하우스 퍼블리셔스
출판등록 1997년 9월 23일 제406-2003-055호
주소 04043 서울시 마포구 양화로 12길 16-9(서교동 북앤빌딩)
전자우편 editor@bookhouse.co.kr
홈페이지 www.bookhouse.co.kr
전화번호 02-3144-3123
팩스 02-3144-3121

ISBN 979-11-6405-089-5 03900